A NOVA ERA DO IMPÉRIO

KEHINDE ANDREWS

A nova era do império

*Como o racismo e o colonialismo
ainda dominam o mundo*

Tradução
Cecília Rosas

1ª reimpressão

COMPANHIA DAS LETRAS

Copyright © 2021 by Kehinde Andrews

*Grafia atualizada segundo o Acordo Ortográfico da Língua Portuguesa de 1990,
que entrou em vigor no Brasil em 2009.*

Título original
The New Age of Empire: How Racism and Colonialism Still Rule the World

Capa
Felipe Sabatini e Nina Farkas/ Gabinete Gráfico

Imagem de capa
Afetocolagens: Reconstruindo narrativas visuais de negros na fotografia colonial,
de Silvana Mendes, 2022. Colagem digital, 50 cm × 60 cm. Reprodução de Silvana Mendes

Preparação
Gabriele Fernandes

Índice remissivo
Probo Poletti

Revisão
Luís Eduardo Gonçalves
Julian F. Guimarães

Dados Internacionais de Catalogação na Publicação (CIP)
(Câmara Brasileira do Livro, SP, Brasil)

Andrews, Kehinde
   A nova era do império : Como o racismo e o colonialismo
ainda dominam o mundo / Kehinde Andrews ; tradução Cecília
Rosas. — 1ª ed. — São Paulo : Companhia das Letras, 2023.

   Título original: The New Age of Empire : How Racism
and Colonialism Still Rule the World
   ISBN 978-65-5921-515-7

   1. Ciência política 2. Direitos humanos – Aspectos políticos
3. Imperialismo – História 4. Racismo 5. Relações raciais
I. Título.

22-140393   CDD-325.3209

Índice para catálogo sistemático:
1. Imperialismo : História   325.3209
Eliete Marques da Silva – Bibliotecária – CRB PR-8/9380

Todos os direitos desta edição reservados à
EDITORA SCHWARCZ S.A.
Rua Bandeira Paulista, 702, cj. 32
04532-002 — São Paulo — SP
Telefone: (11) 3707-3500
www.companhiadasletras.com.br
www.blogdacompanhia.com.br
facebook.com/companhiadasletras
instagram.com/companhiadasletras
twitter.com/cialetras

Para Assata, Kadiri, Omaje e Ajani

Sumário

Prefácio — O racismo é uma questão de vida e morte 9

Introdução — A lógica do império 15

1. Sou branco, logo existo 37
2. Genocídio 68
3. Escravidão.. 106
4. Colonialismo 146
5. O nascimento de uma nova era...................... 181
6. O Ocidente não branco............................. 216
7. Democracia imperial 249
8. O feitiço se volta contra o feiticeiro 283

Agradecimentos....................................... 309

Notas 311

Índice remissivo 341

Prefácio

O racismo é uma questão de vida e morte

Testemunhar a polícia assassinar George Floyd em maio de 2020 foi a gota d'água que fez o copo transbordar, ainda mais por ter acontecido pouquíssimo depois do linchamento de Ahmaud Arbery e do assassinato de Breonna Taylor, sancionado pelo Estado. Uma onda de protestos foi desencadeada nas ruas dos Estados Unidos, evocando os verões quentes dos anos 1960, quando as tensões raciais explodiram e as cidades arderam. Milhões de pessoas pelo mundo afora se juntaram às revoltas, protestando contra ações racistas muito comuns. O movimento Black Lives Matter [Vidas negras importam] entrou em voga e foi adotado por empresas da mídia, grandes corporações e até por outros países. Sentia-se um clima otimista de que a sociedade enfim estava pronta para encarar as realidades do racismo. Mas, em vez de celebrar esse novo entusiasmo que colocou o racismo em debate, devemos abordá-lo com extremo cuidado. O fato de a Unilever e a L'Oréal anunciarem com estardalhaço que vão tirar a palavra "fair" [claro] de seus produtos de clareamento de pele é a metáfora perfeita da mudança inútil que está sendo oferecida como resposta ao momento. Reposicionar um produto racista não é um passo na direção certa, é um soco no estômago de todos os que sofrem os impactos da supremacia branca. Estamos errando completamente o alvo se acreditamos que o racismo pode ser derrotado apenas com gestos simbólicos, compromisso com práticas de contratação focadas em diversidade ou declarações de solidariedade de marcas. Não é mera coincidência que a última onda de protestos tenha acontecido durante o lockdown da pandemia de covid-19. Meu lado cínico sempre estará convencido de que a falta de notícias diferentes e de lugares aonde ir foi um grande fator para a massificação da justiça racial. Vimos exatamente as mesmas respostas aos assassinatos de Alton Sterling e Philando Castile em 2016 por parte de comunidades negras ao redor do mundo, que de alguma maneira não conseguiram captar significativamente a atenção de um público mais ~~branco~~ amplo. Mas, na época em que os protestos tiveram início, a pandemia em si já havia exposto o racismo que sustentava a sociedade.

A covid-19 assolou o Ocidente de forma tão integral que levantou a questão de que o vírus seria um "grande nivelador" social. Quando o primeiro-ministro britânico Boris Johnson foi hospitalizado com a doença, fomos lembrados de que ninguém estava seguro. Donald Trump, o presidente mais improvável dos Estados Unidos, começou a tomar o medicamento antimalária hidroxicloroquina, que depois teve sua ineficácia comprovada, numa tentativa de se proteger. Prevendo a perda iminente de dezenas de milhares de vidas, países realizaram lockdowns inéditos, e mesmo os governos mais à extrema direita, mais neoliberais, ofereceram programas de segurança econômica para famílias e empresas que teriam sido aprovados por Marx. Mas as ilusões de que todos estavam juntos nessa, ou de que os vírus não discriminam, desmoronaram rapidamente quando começaram a surgir provas de que a covid-19 simplesmente desmascarava as desigualdades sociais existentes. Na Inglaterra e nos Estados Unidos, pobres, vulneráveis e minorias étnicas revelaram ter probabilidade muito maior de contrair o vírus e de morrer. A surpresa com essa descoberta nos mostra nossa parca compreensão do racismo, que não se trata de um preconceito particular; pelo contrário, é uma questão de vida ou de morte. A covid-19 atingiu minorias étnicas, em parte, graças à sua alta concentração no centro das cidades; a seus índices desproporcionais de pobreza; e à sua super-representação entre os trabalhadores essenciais.[1] Essas mesmas condições acarretam que, tanto na Inglaterra quanto nos Estados Unidos, as minorias tenham maior probabilidade de sofrer quase todas as doenças e os problemas crônicos, incluindo asma — por causa dos bairros poluídos —, diabetes e obesidade — em função dos desertos alimentares* — e o resto das assim chamadas "comorbidades", que aumentam o risco de morte por covid-19. O resultado dessas desigualdades são estatísticas, como a de que homens negros na Inglaterra e no País de Gales têm probabilidade quatro vezes maior de morrer por covid-19 do que seus "equivalentes" brancos.[2] A verdade brutal e desconfortável é que o racismo tira anos de uma vida e a capacidade de aproveitá-la. No entanto, as falhas geológicas raciais no mundo desenvolvido são pequenas rachaduras em comparação aos abismos devastadores do valor da vida ao redor do planeta, e a resposta à covid-19 revela a lógica imperialista que continua a governar o mundo.

Quando o Ocidente foi ameaçado por uma taxa de mortalidade assombrosa, foi notável ver a rapidez com que ocorreu o investimento na produção de uma vacina. Antigamente ter a vacina apenas um ano depois da aparição do vírus seria algo de fato inédito, mas agora seu desenvolvimento depende de força de vontade. A malária existe há mais de cem anos e tira a vida

---

* Regiões com pouco acesso à comida. (N. E.)

de 400 mil crianças anualmente, todavia ainda não temos uma vacina confiável. Se essas crianças estivessem morrendo na Europa, e não na África, existiria vontade política para buscar a cura. Vimos a rapidez com que a vacina contra o ebola foi desenvolvida quando a doença saiu da África e chegou aos Estados Unidos. Mesmo doenças para as quais há vacina, erradicadas no Ocidente, ainda tiram vidas no resto do mundo. A tuberculose mata 1,5 milhão de pessoas por ano. A lógica primária que sustenta o mundo ocidental é que vidas racializadas valem menos.

A taxa de mortalidade da covid-19 se torna insignificante comparada à perda de vidas anual por causa da pobreza. Nove milhões de pessoas morrem mundo afora, todo ano, devido à fome. A cada dez segundos, uma criança morre por não ter acesso à comida e à água. Essas vidas são quase exclusivamente racializadas. Um dos principais motivos para a covid-19 não ter sido tão devastadora na África é que há muito menos idosos, pois a população morre mais jovem. Na Nigéria, que tem a maior população do continente, apenas 2,5% das pessoas têm mais de 65 anos, em comparação com os mais de 15% dos Estados Unidos. Na África do Sul, um dos supostos casos bem-sucedidos do continente, anualmente morrem mais pessoas na faixa de idade de trinta a 34 anos do que na de oitenta a 84 anos.[3] Números como esses são inimagináveis no antigo governante colonial do país, a Inglaterra, onde há quase cinquenta vezes mais mortes no grupo mais velho. Um vírus que mata principalmente idosos não poderia ser um grande problema numa região cuja expectativa de vida acabou de passar de sessenta anos. A covid-19 trouxe para o Ocidente o medo da morte vivido diariamente por bilhões no mundo.

Mesmo com a então chamada ajuda despejada no mundo subdesenvolvido, os problemas da pobreza continuam arraigados. A maior parte do progresso dos tão elogiados Objetivos de Desenvolvimento do Milênio da Organização das Nações Unidas (ONU), que buscavam reduzir a pobreza mundial em 2015, aconteceu por causa do sucesso da China. Ainda vivemos num mundo em que uma família de quatro pessoas, incluindo crianças, que cultiva folhas de tabaco no Malawi para a corporação multinacional British American Tobacco pode esperar ganhar 140 libras *num ano inteiro* de trabalho.[4] Esse tipo de condição é igualmente predominante na maior parte do mundo, onde as pessoas vivem níveis de pobreza que nós, no Ocidente, apenas imaginamos. Estamos tão acostumados a essa realidade que esquecemos que não se trata de um acidente histórico. Há um motivo e uma lógica por trás da pobreza global. Embora seja difícil de adivinhar partindo apenas da análise da ONU, do Banco Mundial, do Fundo Monetário Internacional (FMI) ou dos governos ocidentais, o racismo ainda rege todo o sistema político e econômico. Não se pode abordar verdadeiramente essa desigualdade sem considerar a transferência de riqueza e recursos que transformaria o Ocidente. Enquanto nos iludirmos com o reposicionamento de marca e as reformas nas margens, nunca seremos capazes de tratar a questão do racismo.

Introdução

A lógica do império

Precisamos urgentemente destruir o mito de que o Ocidente foi fundado com base nas três grandes revoluções científica, industrial e política. Em vez disso, precisamos investigar como o genocídio, a escravidão e o colonialismo foram as pedras fundamentais sobre as quais o Ocidente foi construído. O legado de cada uma dessas ações segue presente hoje, moldando a riqueza e a desigualdade na hierarquia da supremacia branca. O Iluminismo foi essencial para fornecer a base intelectual do imperialismo ocidental, justificando a supremacia branca pela racionalidade científica. Em outras palavras, o Ocidente inventou as teorias científicas para "provar" a superioridade dos brancos e fingiu que eram verdadeiras. Também é no Iluminismo que vemos as raízes da nova era do império, a aplicação universal da lógica colonial.

O colapso da administração direta das colônias por parte dos países europeus abriu caminho para que os Estados Unidos se tornassem o centro do império. A ONU, o FMI, o Banco Mundial e a Organização Mundial do Comércio (OMC) desempenham um papel na administração da lógica colonial e do neocolonialismo. Na nova era do império, a suposta independência das colônias estabeleceu as bases para o surgimento de uma elite do mundo subdesenvolvido que administra o sistema com uma eficiência brutal. A lógica colonial sempre incorporou a escada da supremacia branca, com alguns tomando vantagem de sua posição superior na hierarquia racial. Precisamos levar em conta que a China adotou a abordagem do Ocidente para enriquecer saqueando recursos da África. Esse frenesi não se restringe à China, mas inclui países de todo o mundo subdesenvolvido. Se não podemos contar com a solidariedade do antigo Terceiro Mundo, certamente acontece a mesma coisa com os novos então denominados radicais da esquerda ocidental. Em vez de apresentar visões do futuro de fato radicais, precisamos pensar em como a branquitude permeia movimentos que são continuações do progresso racista. Depois da crise financeira de 2008, estamos num momento em que o feitiço do império está se voltando contra o feiticeiro. A China está se tornando uma versão mais eficaz do Ocidente; a crise financeira desencadeou ainda mais as forças do neoliberalismo; e os filhos do império estão migrando para as antigas metrópoles por causa do que o Ocidente fez em suas terras natais. O mundo hoje está diferente do que era há quatrocentos anos, mas a mesma lógica que estava sendo incorporada no sistema naquela época continua a moldar a sociedade à imagem da supremacia branca.

Antes de nos aprofundarmos no livro, quero chamar atenção para quatro aspectos da nova era do império que, novamente, não são nomeados, mas estão presentes em toda parte. O objetivo desta obra é consolidar esses conceitos e ideias para entender a lógica do imperialismo ocidental.

CAPITALISMO RACIAL

Na nova era do império, os Estados Unidos se tornaram o centro do poder colonial moderno. O país gosta de se apresentar como uma vítima do colonialismo britânico que se libertou da tirania e agora procura fazer o mesmo no resto do mundo. No entanto, trata-se de uma fantasia delirante. Os Estados Unidos, na verdade, são a expressão mais extrema da ordem mundial racista. Não apenas esse país tem o próprio passado (e presente) de posse colonial, mas sua existência inteira tem base na lógica imperialista ocidental. Construídos por africanos escravizados numa terra roubada pelo genocídio de habitantes nativos, os Estados Unidos se tornaram um Jardim do Éden para europeus em busca de riqueza e oportunidade. Depois da Segunda Guerra Mundial, com as grandes potências europeias esgotadas, os Estados Unidos herdaram seu direito inato de líder da nova era. Agora temos grandes instituições que gerenciam a globalização e mantêm a lógica imperialista sob a forma de "desenvolvimento": o Banco Mundial, o FMI e a ONU têm sede nos Estados Unidos. Esse novo regime é tão eficiente em manter a supremacia branca global e a dominação colonial quanto eram os impérios europeus.

Racismo não é apenas a cola que segura todo o sistema, mas o material que o compõe. Em sua clássica obra *Marxismo negro*, o falecido Cedric J. Robinson explicou a natureza do "capitalismo racial".[1] No front local vemos como essas dinâmicas atuam nos Estados Unidos. O comovente documentário *A 13ª emenda*, de Ava DuVernay, trouxe maior consciência para a extensão do problema racista do encarceramento em massa, tão desolador que se espera que um em cada três meninos afro-estadunidenses nascidos em 2001 passe pela prisão.[2] O nome do filme faz referência à 13ª Emenda da Constituição dos Estados Unidos, que aboliu a escravidão e "a servidão involuntária exceto como punição por um crime pelo qual a parte terá sido devidamente condenada". Depois da emancipação, os afro-estadunidenses tinham probabilidade muito maior de serem detidos e presos, ou obrigados a trabalhar em diversos tipos de serviço prisional, e a escravidão foi, portanto, mantida no sistema prisional. O fato de o estado de servidão ter se perpetuado na própria emenda que acabou com a escravidão é uma lembrança arrepiante de que não existe progresso no capitalismo racial.[3]

Michelle Alexander explicou em *The New Jim Crow* [O novo Jim Crow] como a "guerra às drogas" depois da epidemia de crack pegou o problema do encarceramento racializado e o hipertrofiou.[4] Ao racializar a crise das drogas nos anos 1980, o governo dos Estados Unidos mirou nas comunidades negras, enchendo os bairros de polícia e encarcerando um número inédito de pessoas. Tratou-se de um projeto compartilhado entre conservadores e liberais, com cada lado superando o outro para parecer "duro com os criminosos". Não devemos nos esquecer nunca de que foi o suposto primeiro "presidente negro",[5] Bill Clinton, que apresentou a famigerada Crime Bill em 1994, medida extremamente crucial para ampliar o impacto do encarceramento em massa e que incluía a possibilidade de prisão perpétua para pessoas condenadas pela terceira vez por um crime ou delito, a despeito de sua gravidade; encher as ruas de policiais; e um enorme aumento no financiamento das prisões. Nos últimos quarenta anos, a população carcerária dos Estados Unidos inflou em 500%, quase exclusivamente pelo encarceramento predominante de afro-estadunidenses por crimes não violentos relativos a drogas.[6] Talvez não haja melhor ilustração de como funciona o racismo nos Estados Unidos hoje, mas também de como ele está entrelaçado com o capitalismo. Uma das forças motrizes do encarceramento em massa é a privatização da indústria penitenciária, que cria incentivos para prender uma quantidade considerável de pessoas. O trabalho escravo também é um incentivo econômico; não há necessidade de terceirizar se é possível pagar aos presos poucos centavos por hora por seu trabalho. Em 1994, a companhia telefônica AT&T desmantelou uma ação do sindicato dos trabalhadores demitindo os empregados do call center e substituindo-os por detentos. McDonald's, Macy's e Microsoft, todos exploraram o trabalho de detentos, assim como outras inúmeras corporações nos Estados Unidos. O governo estadunidense tem uma companhia de prisões federais, a Unicor, que fabrica ampla gama de produtos, como filtros de ar e materiais de escritório, e paga entre 23 centavos e 1,12 dólar a hora para os funcionários. Antes de 2011 seus produtos só eram vendidos no setor público, mas, desde que essa restrição foi abolida, a Unicor vende com gosto bens e serviços para empresas privadas. Além de se beneficiar dos salários baixos característicos do trabalho escravo moderno, a Unicor também faz propaganda de que as empresas podem estampar com orgulho "*Made in America*" nos seus produtos. Pagam-se salários de terceiro mundo para uma produção local, a encarnação da promessa "*Make America Great Again*" de Trump. Só na primeira metade de 2018, a Unicor arrecadou 300 milhões de dólares em vendas de bens e serviços nos setores públicos e privados.[7] Oferecer trabalho barato feito por detentos é uma forma de assistencialismo corporativo: o Estado paga a conta do encarceramento e as empresas lucram com a falta de remuneração dos presos. O encarceramento é caro para o Estado — anualmente, mais de 35 mil dólares por detento numa prisão federal.[8] Parece loucura oferecer esse tipo de trabalho com um custo tão alto — até lembrarmos que se encaixa perfeitamente na lógica do capitalismo racial.

A veterana do ativismo carcerário Ruth Wilson Gilmore explicou que antes via as prisões como uma "consequência da falha do Estado", mas precisou entender que elas são, na verdade, um "projeto de construção de Estado".[9] Os bilhões de dólares gastos no encarceramento de um número desproporcional de negros não são apenas assistencialismo corporativo, mas social também. O grande problema dos Estados Unidos com sua população negra é que agora ela deixou de ser necessária. A escravidão foi o motivo pelo qual fomos levados para lá acorrentados, e esse trabalho não é mais necessário. Durante a era do New Deal e da recuperação nacional, o trabalho afro-estadunidense foi vital novamente. Mas o neoliberalismo cortou os empregos do setor público e o trabalho foi mecanizado ou externalizado para o mundo subdesenvolvido. Mais uma vez, deixamos de ser necessários, e não é por acaso que o encarceramento em massa tenha coincidido com a *reaganomics.** O neoliberalismo é só uma versão mais extrema da sociedade ocidental, então o racismo sem dúvida é enfatizado num regime econômico que promove aumento acentuado na desigualdade. Um dos maiores motivos para o individualismo irrestrito no centro do projeto neoliberal ter vencido nas urnas é que não havia como o corpo político dos Estados Unidos sobreviver se os afro-estadunidenses recebessem toda a assistência social necessária, já que o país está totalmente imerso em racismo. Um Estado de bem-estar social funcional que no mínimo amenizasse os extremos mais duros da pobreza provavelmente custaria menos para o Estado do que o encarceramento em massa a longo prazo. Mas precisamos lembrar que, ao longo da história do Ocidente, é através do Estado que as empresas privadas recebem os lucros da exploração racial. Várias versões do Estado de bem-estar social em diversos países foram apenas experimentos de curta duração para dividir o espólio do império com mais justiça no Ocidente. O capitalismo racial deixa o cidadão feliz por seu imposto ser gasto para encarcerar majoritariamente pessoas racializadas, enquanto

---

* Medidas econômicas neoliberais do governo Ronald Reagan (1981-9). (N. E.)

as corporações ficam livres para fazer a festa com o trabalho escravo estadunidense moderno. E, claro, todo esse lucro um dia vai pingar na conta do eleitor médio.

NOSTALGIA COLONIAL

"*Make America Great Again*" é um slogan construído a partir da nostalgia colonial de um tempo em que a lógica imperialista era muito mais simples. Segregação racial; ausência de legislação de direitos civis; respeito pela lei e pela ordem; e o domínio descontrolado dos Estados Unidos sobre o mundo. A Inglaterra também passou por seu próprio surto de saudosismo. Quando o país se libertou das supostas amarras da União Europeia em 2016, os funcionários de Whitehall fantasiaram com a perspectiva de o país voltar a se relacionar com o restante do mundo e estabelecer um "Império 2.0". O voto no Brexit foi movido em grande parte por essa nostalgia colonial de tornar a Inglaterra grandiosa de novo, resgatando os dias em que a Grã-Bretanha reinava sobre os mares. Um dos principais slogans da campanha Vote Leave [Vote pela saída] era "Retome o controle", para restituir ao país as glórias do passado. O Império 2.0 foi no mínimo um reconhecimento de que a Inglaterra só foi "grandiosa" quando reinou sobre uma área tão extensa que o sol nunca se punha em seus domínios. O Brexit, aparentemente, ofereceu a oportunidade de reacender a relação abusiva do país com suas antigas colônias.

O anseio pelos dias de glória não é um fenômeno novo na Inglaterra, que tem o imperialismo firmemente incorporado em sua psique. Quase 60% das pessoas acreditam que o Império "dava orgulho", aparentemente sem saber ou sem ligar para os séculos de escravidão e brutalidade que a Inglaterra infligiu a várias partes do mundo.[10] Ou seja, não é surpresa que a monarquia, em geral, e a rainha, em particular, sejam extremamente populares. Repleta de coroas incrustadas de pedras preciosas roubadas de várias colônias, sua majestade talvez seja o principal símbolo de branquitude do planeta. As antigas colônias britânicas seguem como parte do grupo da Commonwealth, que possui 53 países como membros, e a rainha ainda é a chefe de Estado em quinze antigas colônias, uma lista que inclui Jamaica, Austrália, Canadá e Belize. A família real representa todos os problemas do elitismo na Inglaterra e o privilégio dado a brancos medíocres, que têm como único argumento para reivindicar sua posição a ideia de que eles nasceram para governar. E claramente não é só uma questão britânica, dada a adulação que a rainha recebe em todo o mundo. A popularidade da série *The Crown*, da Netflix, mostra o apelo transatlântico da novela imperial.

A ideia de reformar o Império era problemática por uma série de motivos. Para começar, a Inglaterra havia perdido a maioria de suas posses coloniais antes de entrar na União Europeia. Na verdade, a falta de um império para explorar fazia com que a Inglaterra precisasse (e ainda precise) ser parte de um grande bloco econômico para manter sua posição no mundo. Muitas das antigas colônias lutaram pela liberdade e não ficariam felizes de simplesmente voltar para o seu domínio se a Inglaterra retomasse suas ambições coloniais. Não só isso, mas a Índia, que em certo ponto foi a joia da coroa no Império, é hoje uma das economias que mais crescem no mundo, e a Inglaterra não poderia recolonizá-la nem à força. O jogo virou a tal ponto que, em 2007, a empresa indiana Tata assumiu o controle do que era a British Steel. Embora o "Império 2.0" tenha nos mostrado que a arrogância colonial da classe dominante da Inglaterra segue existindo, o Império nunca voltará, sejam quais forem os sonhos dos funcionários de Whitehall.

O surgimento de potências como a Índia reforçou a narrativa de que o Ocidente está em declínio. O fórum do G20 para a cooperação econômica internacional, composto dos países aparentemente mais influentes do mundo, agora inclui Coreia do Sul, Japão, Índia, Indonésia, África do Sul, Brasil, Argentina, Arábia Saudita e Turquia. A foto da cúpula evoca mais uma propaganda da United Colors of Benetton do que a imagética da Conferência de Berlim de 1884-5, na qual os países europeus fatiaram a África entre si. A ascensão da China em particular abalou a confiança do Ocidente em si mesmo e seus prospectos de dominação global contínua. Essa aritmética global cambiante fez surgirem vários artigos de opinião sobre o suposto declínio do Ocidente. Em vários sentidos, a eleição de Trump foi impulsionada por esse desejo de ver os Estados Unidos Branco na dianteira da política global novamente, com seu slogan de *"Make America Great Again"*. Na campanha, Trump ralhava contra a globalização e, já no cargo, iniciou guerras comerciais com a China para tentar reconquistar o poder perdido dos Estados Unidos. Em meio a tudo isso está o terror existencial de que o Ocidente tenha perdido a disputa por poder e de que o mundo subdesenvolvido esteja liderando o caminho para o futuro. Mas não acredite no hype. Grande parte do rápido desenvolvimento econômico da China foi conquistada por meio da exploração de seus pobres e pelo saque da África de forma perturbadoramente europeia. Diversificar os que jantam as sobras do império não muda o cardápio e não há nada de inovador em algumas pessoas racializadas levando vantagem de uma estrutura pensada para explorá-las. Em outras palavras, um punhado de alunos nigerianos ricos estudando em Oxford não muda o sistema de opressão. O mundo subdesenvolvido atual é marcado por um tipo de pobreza que nós, no Ocidente, não seríamos capazes de imaginar. Fingir que estamos num sonho pós-racial é garantir que a maioria das populações racializadas do mundo continuem vivendo o pesadelo ocidental.

A tal independência das antigas colônias ofereceu a poucos privilegiados a oportunidade de colher recompensas financeiras ao acessar uma fatia da torta imperial ocidental. Essa elite pós--colonial acumulou uma fortuna que supera até a daqueles que estão relativamente bem no Ocidente. Há também uma classe média emergente no mundo subdesenvolvido que tem algumas das mesmas oportunidades que a população do Ocidente, como gastar dinheiro comprando mercadorias desnecessárias. Mas sua posição e riqueza têm base na exploração do mesmo sistema que empobrece a grande maioria dos que são racializados no mundo. Como discutirei em profundidade no capítulo 6, a multidão da "humanidade negra"[11] não é uma massa homogênea, mas um grupo variado de pessoas, e muitas delas têm escrúpulos em usar a escada hierárquica da supremacia branca para subir nas costas dos menos afortunados.

Todas as antigas desigualdades foram simplesmente incorporadas ao sistema supostamente progressista do comércio e do direito internacional, garantindo que o Ocidente continue numa relação de exploração com as antigas colônias. A nova era do império depende das empresas, de práticas injustas de comércio e de governos fantoches no mundo subdesenvolvido, todos plenamente satisfeitos em pegar sua parte da venda dos bens e do trabalho de sua população. A inclusão da elite do mundo subdesenvolvido permitiu uma miragem de progresso no novo sistema em operação. Instituições como a ONU e o G20 até oferecem assentos nas mesas do poder, mas, como Malcolm X nos avisou, "sentar-se à mesa não faz de você um conviva, a não ser que coma um pouco do que está no prato".[12] Se esses líderes são representantes de seu povo, a questão não é se eles estão provando as iguarias do Ocidente, mas se seus países estão sendo nutridos. A dura realidade é que a hierarquia da supremacia branca está viva e passa bem, com o Ocidente Branco à cabeceira da mesa e a África dando sorte se conseguir restos do chão. O racismo molda a vida na nova era do império de forma tão integral quanto fazia nas eras da escravidão e da colonização direta.

PATRIARCADO RACIAL

"Pensar de forma interseccional" é reconhecer que não há como entender a sociedade por completo sem compreender o entrelaçamento de opressões que dá forma à desigualdade. Precisamos, no entanto, reconhecer as raízes do conceito na Teoria Crítica da Raça [Critical Race Theory, CRT], no feminismo negro e em mobilizações como o Combahee River Collective. A interseccionalidade nasceu quando se encarou o mundo do ponto de vista das mulheres negras, salientando a natureza da desigualdade. Ao contrário de algumas das interpretações cooptadas a respeito da interseccionalidade (que foi reduzida a uma palavra da moda em muitos círculos acadêmicos e de políticas públicas), é impossível, em qualquer compreensão genuína, remover o racismo do modo de pensar interseccional. A tese central deste livro é apontar que a supremacia branca, e, portanto, a antinegritude, é a base fundamental do sistema político e econômico e, sendo assim, contamina todas as interações, instituições e ideias. Meu objetivo é rastrear como a supremacia branca vem sendo mantida e atua nas várias atualizações do Império Ocidental. Discussões sobre genocídio, escravidão, colonialismo, práticas comerciais injustas e todo o resto: podemos considerar que tudo isso ecoa pelas intersecções de raça, gênero, classe e outras divisões sociais. No entanto, em termos gerais, não toquei na veia central deste trabalho vital acerca dos intrincados cruzamentos do racismo e suas opressões. Se entendemos o racismo como um cruzamento, este livro explora o entroncamento, sem traçar as estradas que o formaram.[13] Acadêmicas como Kimberlé Crenshaw, Keeanga Ya-mahtta Taylor, Patricia Hill Collins, Mikki Kendall e várias outras feministas negras viajaram por essas estradas e produziram insights excepcionais sobre as dimensões interseccionais da opressão.[14]

É essencial entender como o patriarcado foi indispensável para moldar o mundo moderno. Acadêmicos tinham a tendência de destacar a classe como o prisma básico para a compreensão da sociedade. Mas, no capitalismo, as relações de classe são produzi-das a partir da lógica colonial do imperialismo ocidental. O tra-balho industrial só foi possível por causa da riqueza gerada pela exploração colonial. Sem genocídio, escravidão e colonialismo não haveria nem riqueza nem recursos para que o considerado re-volucionário proletariado que labutava na fábrica europeia sequer existisse. Portanto, o herói da história de Marx é na verdade um produto do racismo. As classes sociais existiam antes do nasci-mento da nova era, mas foram fundamentalmente transformadas pelo novo sistema. Todavia, o patriarcado é diferente. Ele não foi criado pelo imperialismo ocidental, ainda que o império tenha sido propagado através dele pela figura de grandes exploradores, como Cristóvão Colombo e Vasco da Gama, que desbravaram os novos mundos e conquistaram os selvagens. Violência foi o ingre-diente-chave para estabelecer o Império Ocidental, e a violência sexual contra as mulheres foi uma ferramenta universal.

Os soldados rasos do império, comandantes coloniais e pro-prietários de escravos presidiam lares patriarcais nos quais as mu-lheres eram relegadas ao ambiente doméstico e impossibilitadas de contribuir plenamente para a vida pública. Homens brancos eram considerados o topo da cadeia alimentar da humanidade, enquanto as mulheres eram vistas como incapazes de serem racionais por causa de sua biologia problemática. Essas ideias estavam tão pro-fundamente arraigadas que os homens negros nos Estados Uni-dos tiveram a permissão de votar (pelo menos em teoria) décadas antes de o privilégio ser estendido às mulheres brancas. A desigualdade de gênero continua sendo uma das marcas do império, profundamente assentada no Ocidente e ao redor do mundo.

A inspiração para este livro veio de um pequeno vídeo que fiz para o *Guardian* intitulado "O Ocidente foi construído com base no racismo", que viralizou. No Twitter, uma das respostas ao vídeo exclamava que foi construído com base no "patriarcado também". Por mais relevante que o patriarcado tenha sido para a atuação do império, isso não é rigorosamente verdadeiro. O Ocidente é regido pelo patriarcado, mas é construído com base na supremacia branca. Foi a expansão para as Américas e a exploração de corpos racializados e recursos que possibilitou a existência do Ocidente. Não quero cometer aqui o mesmo erro de Marx ao reduzir outras formas de opressão às margens. Dizer que o imperialismo ocidental é praticado por meio do patriarcado não o diminui, muito pelo contrário. Assim como o comunismo não necessariamente leva ao fim do racismo, derrubar o imperialismo ocidental não dispensa o patriarcado automaticamente. É perfeitamente possível imaginar um futuro revolucionário liberto do Ocidente, mas governado pelo patriarcado. Da mesma forma, existe a possibilidade, ainda que improvável, de que o patriarcado seja abolido numa nova versão do imperialismo ocidental.

O patriarcado racial está no coração da nova era do império, e retraçar sua prática é absolutamente essencial. Fazer isso significa que o gênero atua de forma complexa na interseção com o racismo. Por exemplo, apesar de não haver dúvida de que as mulheres viveram, e continuam vivendo, a opressão de gênero, também é verdade que as mulheres brancas acumulam os benefícios da lógica colonial. Como as classes trabalhadoras no Ocidente, as mulheres aqui são poupadas das condições do mundo subdesenvolvido. Apesar de todas as discriminações sofridas por mulheres das classes média e dominante, elas continuam privilegiadas em comparação com os mais pobres. Enquanto lembramos dos bravos pioneiros do genocídio, da escravidão e do colonialismo, vale ressaltar que a rainha Isabel I, da Espanha, deu o aval para a tal "descoberta" do Novo Mundo, e a rainha Elizabeth I envolveu a Inglaterra industrial com o trabalho escravo quando permitiu a missão de John Hawkins no navio negreiro *Jesus*. No sul do Jim Crow, milhares de negros foram linchados por multidões formadas predominantemente por homens brancos. Não só várias mulheres brancas tinham prazer em participar das festividades em torno da fruta estranha* pendurada nos álamos, mas suas falsas acusações de estupro e má conduta sexual contra homens negros muitas vezes eram o que desencadeava o linchamento. No famigerado assassinato de Emmett Till — um menino de quatorze anos —, Carolyn Bryant Donham teve a "decência" (ou melhor, a audácia) de, seis décadas depois, admitir que havia inventado as alegações contra ele.[15] Ida B. Wells, ativista antilinchamento afro-estadunidense, notou uma completa ausência de apoio das feministas brancas de seu tempo, porque elas não viam o assassinato de homens negros, em sua maioria, como uma questão feminista.[16] A incapacidade de enxergar a questão do linchamento como resultado do patriarcado racial, e a assim chamada "proteção" de mulheres brancas como uma característica central do racismo, foi uma grande falha do feminismo branco na época.[17]

Se milhares de homens negros estão sendo linchados, o impacto disso sem dúvida recai nas mulheres negras, que perdem seus companheiros, irmãos, parentes e amigos. Uma agressão desproporcionalmente direcionada a homens negros é, portanto, um ataque a mulheres negras, e vice-versa. Podemos ver o mesmo processo em curso hoje com o encarceramento em massa e os inacre-

---

* Referência à canção "Strange Fruit", escrita por Abel Meeropol e cantada por Billie Holiday, que fala dos linchamentos de negros no sul dos Estados Unidos. (N. T.)

ditáveis índices de violência estatal a que homens negros estão sujeitos. Estima-se que exista 1,5 milhão a menos de homens negros nos Estados Unidos do que o esperado por causa desses efeitos. Em Ferguson, o problema é tão grave que há 40% menos homens negros do que mulheres.[18] Dada essa disparidade, realmente não deveríamos ficar surpresos que taxas de monoparentalidade sejam maiores em comunidades afro-estadunidenses, e o resultado é que mulheres negras com filhos têm grande probabilidade de viverem na pobreza e serem despejadas. Isso para não falar da violência policial e da vigilância que invade as comunidades só para manter o número de afro-estadunidenses na prisão ou em condicional. Mulheres negras também estão envolvidas nesses mesmos processos e têm probabilidade muito maior de serem presas do que suas equivalentes brancas. Um dos resultados disso é o espelhamento de altas taxas de monoparentalidade e pobreza entre mulheres negras.

O ataque a homens negros é consequência do mesmo patriarcado racial que subjuga mulheres negras. Kimberlé Crenshaw explica que "homens negros são temidos, mulheres negras são desprezadas".[19] Os europeus escravizaram africanos porque acreditavam que nós éramos sub-humanos, mais um animal do que uma pessoa. Homens negros eram vistos como hipermasculinos, sem intelecto e, em vez disso, cheios de força bruta e perigosa energia sexual. Em sociedades de plantation como o Haiti, aproximadamente dois terços dos escravizados eram homens, e 80% dos africanos escravizados pelos ingleses também eram homens, porque a natureza do trabalho exigia uma fera selvagem.[20] Profundamente entremeada a essas ideias racistas estava a força bruta sexual da fera, algo que precisava ser contido depois da emancipação. Os homens negros eram, e continuam sendo, agredidos de forma pública. Espancados, chicoteados, linchados e mortos a tiros pela polícia. As mulheres negras também estão sujeitas a todos esses crimes, mas o modo primário de sua opressão acontece a portas fechadas. Elas são sujeitas à violência sexual, seja em casa, seja na plantação ou, atualmente, nas mãos da polícia. Vivem sob o impacto da pobreza, do despejo e das profundas desigualdades no acesso à saúde. Além de se submeter à divisão da esfera pública/privada acerca da opressão, o patriarcado racial também muda as expectativas tradicionais para homens e mulheres.

A violência sexual não era reservada às mulheres, mas também infligida a homens africanos escravizados como forma de pacificá-los e controlá-los na plantação. Estupro e castração eram castigos comuns usados para controlar as feras selvagens. Os escravizados eram proibidos de casar e as famílias eram sujeitas a serem vendidas segundo o capricho de seus "donos". Durante a escravidão, a família nuclear era essencialmente proibida por lei. Depois da emancipação, a ideia do homem provedor era difícil de manter por causa da alta taxa de desemprego entre os homens, um processo que foi exacerbado pelo encarceramento em massa. A direita, tanto na Europa quanto nos Estados Unidos, critica as comunidades negras pela falta da estrutura familiar supostamente "correta", quando é o patriarcado racial que torna esse suposto ideal mais fugidio.

Na Inglaterra, um dos motivos para as mulheres negras terem sido encorajadas a emigrar do Caribe para trabalhar como enfermeiras era para que as mulheres brancas pudessem ser mandadas de volta para casa depois de ter um gostinho do trabalho durante a guerra. Enquanto o feminismo branco lamentava o papel da dona de casa, mulheres negras eram recrutadas para a força de trabalho. Não havia nada de novo nisso. As mulheres foram incorporadas à sociedade de plantation e postas para trabalhar. As ideias a respeito de gênero se transformaram ao serem interseccionadas com raça, porém não foram simplesmente recriadas em corpos diferentes.

A interseccionalidade não trata apenas da soma de várias opressões, mas sim de levar em conta a interação entre raça, gênero, classe e outros segmentos.[21] Houve tentativas de analisar o racismo tratando sua interseccionalidade como opcional, todavia isso mina o conceito por completo.[22] O racismo está sempre presente, é fato, moldando como nos relacionamos uns com os outros e com a sociedade. E não há maneira de entender como o patriarcado interage com mulheres negras, brancas ou pardas sem levar em conta a lógica colonial do imperialismo ocidental. Por exemplo, o estupro era permitido nas plantações porque mulheres negras eram vistas como sub-humanas, não apenas como propriedade do senhor, mas como bens pessoais sem direitos a serem respeitados. Mulheres brancas também estavam sujeitas ao estupro, mas não há a menor comparação com a violência sexual sistêmica usada contra as escravizadas. Thomas Thistlewood era um inglês que galgou postos de trabalho no sistema escravocrata jamaicano, começando como supervisor em 1750 e posteriormente conquistando sua própria plantação. Ele só é digno de nota porque mantinha um diário de suas explorações bárbaras, que constitui testemunho dos horrores da escravidão. Thomas registrou os 3852 "encontros" sexuais que teve em sua vida triste, a maioria deles com africanas escravizadas.[23] O fato de que, ao que tudo indica, ainda discutem se foram consensuais ou não só nos mostra como é pobre a compreensão do racismo na sociedade. Thistlewood documentou ter sujeitado inúmeras mulheres a seguidos estupros, nenhum deles considerado crime por causa de seu status racial como escravizadas. As mulheres não escapam da lógica colonial por causa de seu gênero. O mesmo vale para mulheres brancas, que se beneficiam do imperialismo ocidental.

A liberalização dos papéis de gênero no Ocidente está baseada nos mesmos benefícios imperialistas acumulados para as classes trabalhadoras. A desigualdade de gênero no mundo subdesenvolvido não é resultado de atitudes atrasadas que podem ser desfeitas com uma educação ocidental, mas está enraizada no sistema político e econômico. Por exemplo, quando a mortalidade infantil é alta, é preciso que as famílias sejam grandes porque provavelmente alguns dos filhos não vão sobreviver. O papel feminino então se torna principalmente reprodutivo, e as mulheres dão à luz tantas crianças quanto possível para garantir que a família possa continuar. Filhos também são necessários como trabalhadores porque o salário e as condições de vida são muito precários. Quando os papéis femininos são vistos como completamente reprodutivos, intensifica-se uma dicotomia público-privada na qual o homem é visto como o provedor, aquele que ganha o salário. Não é de surpreender que os meninos tenham mais valor nessas sociedades, porque eles podem trabalhar em vez de reproduzir. A liberalização de papéis de gênero no Ocidente dependeu da melhoria dos índices de mortalidade infantil, porque isso significava que as mulheres podiam ter menos filhos, com a segurança de que eles provavelmente sobreviveriam até a vida adulta. No mundo subdesenvolvido, onde vimos o índice de mortalidade infantil cair nas décadas recentes, também houve queda no número de filhos por mulher, reduzindo o imperativo da maternidade. Se a tendência atual continuar, e se mais pessoas tiverem acesso a melhores condições de saúde, chegaremos ao "auge de filhos" em 2057, quando a média global será de dois por mulher (uma redução em relação aos mais de cinco em 1950), o que significa que a população não vai continuar a crescer exponencialmente.[24] É por causa da riqueza concedida ao Ocidente pelo imperialismo que a igualdade das mulheres está num estágio avançado.

Sem mencionar que as riquezas roubadas do mundo subdesenvolvido permitem salários mais altos e o Estado de bem-estar social, não havendo, portanto, mais necessidade do trabalho infantil para pagar as contas no fim do mês. Ao contrário do que se imagina, meninas não poderem frequentar a escola no mundo subdesenvolvido não é o mesmo problema que o da disparidade salarial por gênero, pois mesmo entre mulheres há vivências diversas, segundo a interseção entre raça e gênero. As mulheres no Ocidente estão apenas batalhando por igualdade sobre os recursos sugados do mundo subdesenvolvido, cuja exploração é a causa direta de meninas do mundo todo terem menos acesso à educação.

A nova era do império visa retraçar a lógica colonial do Ocidente e explora como a branquitude está incorporada no sistema político e econômico. Ao fazer isso, não abordei especificamente como a aplicação do império é generificada. Retraçar as histórias e legados do patriarcado racial é central para um entendimento completo do imperialismo ocidental, mas essa tarefa exige ao menos outro livro, e provavelmente vários outros. Tenho a esperança de que esta obra consiga avançar mais com esse trabalho vital.

PÓS-RACIALISMO

Se o maior truque do diabo é convencer o mundo de que ele não existe, a conquista mais orgulhosa do imperialismo ocidental é a ilusão de que já superamos o racismo, de que estamos numa sociedade pós-racial. Asseguram-nos que as pessoas afetadas na verdade não são as minorias nem quem está no mundo subdesenvolvido, mas os brancos que estão ficando para trás numa sociedade em processo de mudança. É o multiculturalismo, a imigração e a globalização que estão conspirando para deter os brancos. Nesse clima, a direita já conseguiu até sequestrar o legado de Martin Luther King.

No 47º aniversário do famigerado discurso "Eu tenho um sonho", Glenn Beck, um apresentador de rádio semifascista que já havia declarado que Obama é "um racista que odeia a cultura branca", levou milhares de apoiadores do Tea Party, majoritariamente brancos, para as escadas do Lincoln Memorial, invocando o famoso discurso.[25] Ele até levou uma das sobrinhas de King, Alveda King, para validar suas credenciais pós-raciais. A marcha tinha como objetivo "restaurar a honra" dos Estados Unidos voltando-se para Deus, e também arrecadar dinheiro para uma instituição de caridade que financia os filhos de membros das forças especiais mortos em combate. O discurso de Alveda King instava o público a "concentrar-se não nas eleições nem em causas políticas, mas na honra, no caráter... não na cor da nossa pele", além de apoiar a visão de Beck de que "há apenas uma raça, a humana... não estamos aqui para segregar. Eu defendo a unidade". O golpe final da pós-racialidade foi quando anunciou que o motivo de sua fala era "honrar" seu tio.[26] Malcolm X denunciou a Marcha de 1963 em Washington como uma "farsa", um "circo com palhaço e tudo", por sua abordagem integracionista de "ame o próximo".[27] Depois desse fiasco, ele provavelmente está provocando King, que deve estar furioso, dizendo "não falei?".

O discurso de King é talvez uma das declarações políticas mais maltratadas de todos os tempos. Um militante pela justiça racial que era amplamente impopular quando morreu foi transformado no tio fofinho (e pai Tomás) da nação, usado para aplacar a consciência dos Estados Unidos Branco. O mecanismo para esse apagamento branco de King é principalmente o trecho mais famoso de seu discurso, dizendo que seus "quatro filhinhos um dia viverão num país em que não serão julgados pela cor da pele, mas pelo caráter".[28] Em vez de enxergarem esse comentário no contexto de uma tentativa de resolver a desigualdade racial, o viraram de ponta-cabeça, ignorando as próprias questões que King passou a vida combatendo.

As saudades dos bons e velhos tempos do império ou do Jim

Crow podem ser usadas para indicar que houve uma mudança fundamental, que na verdade estamos num momento pós-racial graças a todo o progresso feito nos últimos cinquenta anos. Nada pode estar mais longe da verdade. A Teoria Crítica da Raça emergiu nos Estados Unidos no fim dos anos 1980 justamente porque os envolvidos nas principais reformas de direitos civis perceberam como estas foram limitadas.[29] O movimento pelos direitos civis obteve tanto sucesso que os Estados Unidos hoje têm ações afirmativas, algo inimaginável na Inglaterra. Mas, apesar de todos os frutos, e de alguns como Jay-Z terem dinheiro demais e noção de menos para trabalhar com a National Football League (NFL), o país continua sendo um farol da desigualdade racial. A segregação é um problema maior hoje do que depois do marco da decisão Brown contra o Conselho de Educação, que tornou inconstitucional a segregação racial em escolas; a pobreza ainda é uma praga nas comunidades negras; a polícia continua matando a população negra a tiros; e há novos problemas, como o encarceramento em massa, que faz do apartheid na África do Sul a analogia correta para a questão racial estadunidense.[30] A Inglaterra não está melhor, com desigualdades raciais desoladoras em todas as áreas da vida social, brutalidade policial e abuso de poder, profundas diferenças econômicas, desigualdade de acesso à saúde e desemprego.[31] Se quiserem uma estatística para entender a escala da injustiça social na Inglaterra, o fato de que mais da metade da população jovem encarcerada é de alguma minoria étnica deve lhe causar arrepios.[32] Não se trata apenas de estarmos estagnados no caminho para a liberdade, mas, como explicou Derrick Bell, um dos fundadores da CRT, "o que designamos como 'progresso racial' não é solução para este problema. É uma regeneração do problema numa forma particularmente perversa".[33] Ao criar oportunidade suficiente para existir uma classe média negra, e, ouso dizer, professores universitários negros, alimentamos a mentira de que todo mundo chega lá caso se esforce o suficiente e ignore os ressentimentos. Isso, claro, é uma bobagem sem tamanho para nós que sofremos discriminação no Ocidente e uma sugestão ainda mais ridícula se for aplicada ao mundo subdesenvolvido. O propósito deste livro é pôr o último prego no caixão da narrativa pós-racial, ilustrando como a lógica racista do império permanece sendo fundamental para dar forma ao mundo.

1. Sou branco, logo existo

"É claro que o Iluminismo era racista", respondi a Emily Maitlis no programa de TV *Newsnight*, da BBC, quando fui perguntado sobre o movimento intelectual que sustenta a sociedade ocidental. Era 2017, e eu estava debatendo a campanha do sindicato dos estudantes da School of Oriental and African Studies (SOAS), que exigia que "a maioria dos filósofos" ensinada em seus cursos fosse da África e da Ásia. Em vez de questionar por que a produção intelectual de um pequeno desfile de homens brancos mortos foi considerada base de conhecimento adequada para entender as regiões, as reivindicações moderadas dos estudantes causaram tumulto em setores da mídia inglesa e no establishment universitário.[1] O chefe do Departamento de Filosofia da SOAS chamou as reivindicações de "bastante ridículas"[2] e um monte de comentaristas de extrema direita se alinharam para condenar publicamente o líder do sindicato "louco" e a geração de estudantes "alecrins dourados" que estavam imersos demais na segurança da correção política para entender o mundo real.[3] A resposta agressiva fez parte de uma reação mais ampla aos movimentos liderados por estudantes que perguntavam "por que meu currículo é branco?" e faziam campanha para "descolonizar a universidade".[4] Como um dos fundadores do primeiro curso em Estudos Negros da Europa, eu estava lá para dar um contraponto ao velho dogma eurocêntrico que trata do Iluminismo como se fosse sagrado.

O Iluminismo dos séculos XVII e XVIII surgiu na Europa Ocidental e nos Estados Unidos e é a base intelectual do mundo moderno. Nem o establishment nem um amplo segmento de comentaristas do Twitter receberam bem minhas palavras condenando as bases sagradas do conhecimento ocidental como racista, mas eu não estava exagerando para causar mais impacto. Foi simplesmente uma avaliação honesta e inquestionável do movimento intelectual. Em sua crítica aos alunos da SOAS, meu adversário no debate, Sir Anthony Seldon, reitor da Universidade de Buckingham e autor de várias biografias de primeiros-ministros britânicos, acidentalmente acertou na mosca. Eu mesmo não teria dito melhor. Ele disse que "precisamos entender o mundo como ele era, e não reescrever a história como alguns gostariam que tivesse sido".[5] Se fôssemos fazer isso, teríamos que entender o Iluminismo como o projeto intelectual racista que ele de fato foi — e que culpa as ideias que ele gerou têm por criar o mundo injusto que habitamos.

Esses debates não são simplesmente acadêmicos. O mundo só vai ser igualitário na medida do conhecimento sobre o qual ele é construído. O Iluminismo surgiu numa época em que a Europa havia arrasado grande parte do mundo por meio do genocídio da escravidão e estava afirmando seu domínio pela expansão colonial. A arrogância dos seus pensadores só foi possível devido à violência da primeira versão do Império Ocidental. Os "grandes pensadores" se viram no centro do mundo como resultado disso e teorizaram a respeito de sua aparente supremacia. Um dos seus propósitos era oferecer uma justificativa para o genocídio, a escravidão e o colonialismo que eram absolutamente indispensáveis para o progresso do Ocidente. O Iluminismo foi crucial na passagem para a nova era imperialista: ele ofereceu a estrutura de conhecimento universalista, supostamente racional e científica, que sustentava a lógica colonial. É uma heresia questionar os homens brancos mortos porque suas obras estão na fundação da atual ordem social injusta. Deixá-los de lado seria fazer o sistema desabar. Entender que o Iluminismo e o racismo não podem ser separados é o primeiro passo para avaliar de fato que a lógica colonial ainda governa o mundo hoje.

KANT, VOCÊ NÃO ESTÁ FALANDO SÉRIO

Na história do pensamento europeu, nos apresentam todos os aspectos positivos dos santos filósofos e nenhum dos negativos. Talvez não haja melhor exemplo da tentativa de alvejar esses registros históricos do que Immanuel Kant. Eu nunca tinha percebido que Kant é um ícone tão querido até apontar na TV que ele era racista. Aparentemente, criticar Kant é o equivalente acadêmico de questionar a moralidade de Jesus. Sua *Crítica da razão pura* é apresentada não apenas como a base do antirracismo, mas como a expiação dos pecados de toda a humanidade. Fiquei surpreso ao descobrir que tanta gente tinha muito carinho pelo homem e sua obra, ou mesmo que tanta gente o tinha lido. O que fica absolutamente claro é que poucos leram os extensos escritos de Kant a respeito de raça, e ali seu racismo é simplesmente um fato histórico.

Mesmo uma revisão rápida da obra de Kant revela que ele é um racista violento e cruel que via "a humanidade em sua maior perfeição na raça dos brancos". A obra escrita de Kant cobriu a segunda metade do século XVIII, depois do genocídio dos nativos das Américas e durante o auge do comércio transatlântico de escravos. Ele reconheceu com generosidade que "os índios amarelos [asiáticos] de fato têm um parco talento", mas afirmava que os "negros estão muito abaixo deles e no ponto mais baixo está uma parte dos povos americanos".[6] Sua crença de que o "negro" era "preguiçoso, indolente e moroso"[7] não foi usada apenas para depreciar as pessoas negras, mas também para justificar a escravidão. Kant até usou sua abordagem pseudocientífica para aconselhar a maneira mais eficiente de bater em negros "indolentes" para transformá-los em trabalhadores produtivos. Ele explicou que era melhor

> usar um bambu partido em vez de um chicote para que o negro sofra muita dor (por causa da pele grossa do negro, ele não sofreria agonia suficiente com um chicote), mas sem morrer... o sangue precisa encontrar um caminho para sair da pele grossa do negro para evitar uma infecção.[8]

Antes de escrever este livro, sempre soube que a ideia de que é possível separar o racismo de Kant de sua produção intelectual é uma balela, mas ver isso ilustrado tão claramente em suas próprias palavras é chocante. O diabo de fato está nos detalhes. Não só ele usou seu "intelecto" para imaginar maneiras de infligir torturas em africanos, como seu trabalho foi uma das maiores influências para criar a ideia moderna das supostas raças e a supremacia branca.[9]

Kant esboçou quatro raças diferentes com base na biologia e nas condições climáticas: a branca, a negra, a huna (mongol ou calmuca) e a hindu ou hindustâni.[10] Ele odiava sobretudo os americanos nativos, mas achava que eram uma "raça um pouco huna... ainda não totalmente aclimatada".[11] Para Kant, a geografia era o fator determinante essencial nas categorizações raciais.

Ele argumentava que todos os "habitantes das zonas mais quentes são, sem exceção, preguiçosos".[12] Essas declarações sobre as diferentes raças não eram dissociadas de sua filosofia moral, mas parte integral dela. Para Kant, pela "geografia moral" era possível compreender a verdadeira natureza do que significava ser humano. O que ele procurava era encontrar uma "natureza interna sobre a qual fundar a existência moral".[13] Mas, segundo acreditava, isso não era possível sem o exterior da geografia moral, porque o clima moldava até que ponto as diferentes raças tinham os talentos necessários para o desenvolvimento moral. E, importante mencionar, o clima produz adaptações biológicas que se tornam permanentes para cada raça, mesmo que as pessoas se desloquem para outras partes do mundo.

A explicação de Kant para o surgimento da "negritude" é o exemplo perfeito dessa lógica racial:

> O crescimento das partes esponjosas do corpo teve que aumentar num clima quente e úmido. Esse crescimento produziu um nariz grosso, virado para cima, e lábios grossos, gorduchos. A pele tinha que ser oleosa, não apenas para diminuir a transpiração pesada demais, mas também para proteger da absorção prejudicial do ar hostil e úmido. A profusão de partículas de ferro, que são encontradas no corpo de todos os seres humanos e, nesse caso, são precipitadas na substância em forma de rede pela evaporação do ácido fosfórico (o que explica por que todos os negros fedem), é a causa da negritude que brilha pela epiderme.[14]

Essas supostas diferenças biológicas são usadas para explicar por que pessoas negras são incapazes de ser plena e racionalmente humanas. Para compreender a razão e a existência moral, Kant descarta os que não são brancos. Lembrando que, além dos "negros", ele considerava os americanos nativos ainda menos úteis.

Dos "hindus", Kant argumentava que podem ser "cultos até o mais alto grau, mas só nas artes e não nas ciências. Eles nunca atingem o nível dos conceitos abstratos".[15] É por esse motivo que Kant concentrou sua descoberta do estado da natureza humana racional na Europa; ele acreditava firmemente que "a raça branca possui *todas as forças motivadoras e os talentos em si mesma*; logo, precisamos examiná-la mais de perto".[16] Se um dia precisar de uma citação que explique o currículo eurocêntrico, não achará nada melhor. Nós só cobrimos algumas das declarações de Kant, e já está absolutamente claro que não são apenas racistas, mas absurdas.

Para defender essa superioridade racial climática, Kant criou teorias a respeito do sangue dos "negros". Ele também acreditava que os "hindus" tinham temperatura corporal mais baixa e, portanto, mãos frias, e que os "olhos longos, rasgados, semicerrados" da "raça huno" tinham origem na vida na neve antes de migrar para o Extremo Oriente.[17] Suas declarações sobre as raças supostamente baseavam-se em evidências, mas ele nunca as coletou e dependia dos relatos dos europeus que de fato se aventuravam para encontrar os selvagens. Uma das defesas mais desonestas de Kant, que também é usada para defender o restante dos pensadores racistas do Iluminismo, é quando dizem que os "indícios disponíveis" para ele na época apoiavam as teorias racistas.[18] Isso é de importância vital, pois mantém a ilusão de que a ciência se baseia em lógica e razão e, portanto, muda conforme as evidências, fazendo de Kant apenas um refém de seu tempo. Vemos esse argumento mesmo hoje, com a ideia de que bastam avanços da ciência genética para desbancar o racismo; agora que comprovamos que raça não é real, podemos superar isso.[19] Mas não devemos aceitar esse raciocínio nem por um segundo. Havia muitos "indícios disponíveis" que contradiziam diretamente as ideias de Kant, ele só escolheu selecionar os relatos que serviam para sua pauta distorcida. Perto do fim de sua carreira, em 1788, escreveu um artigo em que escolheu especificamente refutar as reivindicações do abolicionista James Ramsay, que havia convivido com pessoas de ascendência africana e podia testemunhar nossa humanidade, elevando, em vez disso, os relatos de James Tobin, pró-escravidão, que ressaltava nossa preguiça e estupidez.[20] O que destaca ainda mais a questão é que o trabalho de Kant faz parte de sua resposta ao desafio do antropólogo Georg Forster, que teve experiência inédita com os supostos selvagens e criticava o iluminista pelo uso de estereótipos coloniais.[21] Forster estava interessado em ver se as teorias de Kant podiam oferecer uma noção de humanidade aos escravizados, e Kant respondeu promovendo argumentos pró-escravidão.[22]

Sua filosofia racial não se baseava em provas, mas numa visão de mundo particular — racista — que criou uma teoria racial absurda. Mas fica pior: às vezes, as ideias de Kant ultrapassam o limiar do ridículo. Sua teoria racial era tão universal que, segundo ele especulava, atingia "até mesmo o espaço". Acreditava genuinamente que "a inteligência das criaturas em diferentes planetas dependia da distância do planeta até o centro de gravidade: quanto mais perto o planeta estivesse do Sol, mais mentalmente preguiçosos seriam seus habitantes".[23] Os pronunciamentos de Kant são tão equivocados e bizarros que deveriam nos fazer questionar toda a sua produção intelectual. Tentar salvar a *Crítica da razão pura* dos destroços de sua teoria racial é como procurar uma filosofia moral coerente num canal de YouTube de extrema direita.

No entanto, Kant ainda tem uma série de defensores que se contorcem em várias posições insustentáveis para apoiá-lo. O exemplo mais óbvio de linguagem ambígua que encontrei foi um trabalho acadêmico defendendo que ele "não é racista só porque alega que existem raças superiores e inferiores". Pelo visto, uma teoria só é racista se ela se baseia numa "negligência culposa das evidências... ou expressa ou encoraja o desdém ou o desprezo por pessoas por causa da raça a que elas supostamente pertencem".[24] Os autores perdem de vista o fato de que a teoria racial de Kant é culpada das duas coisas. A maioria dos defensores de Kant evita criar desculpas para sua teoria obviamente racista e se concentra em outros trabalhos, argumentando em essência que sua filosofia moral universalista acaba fazendo dele um crítico declarado da escravidão e do colonialismo. Certamente é verdade que, em seus últimos escritos, Kant condena a colonização. Em *A fundamentação da metafísica dos costumes*, ele diz que, "se uma sociedade superior encontra selvagens, não há justificativa para que ela colonize sua terra, mesmo com a motivação de difundir a civilização".[25] Mas para fingir que isso faz dele uma espécie de antirracista é preciso um tipo especial de miopia. Kant chegou à conclusão de que não europeus tinham direitos que deveriam ser respeitados, mas isso é perfeitamente compatível com sua teoria racial. Na verdade, mesmo mais tarde, em 1788, apenas alguns anos antes de *A fundamentação da metafísica dos costumes*, ele reafirma que "o negro está no nível mais baixo de todos os restantes pelo qual designamos as diferentes raças".[26] Essas duas posições não são de forma alguma contraditórias; é absolutamente possível acreditar que os macacos deviam ter domínio sobre seu habitat e estar livres da arma do caçador. Também nos faz lembrar uma realidade desconfortável: durante o período vitoriano na Inglaterra, apresentações de menestréis preto e branco eram parte central do movimento abolicionista britânico. "Homens brancos usando blackface faziam discursos antirracistas" no palco em performances que criticavam a escravidão enquanto reforçavam os estereótipos que a tornavam possível. Se mesmo abolicionistas declarados mantinham as hierarquias raciais, isso demonstra como elas eram inescapáveis, e continuam sendo, para entender o mundo.[27]

Kant não é só um filósofo, mas um ponto de partida importante, porque sua obra apresenta todos os ingredientes que são tão potentes nos regimes de conhecimento que sustentam e mantêm a atual ordem social injusta. Seu conceito dos então direitos humanos universais também criou a base para a ONU e a União Europeia. Ele é defendido com tanto vigor por ser um dos arquitetos mais importantes da nova era do império.

O ILUMINISMO COMO POLÍTICA IDENTITÁRIA BRANCA

Não é coincidência que os arquitetos do Iluminismo fossem homens com visões bastante excludentes a respeito de raça, classe e gênero. Na tentativa de evitar os problemas inerentes ao movimento, tem havido certa tendência de deixar de ver o Iluminismo como um todo unificado. Somos direcionados para as versões inglesa, escocesa, francesa e americana, bem como para os debates dentro e entre elas.[28] Mas o Ocidente é fundado num conluio que vai além das fronteiras nacionais enquanto finge que mantém a soberania nacional. A produção intelectual por certo não é exceção, e, apesar de obviamente ter havido muito debate, e bem acalorado, há um consenso em questões fundamentais. Nenhum conceito é mais importante para o Ocidente do que raça, então não surpreende que, nas premissas principais, os homens brancos mortos que representam a pedra fundamental do conhecimento cantassem segundo a mesma partitura sórdida.

A ciência racial surgiu como disciplina para explorar a superioridade da raça branca, e é revelador que basicamente todos os principais pensadores iluministas fossem arquitetos dessa estrutura intelectual. Voltaire (na França) acreditava que "só os cegos podem duvidar que os brancos, os negros, os albinos [sic], os hotentotes, os lapões, os chineses e os americanos são raças completamente diferentes".[29] Hegel (na Alemanha) pensava que "negros devem ser vistos como uma raça de crianças que continuam imersos em seu estado de ingenuidade. Eles são vendidos e se deixam ser vendidos sem nenhuma reflexão do que é certo ou errado no assunto".[30] John Locke (na Inglaterra do século XVII) acreditava que os "negros" eram o produto de mulheres africanas que dormiram com macacos e, portanto, eram sub-humanos.[31] David Hume (na Escócia) estava "inclinado a suspeitar que os negros e, em geral, todas as outras espécies humanas (pois há quatro ou cinco tipos diferentes) são naturalmente inferiores aos brancos".[32] Um dos arquitetos da Maior Democracia da Terra ®, Thomas Jefferson (nos Estados Unidos) acreditava que os negros "quer sejam originalmente uma raça distinta, quer tenham se tornado distintos pelo tempo e pelas circunstâncias, são inferiores aos brancos nos dons tanto da mente quanto do corpo".[33] Todos concordavam que a raça era real, definida pela biologia e que determinava até que ponto um povo podia reivindicar humanidade completa. A melhor forma de resumir hierarquia racial criada pelo Iluminismo é pela classificação das espécies humanas do botânico Lineu (que dá nome a uma universidade na Suécia):

> *Europaeus albus*: engenhoso, branco, sanguíneo, governado pela lei; *Americanus rubescus*: feliz com sua condição, amante da liberdade, bronzeado e irascível, governado pelos costumes; *Asiaticus luridus*: amarelo, melancólico, governado pela opinião; *Afer niger*: astucioso, preguiçoso, descuidado, negro, governado pela vontade arbitrária do mestre.[34]

Nessa métrica, o branco é o certo, e mesmo Johann von Herder, que foi o primeiro aluno de Kant e posteriormente seu rival, e é com frequência "ou citado em defesa da luta contra o racialismo ou ignorado",[35] apresentava as mesmas crenças (embora de forma mais poética):

A forma humana perfeita encontrou lugar na costa do Mediterrâneo, onde foi capaz de se unir ao intelecto e apresentar todos os encantos da beleza terrestre e celestial à mente, assim como aos olhos... Aqui foram concebidas e executadas figuras que nenhum admirador da beleza circassiana, nenhum artista indiano ou da Caxemira poderia ter inventado. A forma humana ascendeu ao Olimpo e vestiu-se de divina beleza.[36]

Por certo havia diferenças em como cada um desses acadêmicos conceituados entendiam o que exatamente é raça. Se as diferentes raças vinham ou não da mesma forma original era a primeira discussão. Poligenistas acreditavam que havia mais de um homem original e que as raças eram completamente distintas, enquanto monogenistas defendiam que havia uma fonte original da humanidade, mas que os brancos representavam a encarnação mais desenvolvida e avançada do homem. Voltaire e Hume eram poligenistas, que não poderiam conceber que as raças inferiores tivessem nenhuma relação com a perfeição da branquitude. A palavra "mulato" era aplicada a quem tinha origem mista porque acadêmicos como Voltaire acreditavam que eles eram uma "raça bastarda", criada pelo mesmo tipo de reprodução entre espécies que a mula, fruto do cruzamento entre o cavalo e o burro.[37] No que talvez seja o exemplo mais óbvio desses grandes intelectuais ignorando todas as evidências disponíveis, Voltaire estava entre vários de seus contemporâneos que sustentavam que, assim como as mulas, os "mulatos" eram inférteis por serem a combinação de duas espécies.

Ainda que os monogenistas acreditassem que todas as raças eram parte de uma família humana mais ampla, isso não significava que seus conceitos eram menos racistas. Georges-Louis Leclerc, conde de Buffon, um dos teóricos raciais mais conhecidos, acreditava numa única família humana e que "se os africanos fossem importados para a Europa, sua cor mudaria gradualmente e se tornaria 'talvez tão branca quanto a dos nativos' da Europa".[38] Mais tarde, essa ideia foi adotada pelo monogenista--chefe, Charles Darwin, que a incorporou em sua teoria da evolução. Para sustentar essa hipótese, Darwin não foi o primeiro a citar a "evidência considerável mostrando que nos estados do sul os escravos domésticos da terceira geração apresentam uma aparência acentuadamente diferente da dos escravos do campo".[39] Ao que parece, esses teóricos não viram o estupro das escravizadas por parte dos senhores como uma explicação muito mais lógica para os tons de pele sucessivamente mais claros. Isso surpreende não apenas porque é razoavelmente óbvio, mas porque seria o último prego no caixão da ideia poligenista de que "mulatos" não são capazes de reproduzir. No entanto, a questão é justamente esta: não importa de que lado do debate estivessem esses tais intelectuais, estavam contribuindo coletivamente para a mesma causa. Buffon acreditava numa ascendência comum, mas também que a escravidão se justificava pelo fato de que os "negros" eram "tão naturalmente preguiçosos" que ficavam num "estado violento" se não fossem submetidos ao trabalho forçado.[40] A teoria da evolução de Darwin era o esquema perfeito, supostamente científico, para provar a superioridade dos brancos. O homem evoluiu dos macacos, e os africanos, com corpo e crânio em formatos diferentes, eram prova da cadeia de progresso humano. A busca pelo assim chamado elo perdido entre homem e macaco tratava--se, na verdade, de uma discussão sobre quais povos africanos eram mais parecidos com os macacos. Raças diferentes, observadas a partir de evidências supostamente científicas, são um recurso--chave da supremacia branca. Essas ideias permeiam o Iluminismo e se expandiram para o movimento eugenista que deu a base teórica para o Holocausto. Há um motivo para que Adolf Eichmann, executado por crimes contra a humanidade, tenha "apelado para Kant ao justificar seus atos".[41]

A ciência racial não era um problema marginal no canto da filosofia europeia, mas um componente integral de sua estrutura intelectual. Veja-se a frieza de Darwin ao justificar a conquista imperial pelo Ocidente que custou a vida de dezenas de milhões:

> Quando nações civilizadas entram em contato com bárbaros, a luta é curta... novas doenças e vícios são altamente destrutivos; e parece que em todas as nações uma nova doença causa muita morte até que os que são mais suscetíveis a sua influência destrutiva são gradualmente eliminados; e assim pode ser com os efeitos nocivos das bebidas alcoólicas, assim como o gosto inapelavelmente forte que muitos selvagens demonstram por elas.[42]

Darwin estava apenas construindo a ordem intelectual vigente. Hegel já havia declarado os nativos das Américas uma "raça fraca e em vias de desaparecer", e afirmava que "quando postos em contato com conhaque e armas, esses selvagens se extinguem".[43] Enquanto John Stuart Mill havia proclamado que "despotismo é uma forma de governo legítima ao lidar com bárbaros, desde que o fim seja a melhoria deles".[44]

Pensar racionalmente é o que separa o homem dos animais, e toda a base do Iluminismo é que o pensamento racional é domínio exclusivo do homem branco. Mesmo a ideia de trazer luz ao mundo — e de que a Europa é o farol apontando seu feixe de luz para os cantos selvagens e obscuros do mundo — é instrutiva. Pois, seja qual for a discordância entre eles, os homens brancos mortos estavam unidos na crença de que a Europa era a fundação pela qual se difundia o conhecimento. Como explicou Herder, "O *negro* não inventou nada para o *europeu*... Da região do povo bem formado derivamos nossa religião, nossas artes, nossas ciências e toda a estrutura de nosso requinte e humanidade".[45] Isso não é nada menos que política identitária branca, propaganda racista para aumentar a autoestima coletiva da Europa. A verdade é que a Europa não era superior ao restante do mundo no século XV. No melhor dos casos, a única parte do mundo numa Idade das Trevas naquele período era a Europa, e foi apenas por meio da violência e do assassinato de centenas de milhões que o Ocidente estabeleceu sua superioridade. A violência imperial criou uma página em branco, uma *terra nullius* (terra vazia) intelectual de onde os pensadores intelectuais surgiram com suas reivindicações de forma singular de racionalidade e compreensão.[46] Se o mundo não tivesse sido construído à imagem da supremacia branca, a estrutura racial intelectual do Iluminismo teria sido impossível. Ficava evidente que os nativos das Américas eram inferiores porque haviam sido exterminados. Os "negros" eram obviamente mais próximos de animais de abate do que de humanos porque haviam sido escravizados. Os indígenas não tinham nenhuma contribuição notável porque o Ocidente já havia saqueado suas sociedades. É dos destroços da matança colonial que emerge a razão supostamente universal. Os pensadores do Iluminismo alegavam que ser racional, pensar, ser humano, era ser europeu. Em outras palavras, "Sou branco, logo existo", e o mundo imperial a seus pés era toda a prova empírica de que precisavam para justificar essa alegação. Para sustentar essa crença, a verdade a respeito do conhecimento, da ciência e da razão primeiro precisava ser apagada.

Sobre o desafio que Hume propôs de citar "um exemplo simples no qual um negro tenha demonstrado talentos", Kant certa vez comentou que "não foi encontrado um só [negro] que tenha apresentado algo de importante na arte ou na ciência, ou qualquer outra qualidade digna de elogio".[47] No século XXI, não deveria ser necessário oferecer correção a fantasias racistas como essas. Infelizmente, já me envolvi em conversas demais com gente supostamente instruída para saber que a ideia de que a Europa produziu a razão e a ciência vai muito bem, obrigado. Então vamos aceitar o desafio de Hume e levá-lo adiante. Não apenas encontramos vários exemplos de negros talentosos, mas as bases do conhecimento que temos hoje foram assentadas quase que exclusivamente fora do Ocidente.

DESCOLONIZANDO O CONHECIMENTO

No fim do século XV, a Europa estava amplamente isolada do mundo havia séculos, desde a queda do Império Romano. A região vivia a Idade das Trevas, dominada pelo dogma religioso e pela repressão feudal; exceto pelas Cruzadas no mundo muçulmano, tinha pouca intenção, ou interesse, em conquistar o mundo. Era uma época em que a fé cristã supostamente explicava o universo e localizava a Terra no centro da criação. Essa fé limitava a imaginação europeia, principalmente pela noção de que a Terra era plana e de que uma viagem que a cruzasse fosse terminar numa queda no abismo. Como discutiremos, 1492 marcou o começo do Ocidente, mas é importante que também tenha coincidido com a queda do império de onde a Europa tirou seu conhecimento intelectual de forma mais direta. A primeira viagem de Colombo foi adiada até que a Espanha tivesse conquistado Al-Andalus e expulsado o Império Mouro.[48] Pelos setecentos anos anteriores, grande parte do sul do país havia sido governada por um império muçulmano que se estendia a partir do norte da África. Na verdade, no começo do século VIII, os muçulmanos ocupavam mais de 5 milhões de metros quadrados de terra, uma área maior do que a do Império Romano.[49] Só depois de derrotá-los o Ocidente pôde começar sua trajetória rumo à dominação global.

Segundo todos os relatos, a ocupação moura no sul da Espanha trouxe níveis inigualáveis de progresso e desenvolvimento para a região. Antes dos mouros, o local havia sido dominado pelos visigodos, tão brutais e bárbaros que os habitantes receberam os invasores estrangeiros como libertadores. Mais da metade da população havia morrido recentemente (anos 707-9) numa onda de fome. Quando os salvadores muçulmanos chegaram, trouxeram a "sofisticação" oriental, incluindo o desenvolvimento de canais, técnicas de irrigação e expertise no cultivo agrícola, além de verdadeiros luxos, como pasta de dente, penteados de cabelo e cutelaria.[50] Sob o domínio dos mouros, Córdoba se tornou um centro de conhecimento e aprendizado, e, no século X, fundou-se na lendária Mezquita uma universidade famosa pela astronomia. Em seu livro *The Map of Knowledge* [O mapa do conhecimento], a historiadora Violet Moller demonstra quanto o mundo muçulmano estava avançado em comparação com a Europa nesse período:

> O acadêmico do século XII Bernard de Chartres [França] tinha orgulho dos 24 livros que possuía, mas, em 1258, a cidade de Bagdá ostentava 36 bibliotecas públicas e mais de cem comerciantes de livros. A maior biblioteca medieval na Europa cristã, na Abadia de Cluny, continha umas poucas centenas de livros, enquanto a biblioteca real de Córdoba tinha 400 mil.[51]

Durante o Império Muçulmano, os estudos floresciam e cidades como Bagdá competiam pela honra de ser a capital da produção de conhecimento. Oftalmologia, medicina e astronomia, tudo prosperava. Na Bagdá do século IX, cientistas que estudavam na "Casa do Saber", do califa Al-Ma'um, conseguiam calcular a circunferência do planeta a cerca de 640 quilômetros das medidas modernas usando a astronomia. Os algoritmos que tanto dominam a vida no século XXI receberam esse nome em homenagem ao acadêmico persa Al-Khwarizmi, e devemos o conceito de zero ao *Siddhanta** do intelectual hindu Brahmagupta, escrito no século VII. São verdades simples que contradizem diretamente as ideias dos pensadores do Iluminismo de que apenas europeus apresentavam pensamento abstrato. O mundo muçulmano era tão central na vida acadêmica que o estudioso cristão Paul Alvarus de Córdoba lamentava no século IX que "todos os jovens cristãos talentosos leem e estudam os livros árabes com entusiasmo; eles organizam bibliotecas imensas a alto custo [...] esqueceram sua própria língua".[52]

No coração da tradição intelectual no mundo muçulmano está a aquisição e a escrita de livros. Depois da queda do Império Romano sobrou pouco da Biblioteca de Alexandria, antes grandiosa, ou dos textos-chave essenciais para preservar o conhecimento. Foram os acadêmicos do mundo muçulmano que trataram de proteger e traduzir os textos clássicos, além de acrescentar a eles novas descobertas. O árabe se tornou a língua do conhecimento até o século XV. Depois que a Europa exerceu seu domínio, não se permitia mais que assim fosse. O apagamento de não europeus está no centro do projeto ocidental, tanto em termos de uma real matança quanto de destruição simbólica. Depois da conquista de Granada pelos espanhóis, o poderoso cardeal Jiménez de Cisneros, como parte da Inquisição espanhola, organizou uma queima de livros numa escala quase inimaginável. Na principal praça da cidade, quase 2 milhões de livros árabes foram queimados porque ele achava que "destruir a palavra escrita é privar uma cultura de sua alma, e no fim das contas de sua identidade".[53] Ainda que os livros tenham sido queimados, seu conteúdo nem sempre se perdia. Traduções latinas foram feitas

---

* Dogmas indianos. (N. E.)

para europeizar o conhecimento, os nomes árabes transformados em latinos. Ibn Sina, um cientista persa do século XI, a quem se atribui a fundação da medicina moderna, tornou-se Avicena. Abbas al-Zahrawi, pioneiro de técnicas cirúrgicas em Córdoba no século X, foi transformado em Abulcasis. Ao queimar livros e bibliotecas e promover um apagamento na história, o pensamento intelectual ocidental foi capaz de começar a partir de uma página em branco da supremacia branca. É provável que os acadêmicos do Iluminismo acreditassem genuinamente que tinham herdado seu conhecimento apenas da Europa, dado o material-fonte com o qual trabalhavam.

Traçar a história do conhecimento pelo mundo muçulmano é importante, mas também tem limitações. Para começar, podíamos explorar também o conhecimento produzido no resto da Ásia: a China tem uma civilização intacta há milênios. E também há os conhecimentos indígenas das Américas e da Austrália. Outra grande limitação é que essa narrativa termina por levar de volta à Grécia, origem de grande parte dos textos que os acadêmicos islâmicos estavam traduzindo e usando como base. Poderíamos, portanto, considerar o mundo muçulmano e ainda assim terminar com uma fundação eurocêntrica do conhecimento. Em *The Map of Knowledge*, do qual tirei muitos dos exemplos mencionados, é exatamente essa geografia intelectual que é produzida. Isso é ainda pior pela exclusão de Timbuktu, no que hoje é o Mali, que estava no centro do mundo acadêmico muçulmano desde cedo, no século XII, quando a Universidade de Sancoré foi fundada. No século XVI, a universidade havia crescido tanto que tinha 25 mil alunos, e a biblioteca era uma das maiores do mundo, com centenas de milhares de manuscritos.[54] O livro insiste no apagamento da África da história intelectual quando a única cidade egípcia que aparece ali é Alexandria durante a ocupação do Império Romano. Depois de ler a obra, é possível pensar que o Egito desempenhou um papel pequeno na história do conhecimento, quando nada poderia estar mais distante da verdade.

Antes da civilização grega, o Egito havia reinado como o centro do progresso por milhares de anos. Os gregos aprenderam com os egípcios e mesmo com seus "cultos aos deuses".[55] O Egito sem dúvida estava bem mais avançado em termos científicos do que a Grécia. Só as pirâmides já são testemunho das conquistas científicas dessa civilização. Na escola, aprendemos que Arquimedes descobriu o pi no século III, mas se você dividir metade do perímetro da Grande Pirâmide de Gizé, construída mais de 2 mil anos antes, por sua altura, o número a que se chega é uma aproximação de pi. Está claro que o nível da civilização egípcia superava em muito qualquer coisa europeia da época: mesmo os estudiosos no começo da formação da Europa concordavam que os egípcios — e antes deles os etíopes — haviam criado civilizações desenvolvidas, enquanto a Europa estava num estágio de "barbarismo profundo".[56] Assim como os europeus apagaram os muçulmanos de sua história intelectual, os gregos fizeram com os egípcios. O pior exemplo disso foi Imotepe (por volta de 2700-2611 a.C.), grande cientista egípcio e um dos primeiros fundadores da medicina, que passou a ser venerado como Asclépio pelos gregos. O apagamento histórico já era ruim, mas, no filme *A múmia* (1999), Imotepe foi o personagem escolhido para despertar dos mortos e ser apresentado como um monstro maligno que queria dominar o mundo. Para ter uma noção do sacrilégio intelectual de que estamos falando, imagine assistir a um filme em que Aristóteles volta à vida para destruir o planeta. Como se difamar um estudioso morto não fosse suficiente, o filme também conseguiu reproduzir a representação racista de senso comum dos antigos egípcios feita por Hollywood.

Imotepe foi representado no filme por Arnold Vosloo, um ator que cresceu na África do Sul do apartheid. Normalmente, os antigos egípcios são erroneamente representados como os árabes que dominam a área atualmente. No caso de Vosloo, escureceram a pele de um ator que seria classificado como branco pelo regime do apartheid. Como vou discutir no capítulo 2, o Egito, na imaginação intelectual, está separado da "África propriamente dita". Aprendemos que seus habitantes não eram parte da África negra, mas sim do Mediterrâneo, para dessa forma poderem ser anexados à tradição ocidental de pensamento intelectual. A verdade é que, ainda que o país e o norte da África sejam agora predominantemente árabes, não eram na época da antiga civilização egípcia. A invasão árabe do norte da África ocorreu no século VII, mesmo período em que os mouros tomaram o sul da Espanha. Em seu trabalho clássico *A origem africana da civilização*, o intelectual africano Cheikh Anta Diop apresenta provas cabais, por meio de esculturas, obras de arte e história, de que os egípcios eram negros. Explica que "quando os egípcios usam a palavra 'preto' (*khem*), é para designar a si mesmos ou ao país: *Kemit*, terra dos negros".[57] Ele também retrata a civilização egípcia até os etíopes que migraram para o norte. É inegável que a matemática, a ciência e a medicina eram praticadas na África séculos antes de os gregos terem imaginado que qualquer uma delas fosse possível. Ao focar a palavra escrita registrada em livros, ignoramos a verdade de que "a África é o lar de corpos de conhecimento matemático tão vitais que nos fornecem o fundamento da computação moderna".[58] Em seu excelente livro *Don't Touch My Hair* [Não toque no meu cabelo], Emma Dabiri usa os padrões codificados nos penteados africanos como prova de fórmulas matemáticas complexas que vêm sendo usadas no continente há séculos. Por exemplo, em antigos padrões de tranças amplamente utilizados na África conseguimos ver uma representação do infinito. Isso pode não soar muito importante, mas o conceito de infinito estava tão distante da compreensão dos gregos que era associado com "paradoxo e patologia".[59] Em 1877, o estudioso europeu Georg Cantor tentou representar o conceito, mas foi denunciado como herege e terminou seus dias num hospício. Seu tratamento, mesmo na suposta era da razão, remonta à maneira como cientistas eram tratados na Grécia do século V: "Em 415, uma turba de fanáticos cristãos assassinou a filósofa e matemática Hipátia. Acreditando que ela fosse uma bruxa, eles a esfolaram viva com conchas de ostras".[60] Embora o infinito seja comum nos penteados africanos, no desenho das cidades e das roupas tradicionais, o Ocidente levou séculos para alcançá-lo.

Não é que os pensadores iluministas precisassem ir muito longe para encontrar provas de inteligência negra: havia muita, e eles simplesmente escolheram ignorá-la. Em resposta direta ao desafio de Hume que Kant usou como prova da inferioridade negra, apresentamos Thomas Fuller, um africano escravizado na Virgínia no século XVIII. Ele era tão talentoso em matemática que podia "calcular com precisão os pelos na cauda de uma vaca, ou o número de grãos de trigo ou de sementes de linho numa cesta" através de "cálculos complexos baseados em astronomia que hoje seriam feitos por computadores".[61] Fuller importou seu gênio matemático da educação da África Ocidental para os Estados Unidos antes que ele fosse roubado para a escravidão. Foi apenas um dos incontáveis exemplos de excelência negra que europeus conheciam muito bem mas que eram sempre descartados, interpretados como algum tipo de exceção que provava as regras do racismo. Por exemplo, Phyllis Wheatley foi posta sob escravidão em torno de 1760, mas ascendeu até se tornar uma poeta mundialmente reconhecida. Ainda assim, Thomas Jefferson descartou seu talento, com o argumento de que era impossível "descobrir que uma negra havia enunciado um pensamento acima do nível na narração simples; nunca viu um traço elementar de pintura ou escultura [...]. Foi a religião, de fato, que gerou uma Phyllis Wheatley;

mas não poderia gerar uma poeta".[62] Claro, Wheatley estava só imitando capacidades brancas por um treinamento rigoroso, e não era capaz de criar poesia de verdade. Em conflito direto com tudo o que nos dizem a respeito da ciência ocidental, várias vezes os grandes pensadores da época ignoraram alguma prova empírica clara que tinham por perto para proteger a superioridade que está no coração de sua política identitária branca.

No caso de Jefferson, isso era particularmente flagrante, dado que ele não apenas possuía africanos escravizados, mas submeteu uma de suas "propriedades" a um longo período de abuso sexual. A suposta relação de Jefferson com Sally Hemings começou quando ela tinha catorze anos, e o abuso continuou por anos. Ela teve vários filhos com ele, que foram libertados, mas Hemings continuou cativa de Jefferson até a morte dele. O "afeto" de Jefferson por Hemings e seus filhos não o dissuadiu de sua filosofia supremacista branca. Apesar de sua obsessão por ela, ele reafirmava a "beleza superior" da raça branca; que negros exalavam um odor muito forte e desagradável; e que mulheres negras preferiam dormir com orangotangos do que com homens negros.[63] Eram proposições ideológicas, e a evidência disponível foi distorcida para se encaixar em sua visão doentia do mundo.

Como agora deveria ser óbvio, a tese central do Iluminismo — que o conhecimento e a razão são difundidos pela Europa — é completamente falsa. Não é exagero dizer que a Europa é responsável por pouquíssimas ideias genuinamente novas e construiu seus avanços a partir de uma herança de conhecimento derivada de outras partes do mundo. Ciência, matemática, medicina, razão e até organização política, todos têm suas raízes no mundo fora do Ocidente, enquanto a Europa tinha pouca consciência desses conceitos. Mesmo o racismo não foi uma ideia europeia nova. Como abordarei no capítulo 2, o comércio árabe de escravos precede a Europa, e Colombo começou a escravizar os nativos das

Américas para os mercados do mundo muçulmano. Como vimos neste capítulo, a ciência racial ocidental codificou a ideia de supremacia branca com base na superioridade biológica às tais raças inferiores. Mas, no século XIV, o estudioso tunisiano Ibn Khaldun estava centenas de anos na frente dos homens brancos mortos ao declarar que os africanos "têm pouco [do que é essencialmente] de humano e têm atributos que são bastante similares aos dos animais obtusos".[64] Antes de nos deixarmos levar, ainda que talvez não tenha criado de fato a ideia de racismo, o Ocidente ganhou prosperidade explorando ao máximo o conceito.

Por sua vez, é importante destruir a ideia de que o Iluminismo é algum tipo de conquista única da civilização ocidental e reconhecer que ele foi construído sobre uma fundação de conhecimento global. Mas não devemos ignorar o fato de que se trata de uma tradição intelectual absolutamente notável sobre a qual o sucesso do Ocidente foi construído. Pode ser exclusiva, errada e racista, mas essa é simplesmente a natureza ocidental. Sem a estrutura intelectual racial herdada do Iluminismo, a versão atual do Ocidente seria impossível. Descolonizar o currículo deve significar mais do que ser um pouco crítico a Kant ou acrescentar um pouco de diversidade a listas de leitura. Se, e é um grande se, queremos construir uma sociedade antirracista, precisamos repensar completamente a base subjacente do conhecimento que produziu o mundo.

SUPREMACIA BRANCA MUNDIAL

A economia global hoje é construída a partir da imagem da supremacia branca que foi tão bem delineada pelos pensadores do Iluminismo. A África é o continente mais pobre do mundo, enquanto países com maioria da população branca são os mais ricos. Basta olhar para a evolução das espécies de Lineu para entender o sistema político e econômico. Esse debate não é apenas a respeito do passado, afinal o Iluminismo molda nosso presente: uma sociedade só pode ser justa se o conhecimento que a constrói também for, e o pensamento intelectual ocidental estabelecido está enraizado no racismo. O aspecto mais frustrante de como o Iluminismo está presente é que somos ensinados a acreditar que "é a razão que vai nos possibilitar resolver o problema", se conseguirmos jogar luz sobre provas relevantes.[65] Está ausente dessa propaganda a realidade de que os conceitos ocidentais sobre a razão nunca podem ser a solução para o problema do racismo que eles ajudaram a criar e perpetuar. A questão nunca foi de ignorância: a razão ocidental é baseada na supremacia branca, a ideia de que os que estão no alto da hierarquia racial detêm o monopólio do conhecimento. Libertar-nos da natureza dessa estrutura intelectual é essencial.

Uma das principais áreas usadas para ilustrar a contribuição positiva da estrutura intelectual do Ocidente é a arena dos direitos humanos, que está profundamente investida na tradição do Iluminismo.[66] Documentos-chave como a Declaração dos Direitos dos Estados Unidos e a Declaração dos Direitos do Homem e do Cidadão, da Revolução Francesa, são celebrados como os textos sagrados de nossas liberdades, que são garantidas pelas agendas de direitos humanos. É nessa narrativa que Locke, Hume, Kant, Voltaire e Hegel são aplaudidos por suas teorias heroicas de direitos individuais e liberdade. O único problema é que não se pode separar essas teorias de direitos do racismo, que vai até o centro da produção intelectual delas.

Um desses casos é o sistema de direitos estadunidense. Todos os homens são aparentemente iguais — exceto os homens negros, claro. Quando os pais fundadores estavam organizando a Declaração de Direitos na Convenção Constitucional de 1787, nos recém-

-formados Estados Unidos, se depararam com a questão da representação por estados baseada na população. Os estados do Sul queriam garantir que sua população escravizada não teria poder representativo na nova nação. E um animal obviamente não poderia ser visto da mesma forma que um branco, certamente nunca poderia votar. Portanto, concordou-se que cada escravizado representaria três quintos de um ser humano branco inteiro. Uma voz discordante de Massachusetts, Elbridge Gerry, questionou "por que a representação deve aumentar no Sul por causa do número de escravos, e não [com base] no número de cavalos ou gado no Norte?".[67]

Não era só a raça que limitava os direitos nos Estados Unidos:[68] direitos completos só eram concedidos àqueles que eram ricos, brancos e homens. Não deveria surpreender que era apenas esse mesmo grupo que podia ter acesso à educação universitária na época, por meio da qual criou uma rede de conhecimento e direitos de que só pessoas como eles podiam usufruir. Yale, uma das universidades mais prestigiosas do mundo, tem seu nome em homenagem a Elihu Yale, um traficante de escravizados que ficou rico na Índia colonial. Talvez não haja melhor representação das ligações indestrutíveis com a violência colonial e o conhecimento, mas Yale certamente não está sozinha.

A natureza racista da inclusão na democracia não é secundária; ela está contida naqueles que criavam o conceito de direitos. A participação completa na sociedade estava reservada aos homens brancos e ricos, enquanto os direitos de todo o resto eram contingentes. Podemos presumir que a extensão de direitos apenas aos brancos era baseada na presunção errônea de que outras, assim chamadas, raças não eram humanas, e que agora que essas ideias foram (amplamente) deixadas de lado, esses direitos universais podem ser aplicados a toda a família humana. Ainda que essa ideia possa ser alentadora, é perigosa, e ignora a estrutura básica tanto do conhecimento quanto do sistema político e econômico nos últimos duzentos anos.

Quando o Iluminismo apresenta-se como arquiteto do movimento anti-imperialista, é com base no fato de que posteriormente o movimento acabou aceitando que liberdade significa tolerar a diversidade, ou o pluralismo, que integra a humanidade.[69] No fim das contas, essa é a posição a que Kant chega em suas obras mais tardias. Considerando que anteriormente ele usou sua "geografia moral" para justificar a escravização dos selvagens, mais tarde ele viu que, embora fossem inferiores, os nativos também tinham direitos. Mas fingir que isso transformou sua posição básica é um delírio. Kant, em essência, acreditava que era necessária uma "proteção especial" para as raças "infantis", que não se podia confiar nelas para cuidarem de si mesmas.[70] Fomos aceitos na família humana, mas eternamente congelados num estado de natureza, destinados a permanecer um degrau abaixo na hierarquia racial. Temos o direito à vida, mas o padrão dessa vida nunca foi pensado para estar no nível do europeu iluminista. Então, não apenas Kant contribuiu para a teoria da hierarquia racial, como também delineia uma filosofia moral universalista que pode ser perfeitamente resumida na ideia do "fardo do homem branco" de Kipling. Aqui, vemos o ponto fraco fatal na estrutura dos direitos humanos. Eles surgiram numa época em que se entendia que apenas homens brancos eram cidadãos humanos completos e que todo o resto merecia direitos de acordo com seu lugar na hierarquia da "geografia moral". Diderot "elogiava o primitivo e rejeitava o civilizado... celebrando especificamente a liberdade sexual dos taitianos".[71] Evocando a ideia de Rousseau de que os selvagens viviam em estado de natureza que era mais puro que o mundo racional dos europeus, havia uma celebração do que era visto como seus instintos básicos e carnais. Nessa estrutura, os taitianos têm o direito de manter seu modo de vida supostamente atrasado, sempre presos historicamente como nativos felizes e sorridentes em paz com um mundo que eles não entendem de verdade.

Vi essas ideias em jogo inúmeras vezes quando estava discutindo a respeito da pobreza global. Voluntários que dedicam suas boas ações ao mundo subdesenvolvido muitas vezes voltam realizados com o trabalho que fizeram e satisfeitos com a ideia de que as pessoas que encontraram estavam tão "felizes" com a própria vida. Quando você pergunta sobre a miséria absoluta e as condições que os nativos enfrentam, levam uma bronca por aplicar ideias "ocidentais". Na estrutura do Iluminismo, a humanidade não é universal, é contextual, o que nos permite oferecer um conjunto de padrões de direitos individuais completamente diferente pelo mundo afora.

Como foi visto no exemplo da Constituição original dos Estados Unidos, a propriedade estava na origem de como os direitos foram concedidos. O mesmo aconteceu na Europa, onde, para votar, ter plenos direitos, era preciso ser branco, do sexo masculino e ter dinheiro. Mesmo as mulheres brancas tinham apenas um conjunto de direitos individuais que as impossibilitava de participar da democracia. A base classista do direito ao voto também é importante, pois essa limitação econômica aos direitos ocorre ainda hoje. Já não há restrições econômicas diretas ao direito ao voto no Ocidente, e a maioria dos países do mundo tem algum tipo de sistema de votação. Mas a riqueza é indispensável para definir quais tipos de direitos serão proporcionados. Por exemplo, a Convenção sobre os Direitos das Crianças, da ONU, que oferece direitos universais aos jovens do mundo. O artigo 6º tem duas partes, primeiro que "toda criança tem direito inerente à vida" e segundo que todos "os partidos garantirão ao máximo possível a sobrevivência e o desenvolvimento da criança". Parece razoável, mas olhe mais de perto: o "máximo possível" é muito diferente dependendo de onde se mora. No Ocidente, os índices de mortalidade infantil são extremamente raros e com frequência ocorrem em circunstâncias trágicas. Porém no mundo subdesenvolvido uma criança morre a cada dez segundos porque não tem acesso adequado a comida e água. A Convenção da ONU *em teoria* reafirma os direitos dessas crianças, mas na prática absolve os signatários de garantir que esses direitos sejam alcançados por suas circunstâncias econômicas. É esse o pluralismo cultural que é a característica da razão iluminista.

Trata-se de uma diversidade que aceitamos o tempo todo, seja quando fazemos uso dos benefícios do trabalho nos *sweatshops*,* seja quando compramos smartphones que utilizam minerais roubados do solo africano. Como os padrões de vida são muito mais baixos no mundo subdesenvolvido, normalizamos uma estrutura de realidade diferente. Quando os direitos das crianças são discutidos no Ocidente, exceto pelo contexto de abuso, os tópicos são a respeito do direito de brincar ou de não serem submetidas a estresse nas provas. No mundo subdesenvolvido, elas ainda estão presas no direito básico à vida. Em essência, essas diferentes condições econômicas são racistas. Não é coincidência que os países mais pobres sejam os de população mais escura. O Ocidente criou uma ordem racial global e depois construiu uma estrutura de direitos que manteria o status quo.

Um veículo importante para manter o pluralismo desigual dos direitos é o Estado-nação. Nações soberanas deveriam respeitar direitos segundo suas constituições e suas democracias representativas. Provavelmente, é fácil ver como isso consagra a ordem global desigual ao fazer com que a responsabilidade do Estado-nação seja apenas oferecer direitos para seus cidadãos. Se as nações eram impérios, como a Grã-Bretanha, as populações

---

* Oficinas de produção que submetem seus trabalhadores a condições degradantes de trabalho. (N. E.)

coloniais estavam sujeitas a um conjunto diferente de regras e direitos.[72] Foi Kant o primeiro a imaginar uma união supranacional de Estados para governar as questões mundiais, algo similar à ONU. É a ONU que precisa ratificar a soberania nacional, mas, numa prova da natureza elástica dos Estados-nação, o único aspecto consistente em sua definição é que eles foram reconhecidos legalmente como Estados individuais.[73] Longe de serem sistemas naturais de organização, os Estados-nação são recipientes usados para controlar a ordem política. Embora a ONU pareça democrática por fora, com seu um-membro-um-voto na Assembleia Geral, a organização é governada pela arbitrariedade do Conselho de Segurança, sendo que quatro dos cinco membros permanentes — França, Estados Unidos, Inglaterra e Rússia — são países brancos ocidentais. A China é a exceção cuja economia não pode ser ignorada. Novamente, é o pluralismo cultural dos direitos: todos os países têm direito a se sentar à mesa, mas apenas os predefinidos decidem o que comer.

Pior ainda, ao operar sob a estrutura dos direitos universais, o Ocidente fica à vontade para dar lições de moral a respeito de sua superioridade em seu histórico de democracia e direitos humanos em comparação ao mundo subdesenvolvido. A solução para os problemas de um país empobrecido é explicada com o déficit de direitos e liberdade: se ao menos tivesse mais democracia e boa governança, claro que prosperaria. A incapacidade de fornecer liberdade econômica e direitos básicos pertence ao Estado-nação, e o Ocidente se absolveu de toda a responsabilidade. O Ocidente manteve o controle sobre o mundo balcanizando a África em Estados-nação individuais para que ela pudesse ser controlada e gerenciada de forma mais efetiva.[74] Isso pareceria contraditório à filosofia moral universalista, mas, como vimos, o único aspecto universal dessas ideias é que o planeta devia ser explorado sob o princípio da supremacia branca.

Ao fim e ao cabo, o problema da estrutura dos direitos humanos é seu foco no indivíduo. A busca do Iluminismo pelo agente moral, o centro racional da humanidade, visava encontrar o que há de singular no coração do homem. Normalmente, isso é interpretado como "o que vale para um vale para todos", e, portanto, estamos sendo apresentados a uma teoria universal que eleva toda a humanidade. Todavia, como discutimos, não é assim que funciona. A natureza humana foi teorizada como sendo influenciada pelo exterior (fatores raciais), que determinava os talentos que as pessoas tinham para alcançar o potencial humano. A humanidade completa, racional, moral, não era entendida como algo a que todos os humanos tinham acesso, apenas os de pele branca. Consequentemente, o indivíduo só podia ser entendido por meio de raça e gênero. É por esse motivo que não havia contradição em Jefferson declarar que "todas as pessoas são iguais" e, no entanto, possuir africanos. Ele via os "negros" como bens, não na categoria de humanos. Todos os textos fundadores sobre os quais a estrutura dos direitos humanos se construiu foram planejados como os direitos dos homens brancos. No Ocidente esses direitos foram ampliados, até certo ponto, para os que não são brancos e homens. Mas os incontáveis negros assassinados pela polícia contestariam veementemente seu direito à vida. Um ser humano completo ainda é definido pela branquitude, o direito inquestionado à liberdade e à prosperidade com o qual mesmo as minorias mais privilegiadas só podem sonhar. Ainda é um fato que aqueles que residem no mundo subdesenvolvido não têm esses direitos. Deixa-se que migrantes africanos se afoguem ao cruzar o Mediterrâneo; trabalhadores de *sweatshops* na Ásia são submetidos a condições medievais; migrantes na América Latina são tratados com brutalidade em sua jornada para encontrar liberdade; e crianças pretas e pardas morrem a cada segundo. A arquitetura da sociedade que cria essas injustiças é o Iluminismo e sua filosofia universalista. A transição de Kant, de conselheiro de transportadores de escravos a oponente do colonialismo, é importante porque marca a mudança da primeira versão do Império Ocidental, que estava enraizada em violência e controle direto, para o surgimento do sistema atualizado.

O Iluminismo foi um produto do primeiro estágio do imperialismo ocidental, com escravidão e colonialismo limpando o terreno para seu projeto intelectual. Depois, o movimento ofereceu a ponte intelectual para a nova era do império, que, embora mantenha a lógica colonial, se cobriu com a legitimidade da democracia, dos direitos humanos e dos valores universais. É essencial desaprender a visão distorcida da história a que fomos condicionados. Vamos explorar a verdade de como o Ocidente estabeleceu brutalmente seu domínio imperial antes do surgimento de uma nova era do império, mais esclarecida. Fazer isso significa começar pelo começo dessa história, em 1492, quando Colombo navegou pelo oceano.

2. Genocídio

No rastro dos protestos que se seguiram ao assassinato de George Floyd, estátuas de Cristóvão Colombo se tornaram alvo. Por todos os Estados Unidos, monumentos foram decapitados, vandalizados, incendiados e até derrubados.[1] A aversão a Colombo mostra o poder que ele ainda tem na psique do país, assim como o discurso de Quatro de Julho do presidente Trump celebrando o italiano como a pessoa que "descobriu a América".[2] A reverência por Colombo tem longa história, particularmente no Colorado, onde as comemorações pelo feriado nacional do explorador começaram.

Em 2016, o Conselho Municipal de Denver anunciou que celebraria o Dia dos Povos Indígenas no lugar do Dia de Colombo. Isso foi resultado de décadas de ativismo, especialmente em 1992, quando, momentos antes da hora marcada para começar, o desfile do Dia de Colombo teve que ser cancelado porque quinhentos manifestantes ocuparam o local.[3] Essa mudança na marcha foi vista como uma vitória-chave para os ativistas, porque a ideia de celebrar Cristóvão Colombo com um feriado público veio de Denver. Em 1907, Angelo Noce, um imigrante italiano da cidade, persuadiu o estado a adotar a data como marco de reconhecimento, dada a significativa discriminação que italianos sofriam nos Estados Unidos na época.[4] Apenas em 1937 a comemoração foi adotada internacionalmente, ainda que a demora não tenha acontecido por Colombo ser uma personalidade controversa — pelo contrário, é uma das figuras mais veneradas nos Estados Unidos. A maioria das cidades estadunidenses tem monumentos em homenagem a ele, ruas e grandes instituições levam seu nome. Há uma cidade chamada Columbus em Ohio, e a sede do governo dos Estados Unidos fica no Distrito de Columbia. A beatificação de Colombo é notável, levando em conta que ele nunca pôs os pés no que agora são os Estados Unidos da América.

Protestos contra o Dia de Colombo acontecem há décadas, porque, em 1492, Colombo navegou o oceano e, ao descer do barco, lançou um reinado de terror genocida sobre os povos indígenas que ele supostamente "descobriu". Apesar de seu papel histórico como mercador de pessoas escravizadas e assassino em massa, o Dia de Colombo continua a ser celebrado — mas as histórias contadas para crianças em idade escolar podiam muito bem começar com "Era uma vez um genocídio".[5]

A expansão europeia para as Américas foi vital para o desenvolvimento do Ocidente. E, ainda assim, navegadores como Colombo não "descobriram" uma terra nova e vazia para ser explorada. Quando chegaram, encontraram milhões de pessoas vivendo em sociedades complexas que precisariam ser eliminadas para se tornarem a folha em branco necessária para o progresso ocidental. O genocídio nas Américas não tem precedentes e exterminou 99% dos nativos. Os corpos dos massacrados são a base da ordem social atual. A expansão para o oeste foi a chave que abriu as recompensas da dominação europeia. Escravidão, colonialismo, industrialização, ciência e a suposta democracia só foram possíveis graças às dezenas de milhões sacrificados no altar do "progresso".

Ainda que o genocídio nas Américas tenha sido de longe o maior na história da humanidade, raramente se comenta sobre ele. Foi descartado na lixeira da história enquanto comentaristas condenam publicamente o genocídio como exclusivo de regimes cruéis, como o nazismo, ou dos povos supostamente atrasados no mundo subdesenvolvido. Na verdade, o Ocidente nasceu do genocídio e dependeu da matança de milhões de corpos racializados para se desenvolver e enriquecer. Não é possível separar genocídio e Ocidente, que é de longe o sistema mais brutal, violento e assassino que já deu o ar da graça neste planeta. Em vez de aceitar a centralidade do genocídio no Ocidente, compreende-se tal processo como externo à sociedade progressista construída a partir da ciência. Entender o genocídio pelas lentes do mal perpetuado pelos nazistas, ou pelos selvagens atrasados de Ruanda, permite que o Ocidente mantenha sua superioridade moral. Com efeito, os dois exemplos foram produtos ocidentais, nascidos da lógica do império. Para compreender essa história, precisamos desfazer as mentiras intrínsecas à visão que o Ocidente tem de si mesmo.

ERA UMA VEZ UM GENOCÍDIO

Este conto de fadas em torno de Colombo tem alguns elementos-chave que precisamos desconstruir. O primeiro é que Colombo chegou às Américas por engano, quando na verdade estava procurando pela Índia, e *descobriu* a terra. Não só havia povos indígenas por todas as Américas, como clara evidência de que africanos haviam visitado e se estabelecido muito antes de Colombo ter feito uma curva errada. A civilização olmeca, na América Latina, fez estátuas com nítidas características africanas ao menos 2500 anos antes da viagem de Colombo; restos mortais de africanos também foram encontrados em território olmeca, com artefatos egípcios.[6] A descoberta de narcóticos das Américas nas múmias egípcias em 1992[7] foi veementemente criticada, em grande parte pela descrença de que africanos possam ter chegado ao continente americano antes dos europeus. Apesar de diversas evidências, estudiosos foram impedidos de traçar essas conexões por medo de afundar a carreira.[8] A história das viagens e interações globais que precedem em muito a exploração europeia é ignorada apenas por causa da presunção das ideias ocidentais de supremacia. Na verdade, antes de Colombo partir em sua terceira viagem para as Américas, d. João II, rei de Portugal, havia dito a ele que os africanos tinham uma rota de comércio pela Guiné, e Colombo confirmou isso com os povos indígenas quando chegou.[9] A ideia de que Colombo fez uma descoberta baseia-se na lógica supremacista branca de conhecimento. Se um povo vive num lugar e não há europeus por perto para testemunhar, ao contrário do que creem os ocidentais, ele ainda existe.

A concepção de que as Américas eram pouco populadas pelos nativos pré-civilização — cuja existência acaba descartada por sua selvageria — é central para a ideia de descobrimento. Devo admitir que esse mito está tão incorporado em nosso entendimento do mundo que, até começar a escrever este livro, havia presumido que os números populacionais eram muito baixos, embora obviamente rejeitasse a parte da selvageria. Mas a estimativa média do número de pessoas que viviam nas Américas quando Colombo chegou é de 72 milhões.[10] Apenas esse número já prova que a imagem do nativo atrasado é uma ficção colonial. A América Latina abrigava impérios como o dos astecas, com cidades e civilizações que ofuscavam qualquer coisa que a Europa tivesse a oferecer. Quando Colombo chegou ao que foi então chamado pelos europeus de Hispaniola, em vez de encontrar os tais primitivos, deparou-se com uma sociedade complexa que tinha uma robusta história de civilização e ordem social. Colombo apenas causou estrago à ilha que hoje é formada pelo Haiti e pela República Dominicana. Os taínos e aruaques que habitavam as ilhas haviam desenvolvido séculos de civilização, eram especialistas em agricultura e viviam em harmonia com a terra. Do primeiro contato em 1492 até 1509, quando Colombo deixou de governar a ilha, a população de taínos nativos foi de uma estimativa média de 8 milhões para apenas 100 mil,[11] e em 1542 havia restado apenas duzentos. Essa escala de morte não tem comparação na história da humanidade.[12]

A população indígena foi reduzida grosseiramente pelo extermínio dos europeus, e a maioria das mortes foi atribuída a doenças. Certamente, doenças causaram grande mortalidade, dezenas de milhões de mortes. Indígenas não tinham imunidade a doenças europeias como varíola e gripe, que se espalharam rapidamente. Mas seria um erro perdoar os invasores pelo assassinato acidental de milhões. Em primeiro lugar, não há dúvida de que os europeus podiam notar as consequências de sua presença e o impacto mortal de seus germes. Fica evidente que medidas não foram tomadas para impedir a transmissão de doenças, porque genocídio era a lógica da invasão europeia. Em vez disso, ao longo da história, vemos o exato oposto, com uma guerra de micro-organismos espalhando doenças mortais para erradicar populações indígenas. Por exemplo, durante um cerco de americanos nativos ao forte Pitt (agora Pittsburg), em 1763, Sir Jeffrey Amherst, comandante-chefe das forças britânicas, sugeriu que os povos indígenas devessem ser infectados propositalmente com varíola "por meio de cobertores [infectados], assim como tentar qualquer outro método que sirva para extirpar essa raça execrável". O capitão Ecuyer, dos Royal Americans, um regimento colonial do Exército Britânico, depois observou que "demos a eles dois cobertores e um lenço do hospital com varíola. Espero que tenham o efeito desejado".[13]

Além da guerra biológica que contribuiu para a disseminação das doenças, temos que levar em conta o impacto do reino de terror colonial executado por europeus. Colombo foi particularmente brutal em sua colonização de Hispaniola. Depois da viagem inicial, voltou à ilha em 1493, invadindo-a com um bando de mercenários e cachorros que comiam pessoas. Prendeu os nativos e os subjugou violentamente "esfaqueando, escaldando, queimando e fazendo trabalhar até a morte".[14] Colombo instituiu uma lei tributária estabelecendo que, se um nativo não completasse sua cota de ouro recolhido, teria pés e mãos cortados. As condições brutais em que os povos indígenas foram forçados a viver tornaram inevitável que sucumbissem a doenças. Passando fome, sem acesso a sua alimentação habitual, condições sanitárias e meios de cura tradicionais, os taínos foram incapazes de resistir às enfermidades. Não há dúvida de que as doenças europeias tiveram um custo alto, mas seu impacto genocida só foi possível no contexto da brutalidade colonial.[15]

É impossível exagerar, ou mesmo imaginar, a escala de violência que Colombo infligiu ao povo taíno. Desde o princípio os encarou como sub-humanos, criaturas sem Deus que eram usadas como instrumento para enriquecer a si e benfeitores espanhóis. Depois de perceber que tinha ido parar num lugar totalmente errado e que a recompensa que esperava não existia prontamente, Colombo explorou os taínos, usando-os para encontrar ouro em minas recém-construídas e como mercadoria, tornando-se um dos primeiros traficantes de escravos da Europa. Num exemplo de desumanidade e horror conduzido por Colombo, em 1495 seus mercenários prenderam 1600 taínos. Quinhentos e cinquenta foram levados acorrentados e vendidos como escravos na Espanha, e 650 foram divididos entre os colonizadores espanhóis. Os quatrocentos restantes foram liberados, mas tinham tanto pavor de que seus atormentadores mudassem de ideia que, de acordo com Michele de Cuneo, um dos homens de Colombo, muitas das mulheres com "crianças de peito deixaram seus filhos em qualquer lugar no chão e começaram a fugir desesperadas".[16] É esse terror que se celebra quando Colombo é elevado ao status de um herói digno de dar nome a prédios e cidades, erigir estátuas ou influenciar desfiles em sua honra. Colombo iniciou o período mais mortal da história humana; não demorou muito para que outras potências europeias estivessem completamente imersas no método genocida.

A Inglaterra entrou nas Américas depois dos espanhóis e dos portugueses, que tiveram um primeiro monopólio sobre a região. Mas quando os ingleses de fato se envolveram, construíram a partir do que seus companheiros europeus haviam desenvolvido. Para se estabelecer, tiveram que derrotar acirrada resistência das populações indígenas. Em contraste com os nativos atrasados e desorganizados da história dos livros ilustrados, os povos indígenas eram extremamente organizados e resistiram aos europeus até o fim. Hilary Beckles, em seu livro *Britain's Black Debt* [A dívida negra britânica], explica que um dos motivos para a primeira colônia de escravos inglesa ser em Barbados, em 1630, é que a ilha havia sido em grande parte abandonada pelo povo nativo kalinago.[17] Com resistência e organização, os kalinagos fizeram o diabo contra os europeus. Saíram de Barbados principalmente para construir redutos em São Vicente e Dominica, onde mantiveram resistência e atacaram outras cidades. Em 1640, por exemplo, os kalinagos atingiram Antígua, matando ao menos cinquenta pessoas e sequestrando o governador e sua família. A resistência acelerou os impulsos genocidas dos invasores, que viam os kalinagos como inimigos da Europa.

Por causa da perturbação dos interesses comerciais britânicos nas plantações do Caribe em 1675, "'vários mercadores de

Londres' se dirigiram aos Lords of Trade and Plantations [Senhores do comércio e das plantations] em apoio ao plano de extermínio do governador [de Barbados] Stapleton para destruir os selvagens bárbaros".[18] Essa guerra genocida contra os kalinagos continuou por um século, repleta de expedições e massacres de homens, mulheres e crianças. Em 1795, a resistência foi por fim debelada no reduto de São Vicente e 5 mil kalinagos foram transportados pelos ingleses para a ilha de Baliceux. Em quatro meses, um terço havia morrido de fome, e o restante fora abandonado para acabar morrendo em condições horríveis.

Massacres e remoções eram padrão nas regiões, criando um método industrial de morte que abriu caminho para o avanço europeu. Essa abordagem genocida para conquistar territórios é característica do desenvolvimento ocidental, e é um ingrediente absolutamente essencial para a construção do mundo moderno. Colombo é um herói americano porque abriu o caminho para o país se desenvolver. Graças ao modelo de Colombo, os povos indígenas foram quase erradicados da terra com absoluta falta de respeito pela vida deles.

Durante a Guerra de Independência dos Estados Unidos, o general George Washington lançou a expedição Sullivan para derrotar a resistência dos nativos americanos iroqueses que haviam pegado em armas pelos ingleses. Com brutalidade típica, adotou a tática de terra arrasada visando expressamente "acabar com todos os acampamentos em volta, com instruções para fazer isso da maneira mais eficaz, que a terra não seja apenas tomada, mas destruída".[19] Mais de quarenta cidades foram destruídas, e os que ficaram vivos fugiram para o Canadá. Essa conquista foi vital para a vitória e para estabelecer os Estados Unidos como um Estado-nação. Vemos a mesma lógica presente em tentativas subsequentes de expandir a nação: a população indígena da Califórnia, estimada entre 310 mil e 750 mil em 1800, foi reduzida para apenas 18 mil em 1907. Isso aconteceu em parte por meio de massacres brutais por esquadrões da morte. Em um desses casos, por volta de 1868 em Mill Creek, Norman Kingsley conduziu um massacre aos yahis e yanas tão severo que teve que trocar de arma no meio do tiroteio porque seu rifle "destruía" os corpos de forma horrível, "em particular os bebês".[20] Poucos anos antes, em 1864, durante o massacre dos cheyennes do sul em Sand Creek, um esquadrão da morte de Colorado, liderado pelo antigo ministro John Chivington, atacou uma vila atirando contra homens, mulheres e crianças desarmados, seguindo-os enquanto fugiam. Aproximadamente 150 civis foram massacrados, e houve a seguinte cena:

> Uma pobre mulher grávida ficou para trás enquanto os outros corriam pelo leito de um riacho. Os soldados a mataram também. Depois, um deles a cortou e, tirando o bebê não nascido, jogou o pequeno na terra ao lado dela.[21]

Os nativos americanos foram apagados de suas terras e acabaram se mudando para reservas, onde não poderiam interferir no desenvolvimento dos Estados Unidos. Ao manter a comemoração do genocida Colombo, esse período da história estadunidense é valorizado no folclore. Há todo um gênero de filmes de caubói que retrata homens corajosos da fronteira combatendo os selvagens e os fora da lei para abrir caminho no Velho Oeste. Essa versão conto de fadas da história, com europeus trabalhadores conquistando as fronteiras bravamente, oferece o conforto necessário para as pessoas olharem para o passado. Todavia, os novos americanos estão longe de ser os heróis; eles construíram o país com um massacre genocida. Reconhecer isso significaria um acerto de contas honesto com as fundações racistas do Estado.

AS FUNDAÇÕES DO OCIDENTE

As atrocidades nas Américas não foram causadas por alguma patologia trazida pelos colonizadores europeus. Exterminar os nativos era a base necessária sobre a qual se deveria construir o desenvolvimento do Ocidente. A expansão para além da Europa foi o passo essencial na criação do capitalismo industrial porque fornecia todos os ingredientes para o mundo moderno.

A viagem de Colombo foi financiada pelos espanhóis porque ele prometeu trazer riquezas, e essa busca por ouro levou às terríveis condições de trabalho dos nativos da Hispaniola, o que dizimou a população. Mais tarde, a Corrida do Ouro nos Estados Unidos acelerou a expansão para o oeste. No entanto, em vez de ouro, Colombo esbarrou com um recurso muito mais valioso e necessário para o Ocidente: a terra em si. As Américas ofereciam o território necessário para a produção que abastecia o desenvolvimento da indústria. Como explorarei no próximo capítulo sobre a escravidão, as principais mercadorias que moveram a Revolução Industrial foram produzidas nas Américas. Algodão e açúcar, em particular, foram de enorme importância para o crescimento capitalista. Colonizar a região era pré-condição para a escravidão: com a extinção dos nativos, iniciou-se o comércio transatlântico de escravos para fornecer a força de trabalho que construiu o mundo moderno.

Quando Colombo desembarcou nas Américas por acidente, a Europa estava atrás de boa parte do mundo. Dogma religioso, guerra e a Idade das Trevas haviam provocado uma estagnação no desenvolvimento europeu. A Europa não dominava o mundo no século xv ou mesmo no xvi. Foi a riqueza produzida pelo sistema de comércio transatlântico que impulsionou o Ocidente para a posição em que está hoje. O ouro e a prata extraídos das minas brasileiras permitiram que países europeus acumulassem fortuna e fizessem incursões pelo Oriente, que era muito mais rico, mais desenvolvido e poderoso do que a Europa na época. Foram os lucros do Atlântico que possibilitaram que a Europa viesse a dominar o mundo, liderando o caminho na industrialização e na ciência. A Europa não poderia se espalhar para o Ocidente e permitir que os povos indígenas continuassem em sua terra. Era necessário que fossem removidos para criar uma folha em branco sobre a qual o Ocidente pudesse ser construído.

Consideremos a Revolução Industrial, grande parte do mito progressista que o Ocidente conta a respeito de si mesmo. Nunca vou me esquecer do curso de história do A-Level sobre o assunto: o exemplo perfeito de ensino escolar como propaganda. Aprendemos a respeito das causas aceitas pelo progresso industrial, que incluíam a inventividade dos cientistas europeus, o investimento de capital e também um boom populacional que resultou em mais demanda por bens e, consequentemente, no mercado desenvolvendo maneiras de atendê-la. Naquele momento não sabia das especificidades, mas me perguntava como era possível que a escravidão transatlântica não fosse parte da discussão, se estava acontecendo nessa época e era extremamente importante para a economia. A resposta do meu professor foi muito clara. Ignoraríamos qualquer discussão sobre escravidão ou colonialismo porque "não estava na apostila" e "com certeza não cairia na prova". Se quisermos, no entanto, fazer uma avaliação honesta da Revolução Industrial, é impossível separar a industrialização da violência colonial e do genocídio. Basta pensar na questão do aumento populacional, tão central para criar a demanda para a produção industrial.

As Américas não eram apenas um negócio lucrativo, tornaram-se uma extensão da Europa. Milhões de europeus encheram a América do Norte e do Sul, deixando espaço para o crescimento populacional na Europa. Se a demanda aumentada foi o impulso-

-chave da industrialização, não há maneira honesta de discutir isso sem mencionar a expansão para o Ocidente. À medida que mais mercadorias eram necessárias, a ciência e a indústria tinham que se transformar para acompanhar a demanda. Não consigo imaginar a resposta do meu professor se eu tivesse perguntado como foi possível que os europeus fizessem a expansão em um território que tinha dezenas de milhões de habitantes nativos. Cooperar com os povos indígenas, compartilhando a terra e coexistindo, nunca teria criado o mundo moderno. De forma muito concreta, o genocídio nas Américas abriu caminho para a explosão populacional dos europeus e os sistemas político e econômico que os sustentaram.

Idolatrar o altar de Colombo é tragicamente a resposta apropriada, dado seu papel na fundação do Ocidente. Não por acaso ele é adulado: nada do que temos atualmente teria sido possível sem sua tal descoberta das Américas. Fingir que há alguma maneira de comemorar o nascimento dos Estados Unidos que seja livre de uma história de genocídio é talvez pior do que o delírio das narrativas dominantes de sua origem. Não fazer um desfile, ou derrubar todas as estátuas de Colombo, não alteraria as fundações podres da ordem mundial atual. De maneira perversa, ambos os lados desse debate estão tentando apresentar uma visão distorcida do país. As forças pró-Colombo querem menosprezar os aspectos negativos para aliviar a culpa coletiva, enquanto a facção anti-Colombo espera eliminar a nostalgia colonial que dificulta que as minorias se sintam em casa no país. Há muitas versões dessa discussão, relacionadas a todos os horrores sobre os quais o Ocidente foi construído. Mas reconhecer as atrocidades não muda nem sua história nem seu legado. Reconhecer a barbaridade do Ocidente não tem sentido a não ser que estejamos comprometidos com desmontar o sistema que foi criado por ela. Se você tem orgulho de ser estadunidense, inglês, europeu ou que quer que seja e sente que há alguma utilidade nesse sistema perverso, então deve celebrar Colombo e todos os seus contemporâneos genocidas. Eles forjaram um caminho para o Ocidente, queimando, esfaqueando, escaldando e escravizando para criar o mundo moderno. Podemos debater teoricamente se o genocídio era condição necessária para o desenvolvimento ocidental; em algum universo paralelo talvez os europeus e os nativos estejam coexistindo numa harmonia capitalista, mas em nossa realidade, a pedra fundamental do Ocidente são as dezenas de milhões de corpos dos povos indígenas das Américas. Se você levanta a bandeira pelo Ocidente, cada um dos seus heróis está ensopado de sangue. Nenhuma reparação pode alterar esse fato básico.

COLONIZAÇÃO DE POVOAMENTO É GENOCÍDIO

Por mais desconfortável que possa ser reconhecer isso, a colonização de povoamento nas Américas foi característica essencial do desenvolvimento ocidental (não é coincidência que os Estados Unidos sejam o país mais rico do Ocidente), e é um método de imperialismo que "destrói para substituir".[22] A eliminação da população nativa fez-se necessária quando a população invasora se tornou grande demais. As terras e os recursos foram tomados dos nativos, tornando quase impossível sua sobrevivência. Nos Estados Unidos, por exemplo, a matança de búfalos pelos europeus em função do couro reduziu drasticamente o suprimento de comida disponível para a população indígena.[23] No fim das contas, destruir o modo de vida dos nativos levou a um conflito, e usou-se essa resistência como desculpa para aniquilar os selvagens que incomodavam. O padrão que vimos com a resistência dos kalinagos no Caribe se repetiu tantas vezes que deveria ser tratado como processo fundamental da modernidade. Os europeus precisavam de terra, a população indígena resistia à sua tomada e, então, era exterminada. Esse padrão pode ser visto por toda a história do colonialismo ocidental mundo afora.

Quando os ingleses se estabeleceram na Tasmânia no século XIX, uma ilha perto da Austrália, exterminaram entre 4 mil e 7 mil indígenas, incluindo todos os que eram "nativos de sangue". Numa visita depois que o genocídio nativo estava quase completo, o reverendo britânico Thomas Atkins atribuiu a condição de "quase extintos" dos aborígenes à "lei universal do governo divino", segundo a qual "tribos selvagens desaparecem diante do progresso das raças civilizadas".[24] Essa violência era essencial para os ideais iluministas de progresso e supremacia branca na civilização. Acelerou-se o genocídio depois de uma rebelião de nativos em 1826: extermínio foi o método escolhido para conter a resistência. O que restou da população indígena foi removido à força para uma reserva na ilha Flinders, onde as condições eram tão extremas que, por volta de 1847, apenas 46 ainda estavam vivos.

Exatamente o mesmo processo ocorreu com os yukis da Califórnia, cuja população foi reduzida de aproximadamente 5 mil a 20 mil para apenas trezentos em 1864. Um artigo no *San Francisco Bulletin* em 1856 justificava o massacre dos yukis explicando que "extermínio é o remédio mais rápido e barato, e previne efetivamente todas as outras dificuldades quando uma explosão [de violência indígena] ocorrer".[25] Onde quer que europeus tenham se estabelecido e povoado massivamente, a política dos ingleses na Austrália, *terra nullius* ou "terra vazia", foi imposta, independentemente da existência de populações nativas. Em lugares como Estados Unidos, América Latina e Austrália, em que o colonialismo de povoamento tomou conta e milhões de europeus migraram, o genocídio da população indígena foi quase total. Afinal, o espaço é finito.

Na Austrália tem se debatido se "genocídio" é o termo correto para o tratamento dado aos aborígenes. A Tasmânia muitas vezes é citada como um caso clássico de estudo sobre genocídio, mas na Austrália há extrema relutância em usar esse rótulo para as ações do país. No auge da assim chamada "guerra da história" entre historiadores e comentaristas de extrema direita, o primeiro-ministro John Howard condenou o uso do termo como "ultrajante".[26] A Austrália gosta de se ver como um bastião dos valores liberais e da tolerância multicultural, preferindo imaginar uma versão iludida da história em vez da verdade desagradável de que é um "país fundado sobre o genocídio".[27] Assim como todos os outros exemplos de colonização de povoamento, o genocídio foi um recurso necessário para a criação do Estado australiano. Os ingleses não encontraram uma terra vazia, mas uma população que estava lá havia dezenas de milhares de anos. A entrada e dominação da terra levaram aos mesmos padrões de destruição que vimos nas Américas. Estima-se que em 1788 houvesse entre 750 mil e 1,2 milhão de aborígenes, e em 1900 restavam apenas 75 mil.[28] Depois que os ingleses se estabeleceram em Melbourne em 1835, a população nativa caiu de mais de 10 mil para menos de 2 mil em dezoito anos — um declínio de mais de 80%.[29] As consequências do povoamento britânico foram tão desoladoras que, nos dez anos até 1849, apenas dez crianças nasceram entre todas as tribos nativas da região. Só em Queensland estima-se que o índice de mortalidade dos povos indígenas durante o período de fronteira tenha sido de ao menos 50 mil.[30]

Como meio de se esquivar das acusações de genocídio, há um bordão comum de que muitas dessas mortes foram acidentais. Morte ou competição por comida foi o que levou ao falecimento dos aborígenes — uma consequência involuntária do progresso industrial. Devemos ter todo o desprezo possível por essa ideia. O povoamento britânico não só provocou a extinção de inúmeras vidas aborígenes, como os colonizadores sabiam exatamente o que estavam fazendo e pretendiam alcançar esse resultado específico. O primeiro governador da Austrália Ocidental proclamou em 1835 que os aborígenes deviam "desaparecer gradualmente" e que nada poderia "impedir a futura [sic] extinção dessa raça".[31] Em 1913, o primeiro-ministro australiano Billy Hughes comemorou que a inauguração da nova capital nacional em Camberra estivesse "ocorrendo 'sem o menor vestígio da raça que banimos da face da Terra'".[32] Os australianos sabiam muito bem que anexar terras significava exterminar aborígenes e não tiveram nenhum problema em ver uma raça "atrasada" ser extinta diante do progresso darwinista. Assim como nos Estados Unidos, os colonizadores também foram um fator essencial na perpetuação do genocídio.

Entre 1860 e 1895, em Alice Springs, aproximadamente 20% da população aborígene foi perdida para doenças, mas 40% para o que os colonizadores chamavam de "dispersão", prática que envolvia expulsar os nativos da terra com uso de força e armas de fogo.[33] Queensland foi notória pela violência dos colonizadores, com o apoio da Força Policial Nativa, que criou um "ambiente de terror que governava a vida do povo aborígene".[34] Milhares foram massacrados, tema abordado pelo alto comissário britânico Arthur Hamilton Gordon com o primeiro-ministro britânico em 1883. Ele estava preocupado com a cultura do terror em Queensland:

> O hábito de ver os nativos como pragas a serem exterminadas da face da Terra deu ao *queenslander* médio um tom de brutalidade e crueldade [...]. Escutei homens de cultura e refinamento falarem não apenas do massacre em massa, mas do assassinato individual de nativos exatamente como falariam sobre um dia de esportes, ou sobre ter que matar um animal que estava dando problema.[35]

Essa barbaridade não estava reservada aos *queenslanders*. Em 1824, a lei marcial foi declarada em Bathurst, a oeste de Sydney, para resolver o problema da resistência aborígene. Em um encontro público, um dos maiores fazendeiros de ovelhas declarou que "a melhor coisa que podiam fazer seria atirar em todos os negros e adubar o solo com as carcaças deles, que é a única serventia deles!". Na mesma reunião foi "igualmente recomendado que mulheres e crianças em particular deviam ser mortas a tiros, como o método mais certeiro de se livrar da raça". Depois que a lei marcial foi declarada, os aborígenes foram selvagemente atacados, o que levou a desumanidades brutais, como este acontecimento relatado por L. E. Threlkeld, um missionário na época:

> Um grande número foi levado para um pântano, a polícia montada deu voltas e mais voltas e atirou neles indiscriminadamente até que foram todos destruídos! Quando um dos policiais perguntou ao oficial se deveria ser feita a devolução dos mortos e feridos, não havia ninguém, todos foram destruídos, homens, mulheres e crianças! Mas quarenta e cinco cabeças foram recolhidas e cozidas para chegar aos crânios! Meu informante, um magistrado, viu os crânios embalados para exportação numa caixa em Bathurst pronta para ser despachada por navio, para acompanhar o oficial comandante em sua viagem pouco depois para a Inglaterra.[36]

Essa brutalidade colonial é a pedra fundamental da Austrália, que não podia ter existido sem isso. Os negacionistas do genocídio podem indicar o fato de que algumas das lideranças do Império Britânico ficavam desconfortáveis com a violência, e pôr a culpa da matança em atos individuais dos colonizadores. Em teoria, os aborígenes eram súditos da Coroa britânica e, portanto, tinham direito à proteção. Depois de um dos massacres mais famosos em 1838, em Myall Creek, New South Wales, os perpetradores acabaram sendo condenados por assassinato e enforcados por matar 28 aborígenes. Mas parece que esse massacre se tornou famoso por ser uma das poucas vezes que assassinos foram punidos. Na verdade, o caso teve que passar por um novo julgamento depois do primeiro, em que eles foram absolvidos, e os perpetradores alegaram que "não sabiam que matar aborígenes era uma violação da lei já que era algo praticado com tanta frequência na colônia antes".[37] A realidade é que o massacre é parte essencial da construção de uma nação: o Estado tinha prazer em fazer vista grossa e participar quando necessário.

E não se pode dizer que um país esclarecido emergiu dessa fundação de genocídio colonial. A Austrália manteve a lógica imperialista e continuou a tratar sua população aborígene de forma desumana. Em 1956, nas Maralinga Lands, no sul da Austrália, aborígenes foram removidos de suas terras para abrir espaço para testes com bombas atômicas. Deixaram-nos vagando no deserto e muitos morreram de fome e sede. As condições eram tão ruins que o parlamento encomendou um relatório que condenava o terrível fato de que aborígenes estavam ficando "cegos e morrendo de sede" num país rico como a Austrália. Mas o documento foi rejeitado como alarmista por políticos e pela imprensa de direita. Num sinal agourento do que estava por vir, ninguém menos do que um jovem Rupert Murdoch foi investigar e achou que o relatório era '"absolutamente exagerado" e que "esses belos nativos nunca estiveram em melhores condições".[38] A vida aborígene era, e em muitos sentidos continua sendo, descartável na busca do suposto progresso australiano.

A dimensão mais controversa do genocídio australiano é a tentativa muito clara de absorver biologicamente os aborígenes, ou, para dizer de outra forma, eliminá-los pela reprodução. Na Austrália Ocidental, o Native Administration Act [Regulamento de Administração dos Nativos] de 1936 declarou ilegal o casamento dos *"half castes* [mestiços]" com os supostos *"full bloods* [puro-sangue]", uma linguagem imersa em ideias de ciência racial. A. O. Neville (ironicamente nomeado "protetor-chefe dos aborígenes") falava com todas as letras que o objetivo dessa lei era que a Austrália pudesse "esquecer que um dia existiram aborígenes".[39] Isso seguia um precedente estabelecido pelo Departamento do Interior, que proibia aborígenes de "acasalamento" interracial, mas também de manter relações sexuais com mulheres "de sangue parcialmente aborígene". Faziam-se "todos os esforços para exterminar a cor pela reprodução, elevando as mestiças ao padrão branco".[40] Tanto na lei quanto nas políticas públicas, esse objetivo era conduzido pelo Estado. Neville explicou a política de usar as assim chamadas "mestiças" no serviço doméstico:

> Nossa política é de mandá-las para a comunidade branca, e, se uma menina volta grávida, nossa regra é ficar com ela por dois anos. A criança então é tirada da mãe e às vezes nunca mais volta a vê-la. Assim, essas crianças crescem como brancas, sem saber nada sobre seu próprio ambiente. Quando expira o período de dois anos, a mãe volta ao serviço, então na verdade não faz diferença se ela tiver uma dúzia.[41]

Os registros regionais do período corroboram o impacto desses sórdidos maus-tratos destinados às mulheres aborígenes. Revelam "um índice extraordinariamente alto de gravidez entre meninas contratadas para o serviço, especialmente as que são mandadas para as cidades".[42]

Nada disso deveria surpreender, levando em conta como a Austrália tratava os filhos de aborígenes. Uma em cada três e, posteriormente, uma em cada dez crianças aborígenes foram tiradas de suas famílias entre 1910 e 1970.[43] Aquelas que tinham ascendência mista eram particularmente caçadas, dada a intenção de eliminar os nativos pela reprodução. O premiado filme *Geração roubada*

(2002), livremente baseado na história real de três meninas que fugiram e voltaram para suas famílias, documenta essa jornada de maus-tratos. A maioria não tinha tanta sorte, e o legado do estrago causado ainda é sentido. A prática de remover as crianças e colocá-las em famílias brancas era tão comum que, quando o pesquisador Colin Tatz fez uma visita de pesquisa na Casa Retta Dixon em 1962, em Darwin, ele e a esposa receberam a oferta de uma criança aborígene pelo preço de apenas 25 guinéus. A ação era tão aceita que "eles não empalideceram com a potencial 'venda'", mas passaram uma hora dirigindo e pensando na oferta.[44] (Num paralelo arrepiante, nos Estados Unidos e no Canadá, nos séculos XIX e XX, havia políticas de remoção de crianças nativas de suas famílias para levá-las a colégios internos a fim de assimilá-las à cultura ocidental.)[45] É inútil debater se a política de remoção de crianças dos pais era ou não genocida: a intenção era assimilar os aborígenes à vida australiana à força para extingui-los. Foi parte da história mais ampla do país onde tanto em nível local quanto nacional, durante a maior parte do século XX, o Estado impôs uma política com o objetivo de um dia destruir qualquer traço dos aborígenes.[46]

Se devemos ou não aplicar o rótulo de genocida à Austrália é uma questão relevante porque precisamos nos desfazer das ilusões normalmente associadas ao termo. Uma das objeções ao uso é que supostamente minimiza o sofrimento singular do povo judeu durante o Holocausto. Se assassinatos imprevistos, violência na fronteira ou políticas de reprodução são igualadas aos campos de extermínio e à matança sistemática da solução final, estamos de alguma forma diminuindo o horror que os nazistas fizeram. A ideia de que a violência sofrida pelo povo judeu nas mãos dos nazistas é única só é verdade se o sofrimento, a tortura e a brutalidade infligidos àqueles que não são considerados brancos forem descartados. Os horrores dos campos de concentração são inquestionáveis, mas elevar o Holocausto ao status de mal primário cometido no mundo tem ainda a vantagem de desviar nosso olhar da brutalidade que a Europa exerceu sobre o planeta. Raça não poderia de forma alguma ser a lógica definidora se os brancos sofreram o pior crime contra a humanidade. Isso também permite que países ocidentais se distanciem do mal: a Austrália é progressista porque *não* é a Alemanha nazista. Comparar os dois é, portanto, uma heresia, porque destrói a miragem necessária para manter a imagem distorcida que o país tem de si mesmo. Na verdade, a lógica colonial do império estava em funcionamento tanto na destruição dos aborígenes quanto na dos judeus. O Holocausto foi a estrutura do império trazida para o coração da Europa.

Antes de tratarmos com profundidade do Holocausto, é importante retraçar as raízes genocidas da solução final no colonialismo alemão na África. O tratamento que os alemães deram aos nativos em suas colônias é particularmente instrutivo e, considerando os acontecimentos do século xx, também amplamente influente em como entendemos as raízes do genocídio moderno.

Depois de sua derrota na Primeira Guerra Mundial, a Alemanha foi destituída de suas colônias. Por isso, é fácil esquecer que este foi um país colonial, mas não se enganem, a Alemanha teve atuação importante no imperialismo, particularmente na África. O que agora são Namíbia, Tanzânia, Ruanda, Camarões e Togo eram parte do Império Alemão até a derrota na guerra. O sudoeste da África inicialmente foi considerado um lugar onde os alemães podiam se estabelecer, e, assim como os ingleses haviam criado uma empresa privada na Índia, fundou-se a Sociedade Colonial Alemã para chefiar a missão. O progresso dessa empresa foi mais lento do que o esperado, em grande parte por causa da resistência da população nativa, que não entregou os pontos nem permitiu a conquista alemã. No cargo de chanceler, em 1891 Bismarck comprou ações da companhia, nacionalizando o empreendimento colonial e impondo toda a força do Império Alemão na região.

Na virada do século xx, os alemães se encontravam em desvantagem militar em relação aos povos nativos herero e nama, que os superavam em armas e eram habilidosos combatentes a cavalo. Isso não impediu que os colonizadores se apropriassem da terra, estuprassem mulheres ou impusessem trabalho forçado aos nativos. A prática de estupro era "tão comum que os colonizadores alemães tinham nomes para isso: *Verkafferung*, ou "nativizar-se", e *Schmutzwirtschaft*, ou "negócios sujos".[47] Quando os herero e nama se insurgiram contra os alemães em 1904, os invasores estavam mal equipados para ganhar uma guerra, fosse convencional ou de guerrilha. Como vimos em outros lugares, prevaleceu a lógica genocida. Na ordem de *Schrecklichkeit* (extermínio) a seus oficiais, o general Lothar von Trotha proclamou em Osombo-Windimbe, em 2 de outubro de 1904:

> Todos os hereros devem deixar o país. Se não fizerem isso, usarei canhões para forçá-los a ir embora. Dentro das fronteiras alemãs, todo herero, com ou sem armas, será morto a tiros. Não abrigarei mais mulheres e crianças. Eles devem voltar a seu povo ou atirarei neles. Essa é minha mensagem à nação herero.[48]

Depois de serem massacrados aos milhares, os hereros fugiram, sendo forçados propositalmente pelos alemães a recuar para o deserto, plenamente conscientes de quais seriam as consequências. Milhares morreram naquelas condições inóspitas, e o restante foi preso e posto em campos de concentração. Dos 35 mil hereros forçados a ir a esses campos entre 1904 e 1906, estima-se que apenas 193 tenham sobrevivido.[49] Ao menos 70 mil hereros e 30 mil namas foram massacrados pelos alemães só nesse período de dois anos, devastando a população. No geral, lutas, fome e doenças mataram em torno de 250 mil africanos como resultado das campanhas alemãs para impedir rebeliões em suas colônias africanas ao sul.[50]

Hoje, as populações voltaram ao que eram antes do genocídio, mas o fato de ter demorado cem anos mostra a escala da aniquilação. O caso dos povos herero e nama da Namíbia esteve sob holofotes recentemente porque, em 2017, suas lideranças processaram a Alemanha nos Estados Unidos por reparações ao genocídio. Esse processo de reparação busca uma compensação histórica pelo assassinato em massa e usa os 90 bilhões de dólares pagos aos sobreviventes do Holocausto judeu como precedente.[51] Estabelecer uma ligação entre as atrocidades da Namíbia e o Holocausto é importante porque as ações da Alemanha na África foram precursoras do assassinato massivo do povo judeu quase meio século depois. Havia todos os ingredientes: campos de concentração, ciência racial e, claro, genocídio. A aniquilação de hereros e namas foi o primeiro genocídio do século xx e ofereceu o modelo para o que estava por vir.

Em grande parte, o genocídio foi cometido por 14 mil soldados e tornou-se parte do folclore da Alemanha. Como se fosse um destino de férias comum, "um grande número de fotos [foram] tiradas e transformadas em cartões-postais de soldados, enviadas com cumprimentos de um lugar distante e representando desde campos de concentração a prisioneiros emaciados e acorrentados ou cenas de execução".[52] O romance *Peter Moors Fahrt nach Südwest* [A jornada de Peter Moors para sudoeste], de 1906, escrito por Gustav Frenssen, era uma celebração tétrica dos horrores do genocídio contada como uma aventura do Império Alemão. Não apenas foi traduzido para várias línguas (inclusive inglês), como vendeu 400 mil cópias na Alemanha até 1945 e tornou-se leitura comum nas escolas de 1908, até cair em desgraça com a queda do regime nazista.[53] O genocídio da Namíbia estabeleceu um precedente importante para o país e pode muito bem ter sido pré-condição necessária para o Holocausto.

O HOLOCAUSTO É A MODERNIDADE

Durante a Segunda Guerra Mundial, o advogado Raphael Lemkin cunhou o termo "genocídio". Ele era descendente de judeus poloneses e perdera quase cinquenta familiares para o Holocausto nazista que devastou a Europa, então não é de surpreender que tenha dedicado a vida a definir e criar uma estrutura legal para a prevenção do genocídio. Até aquele ponto, não havia definição específica conceitual ou legal do assassinato em massa de grupos, e ele tomou como base a palavra grega *genos* (tribo, raça ou família) e a latina *cide* (matar), explicando que genocídio era o "crime de destruir grupos nacionais, raciais ou religiosos".[54] Os horrores do Holocausto reformularam boa parte do nosso pensamento de mundo, inclusive a definição de massacre geracional.

Sem dúvida, o extermínio de 6 milhões de judeus pelos nazistas é uma das piores atrocidades da história. A forma como famílias foram presas, levadas à força para campos de concentração e mortas em câmaras de gás como "solução final" deixou um rastro de destruição repugnante. "Nunca mais" tornou-se, com toda razão, um mantra por toda a Europa depois de ver as consequências da lógica genocida na Alemanha. Mas nossa compreensão do Holocausto não condiz com uma avaliação honesta do genocídio e seu papel fundamental em dar forma ao Ocidente.

O sociólogo Zygmunt Bauman escreveu *Modernidade e Holocausto* em 1989, que pôs de pé como enxergamos o genocídio. Por ter ele próprio fugido dos nazistas, estava bastante ciente da brutalidade e do significado do Holocausto, mas sentia-se perturbado pela narrativa dominante. O relato do historiador britânico Everett Hughes era o modelo predominante:

O governo nacional-socialista da Alemanha executou o mais colossal caso de "trabalho sujo" na história dos judeus. Os problemas cruciais em relação a essa ocorrência são (1) quem são as pessoas que de fato executam esse trabalho e (2) em quais circunstâncias pessoas "boas" permitem que isso aconteça? Precisamos conhecer melhor os sinais de sua ascensão ao poder e ter meios eficientes de mantê-las longe dele.[55]

Se entendemos o Holocausto assim, o genocídio é uma aberração em absoluto contraste com os ideais progressistas do desenvolvimento ocidental. Hitler e sua gangue de nazistas são os bichos-papões da história, o puro mal em forma humana, um tipo que deve ser impedido de tomar o poder por todos os meios necessários. O mal é situado no nível individual, e um exame de consciência deve ser realizado para saber por que tantas pessoas seguiram sua melodia sinistra.

Em vez de compreender o Holocausto como uma aberração que vai contra os princípios do Ocidente, Bauman argumentou que

o Holocausto não foi o fluxo irracional de resíduos de uma barbaridade pré-moderna ainda não inteiramente erradicados. Foi um residente legítimo na casa da modernidade; de fato, alguém que não estaria à vontade em nenhuma outra casa.[56]

Em outras palavras, ver o Holocausto como consequência do ato de pessoas más que não são modernas é não entender a questão. A lógica do Holocausto é *a lógica* do desenvolvimento ocidental. Quando reconhecemos isso, podemos assimilar as falácias que integram a abordagem dominante do "nunca mais". Como vimos neste capítulo, embora o Holocausto tenha sido um genocídio horrendamente brutal, não é um caso isolado na história humana, e certamente também não na formação do Ocidente. Desde 1492, o genocídio vem sendo um princípio organizador essencial da ascensão da modernidade ocidental, desde a aniquilação de dezenas de milhões nas Américas e no Caribe à erradicação quase total dos aborígenes na Tasmânia. O Holocausto representa as práticas coloniais surgindo na Europa. O fato de africanos, asiáticos e populações indígenas terem sido assassinados por europeus não perturbava a psique do Ocidente, mas ver a violência colonial efetuada sobre corpos brancos levou a uma reformulação completa de paradigmas de raça e poder há muito estabelecidos. Os judeus foram racializados numa posição sub-humana usando a mesma ciência racial que justificava a brutalidade colonial.

O fato de que o termo "genocídio" só passou a existir no Ocidente durante o Holocausto basta como testemunho do problema. O assassinato sistemático de centenas de milhões de "selvagens" nas colônias não mereceu a criação de um conceito novo. Infelizmente, havia pouquíssimo de extraordinário no assassinato em massa de povos racializados. Como é evidente mesmo ao menor olhar sobre a história, o genocídio de hereros e namas na Namíbia é o avô do Holocausto. Mas no caso de busca por reparação com a Alemanha, o governo alemão continua a resistir em chamar a matança indiscriminada de genocídio. De forma perversa, estão corretos. O motivo do conceito de genocídio não ser concebido no Ocidente até o Holocausto é que o termo não se aplica àqueles considerados sub-humanos, e a desumanidade daqueles que os europeus encontravam era presumida desde o princípio.

Em 1550, houve um julgamento teológico em Valladolid para decidir se os povos indígenas das Américas "tinham alma ou não". Bartolomé de las Casas e Juan Ginés de Sepúlveda debateram a questão, com o primeiro vencendo em sua proposta de que, embora os nativos fossem atrasados, ainda assim tinham alma e, portanto, podiam ser cristianizados.[57] Antes dessa declaração, presumia-se que os nativos eram sub-humanos e, portanto, sua aniquilação e escravização pelos europeus era perfeitamente aceitável. Las Casas vinha brigando em defesa dos direitos dos indígenas das Américas havia anos, mas naquele momento não restava dúvida na mente europeia de que os africanos eram feras sub-humanas, mais parecidas com animais do que com humanos. Na verdade, Las Casas argumentava que o trabalho escravo indígena podia ser substituído pelos animais selvagens da África. A escravidão transatlântica foi um dos sistemas mais bárbaros e assassinos e foi justificado pela crença de que africanos não eram gente.

Não devia surpreender que mesmo quando as atrocidades cometidas nas colônias eram tão flagrantes, a ponto de revirar o estômago dos europeus, sua perpetração não levou a nenhuma mudança conceitual no Ocidente. Como recompensa pela organização da Conferência de Berlim de 1884-5, que literalmente cortou a África e a dividiu entre as potências europeias, o rei Leopoldo II recebeu o Estado Livre do Congo. Já vimos muitos exemplos da presunção europeia de que terras habitadas eram posse dos colonizadores. Mas esse caso foi uma exceção: o Congo era posse particular de Leopoldo, que pôs seu próprio exército pessoal para dominar a região.[58] O resultado foi talvez um dos regimes coloniais mais extremos e brutais, que se destaca mesmo entre os horrores da época.

Como resultado direto do reinado de Leopoldo de 1885 a 1908, aproximadamente 10 milhões, ou metade da população do Congo, foram mortos. As atrocidades de Leopoldo foram forjadas nos fornos do pensamento iluminista, o que o levou a de fato acreditar que estava numa missão nobre. O rei declarou que "abrir à civilização a única parte do globo em que ela ainda não penetrou, furar a escuridão que envolve povos inteiros, é, ouso dizer, uma cruzada digna deste século de progresso".[59] Massacres, fome e crueldade física extrema foram responsáveis pela perda massiva de vidas, mas mesmo a literatura atual debate se essas vidas equivalem a um genocídio.[60] Na lógica perversa acadêmica ocidental, a intenção de exterminar uma população é vista como um ingrediente vital para que as mortes em massa constituam genocídio. No Congo, grande parte dos assassinatos foi cometida num esforço para fazer os nativos trabalharem, e não para eliminar a população. Mas quando refletimos sobre a terrível brutalidade do regime de Leopoldo, devia ser óbvio que se não a consideramos um genocídio é apenas por causa de uma definição profundamente problemática da palavra.

O Congo é rico em borracha, e o regime de Leopoldo fez fortuna com sua extração. Numa semelhança macabra com Colombo quatro séculos antes, ele forçou os nativos a coletarem sua riqueza com táticas terríveis. Não cumprir a cota levava à amputação da mão, mesmo para crianças pequenas. Um relato particularmente tétrico, mas não incomum, de um subagente do fundo Anversoise, que Leopoldo estabeleceu para comandar o Congo, contou a história de ter sido

enviado para uma vila para averiguar se os nativos estavam coletando borracha e, em caso contrário, matar a todos, incluindo homens, mulheres e crianças. Encontramos os nativos sentados pacificamente. Perguntamos o que estavam fazendo. Eles não conseguiram responder, portanto os atacamos e matamos sem piedade. Uma hora depois, X juntou-se a nós — e contamos a ele o que havia sido feito. Ele disse, "está bem, mas o que vocês fizeram não foi o suficiente!". Em seguida, ordenou que cortássemos as mãos dos homens e pendurássemos nas paliçadas, assim como seus membros sexuais, e pendurássemos as mulheres e crianças nas paliçadas em formato de cruz.[61]

Obviamente, Leopoldo não queria aniquilar todos os nativos, porque, se o fizesse, não teria ninguém para trabalhar. A colonização de povoamento não era opção para uma propriedade com apenas um dono. Mas debater se os atos que levaram à morte de 10 milhões de pessoas são genocídio demonstra o problema conceitual no coração da modernidade. A morte de pessoas racializadas simplesmente vale menos, intelectualmente. A definição de genocídio é tirada do objetivo nazista de erradicar *todos* os judeus e, se a aceitamos, ela não se aplica no caso do Congo. Mas o fato de que não há palavra para representar a matança (intencional ou não) de milhões de pessoas mostra como a reflexão dedicada ao problema dos genocídios coloniais foi precária.

Também é digno de nota que, com o Holocausto, Lemkin citou repetidamente o genocídio armênio de 1915 como motivador de uma nova linguagem a respeito da violência étnica. O genocídio armênio também foi horrendo: até 1,5 milhão de armênios foram mortos pelo Império Otomano na Turquia, por medo de que eles se juntassem à guerra contra o Império, que era aliado da Alemanha na Primeira Guerra Mundial.[62] Mas é revelador que o assassinato sistemático de uma minoria cristã por um império muçulmano seja central para a estrutura conceitual do termo "genocídio". Não há dúvida na filosofia ocidental de que uma vítima cristã tem alma e é, portanto, digna de consideração conceitual. Uma matança colonial como a do Congo não tem e talvez nunca tenha o mesmo impacto no pensamento ocidental.

Além da pura escala de brutalidade, os acontecimentos no Congo se destacam por terem gerado uma condenação generalizada do restante da Europa. Surgiu uma campanha internacional para acabar com o regime de terror no Estado Livre e pôr fim à matança. Em 1908, o parlamento belga curvou-se à pressão e tirou o Congo do controle único de Leopoldo. Mas antes de celebrarmos isso como uma vitória significativa e um ponto de virada na relação da Europa com os povos das colônias, devemos ter cautela. Não há dúvida de que massacres, estupros e mutilações de crianças tiveram impacto e destacaram a realidade da brutalidade colonial de outros países. Mas Edmund Morel, um jornalista inglês ativista anti-Leopoldo, foi honesto em suas objeções ao Estado Livre. Além de preocupações humanitárias, ele estava profundamente perturbado que o feudo particular de Leopoldo fosse uma "destruição da relação comercial entre o europeu e o africano".[63] Leopoldo não só estava atrapalhando o livre-comércio na região com seu monopólio do Congo, mas com sua brutalidade excessiva colocava em risco a relação colonial entre África e Europa. Os ingleses sempre foram favoráveis a uma abordagem da exploração colonial que deixasse espaço para fingir que estavam fazendo um favor aos selvagens carregando nobremente o "fardo do homem branco" de civilizar o mundo. Crianças mutiladas e assassinatos em massa deixavam essa fantasia fora de uma possibilidade razoável. Leopoldo foi privado de seu parquinho, mas uma relação exatamente igual de exploração e uma brutalidade mais administrada continuaram em seu lugar. O restante da Europa também prosseguiu com um império sem a realidade de sua lógica genocida nunca chegar a ela. Isso era impossível até vítimas consideradas brancas serem capturadas com os mesmos mecanismos.

Os nazistas justificavam o Holocausto a partir da mesma ciência racial que legitimava o genocídio, a escravidão e o colonialismo nas colônias. A Alemanha estava na vanguarda da ciência racial por causa de sua abordagem genocida no sudoeste da África. Numa cerimônia em Berlim em 2018, a Alemanha devolveu alguns restos mortais, incluindo dezenove crânios de africanos na região, mas ainda tem a posse de mil crânios que levou entre 1884 e 1915 para fazer experimentos científicos.[64] O arquivo de conhecimento do racismo científico foi construído a partir de proezas macabras como essas, que forneceram "evidências" rigorosas da inferioridade dos africanos. O famoso cientista nazista Eugen Fischer, cujo trabalho influenciou as Leis de Nuremberg — institucionalizou a segregação dos judeus na Alemanha sob Hitler —, ganhou experiência pesquisando na Namíbia em 1905 durante o genocídio. Ele criou um dispositivo para categorizar as "raças", uma caixa com trinta mechas de cabelo de loiro a preto, com cor e textura que geralmente significavam a diferença entre "a vida e a morte".[65] Numa prova do quanto essas ideias eram difundidas, deu o dispositivo para Karl Pearson, um dos criadores da área da estatística, na University College London (ucl) em 1908. Pearson era o protegido de Francis Galton, pioneiro do estudo da eugenia, que visava criar uma família humana superior com a reprodução apenas da melhor descendência e esterilizar os pobres e não brancos. Essas ideias de "higiene racial" eram dominantes e poderosas no começo do século xx. Dezenas de milhares de mulheres pobres e minorizadas nos Estados Unidos passaram por esterilização forçada, e a ideia de povos inferiores foi usada para limitar a imigração para os Estados Unidos de habitantes de países do Leste Europeu, considerados produtores de descendência estragada.

Os judeus foram submetidos às mesmas lógicas genocidas que os nativos nas colônias ao serem considerados sub-humanos pela ciência racial. Galton deixou claro que "judeus são especializados em uma existência parasita", e os eugenistas concordaram que eles estavam num degrau mais baixo do desenvolvimento humano.[66] Os nazistas foram não apenas influenciados, como também inspirados pela rede de acadêmicos ocidentais em universidades conceituadas que ofereciam as "provas" de que os judeus eram menos do que humanos. Até copiaram as leis de esterilização dos Estados Unidos como um dos primeiros passos para eliminar a raça atrasada. O Holocausto foi a lógica da raça canalizada para dentro da Europa. O racismo é tão essencial para o Ocidente como a água para os seres humanos, então, ao tentar explicar o Holocausto, não devemos procurar motivos fora do próprio sistema.

Bauman explica que só a modernidade poderia produzir o Holocausto, por causa dos conceitos de racionalidade científica desenvolvidos no Iluminismo. Aniquilar 6 milhões de pessoas no curso de alguns anos exigia eficiência e sangue-frio implacáveis, aperfeiçoados no desenvolvimento ocidental. Os cientistas nazistas estudaram os métodos mais eficientes para matar, criando o gás mais efetivo para o efeito desejado. O processo do massacre em câmaras de gás lembrava os mecanismos burocráticos da linha de montagem. A raça foi usada para determinar que os judeus eram sub-humanos e a burocracia capitalista foi mobilizada para descartar as pessoas indesejadas. Raça, burocracia, ciência e racionalidade, princípios-chave da modernidade, foram reunidos para produzir um genocídio, um dos mecanismos principais para o desenvolvimento do Ocidente. A verdade incômoda é que os nazistas não minaram os princípios governantes do Ocidente, mas sim os levaram a seu extremo, com consequências mortais. A simples retórica do "nunca mais" erra tanto o alvo porque apresenta o Ocidente como a solução, quando na verdade o sistema era o problema o tempo todo. O chamado vem de dentro da casa que produziu o Holocausto, e vemos essa mesma falácia lógica com o entendimento dos genocídios modernos.

GENOCÍDIO PÓS-COLONIAL

Entre abril e julho de 1994, aproximadamente 1 milhão de ruandenses foram massacrados no pior genocídio desde o Holocausto. Em sua conclusão, 70% dos tutsis (que eram o principal alvo de aniquilação) no país haviam sido mortos.[67] Imagens de africanos massacrando outros africanos com machetes descreviam o genocídio como derivado de um barbarismo que ia definitivamente contra os valores progressistas do Ocidente. Uma rixa de sangue tribal entre os hutus e os tutsis cabe perfeitamente na narrativa da África selvagem, incapaz de resistir aos impulsos de violência e divisão. O Ocidente e os Estados Unidos, em particular, enfrentaram muitas críticas por não intervirem antes na violência e por sua relutância em qualificar o massacre como um genocídio. Declarar um genocídio incluiria a responsabilidade de reagir, e o Ocidente estava relutante em fazer isso. Ruanda não tinha nenhuma relevância estratégica e os Estados Unidos já haviam passado vergonha na Somália em 1993, imortalizada no filme *Falcão negro em perigo* (2001), quando um helicóptero foi atingido por uma granada jogada por um foguete. Bill Clinton, que era presidente na época do massacre de Ruanda, admitiu numa entrevista à CNN em 2013 que a lentidão da resposta custou vidas, dizendo "Se tivéssemos entrado antes, acho que poderíamos ter salvado ao menos um terço das vidas que foram perdidas. Isso teve um impacto duradouro sobre mim". Numa visita de Estado à Ruanda em 1998, ele pediu desculpas pelo erro, culpando uma falta de consciência:

> Pode parecer estranho para vocês aqui, especialmente os vários entre vocês que perderam membros da família, mas em todo o mundo havia gente como eu sentada em escritórios, dia após dia, que não entendia por completo a intensidade e a rapidez com as quais vocês estavam sendo consumidos por esse terror inimaginável.[68]

Na verdade, é incrivelmente estranho que o presidente alegue ignorância tendo sido revelado depois que o governo dos Estados Unidos soube da escala do massacre quase imediatamente.

Embora a administração não tenha usado a palavra publicamente até o dia 25 de maio, ao menos já em 23 de abril os memorandos internos do governo avisavam da necessidade de "parar o genocídio", e as palavras "solução final" foram usadas para descrever a situação aos oficiais.[69] Pior ainda, tanto os funcionários da CIA quanto do governo estadunidense estavam bem conscientes das tensões crescentes antes do genocídio, e os Estados Unidos forneceram armas para a vizinha Uganda com pleno conhecimento de que estavam cruzando a fronteira para Ruanda.[70] Havia todo tipo de motivo pragmático e cínico para os Estados Unidos em particular, e o Ocidente em geral, ficar parado enquanto os tutsis eram exterminados. Mas o fato de que a ONU só nomeou oficialmente a aniquilação sistemática de um grupo étnico como genocídio em *fevereiro de 2014* é prova do problema conceitual do genocídio nas colônias. Como vimos ao longo deste capítulo, a morte de pessoas racializadas não têm importância na formação do Ocidente. Genocídio é uma categoria reservada aos humanos, e mesmo no século XXI nossa presença nessa categoria precisa ser defendida com argumentos.

A lamentação pelo atraso na resposta por parte do Ocidente para impedir o genocídio também é problemática. É completamente desempoderador pôr o Ocidente como o herói benevolente numa história de selvageria africana. Aqui vemos novamente a narrativa do "fardo do homem branco" de civilizar as colônias. Também vemos o mesmo erro conceitual do Holocausto: que o genocídio de Ruanda foi antiocidental, causado pela barbárie tribal. Na verdade, o horror inenarrável de Ruanda foi inteiramente produzido pelo imperialismo ocidental.

Hutus e tutsis existiam como grupos distintos muito antes da colonização europeia, processo que começou a sério quando a região foi concedida à Alemanha. A Bélgica também teve influência inicial em Ruanda por causa da pouca clareza sobre as fronteiras até 1900. Embora os distintos grupos étnicos já existissem e houvesse tensões entre a minoria de tutsis e a maioria de hutus, os europeus institucionalizaram e racializaram essas diferenças em sólidos absolutos que determinavam que a tribo de uma pessoa definia o seu papel na colônia. Os missionários começaram esse processo, com a abertura de uma das primeiras escolas em 1905 pelo padre Classe, que explicou que o propósito era "transformar os tutsis, os 'governantes natos' de Ruanda, em uma elite 'capaz de entender e implementar progresso'".[71] A escola era apenas para tutsis e, se um hutu perdido era educado, sua formação era em suaíli em vez do francês, idioma supostamente mais civilizado. Quando os belgas tomaram a colônia em 1916, implementaram por completo um sistema de divisão que incluía trabalho forçado para os hutus e um regime no qual o maior administrador local era sempre um chefe tutsi. O censo de 1933-4 consolidou a institucionalização dessa política ao categorizar a população como tutsi, hutu ou twa (outro grupo étnico da região). A decisão de elevar os tutsis acima dos hutus em Ruanda não foi arbitrária, e sim baseada em ideias racistas institucionalizadas pelos belgas.

Para explicar a superioridade científica da África historicamente, os estudiosos europeus tiveram que criar mitologias raciais. Queimar livros ou apagar o nome de estudiosos não seria suficiente. Hegel é famoso por estabelecer uma distinção entre a África europeia e a África propriamente dita, mas essa ideia tem uma longa história. Devemos rejeitar o termo "África subsaariana" de imediato, pois ele é construído sobre a premissa de que a África propriamente dita é onde moram os povos negros selvagens, e o norte é habitado por uma raça diferente, mais civilizada. A crença foi gravada na sociedade de Ruanda como uma tendência de os tutsis serem mais altos e terem a pele mais clara do que os hutus, uma diferença física tomada como prova de sua superioridade. Os belgas colonizaram Ruanda acreditando no mito hamítico de que um tutsi era um "europeu com a pele negra", e não um africano.[72]

Cam é um personagem bíblico, o filho de Noé que viu o pai nu e bêbado. Como punição por constrangê-lo na frente de seus outros filhos, Noé amaldiçoou o filho de Cam, Canaã, para ser "servo dos servos". A maldição de Cam foi usada para justificar a escravidão de africanos tanto por árabes quanto por europeus, porque entendeu-se que os descendentes de Cam tinham pele negra e que a maldição da servidão veio ligada a sua cor.[73] No entanto, o mito hamítico pega a mesma história e a vira de ponta-cabeça. Na versão aplicada a Ruanda, alegava-se que os tutsis eram os descendentes de Cam jogados no deserto para provar que eram *superiores* aos africanos verdadeiros. Com base em estudos antropológicos, incluindo, claro, o exame de crânios, foi concluído que os habitantes da África não eram todos iguais, e os hamíticos foram identificados como caucasianos de pele negra. Como explica o acadêmico Mahmood Mamdani,

> Todo sinal de "progresso" no Continente Negro era tomado como prova da influência civilizadora de uma raça externa. Essa raça de civilizadores, diziam, tratava-se de caucasianos que eram negros de cor sem ser negroides na raça.[74]

Infelizmente, tanto os hutus quanto os tutsis se apoiaram nessa racialização de suas diferenças. Os tutsis aceitaram amplamente os benefícios de ser a classe colonial privilegiada, e os hutus desenvolveram um sentimento antitutsi baseado na natureza supostamente estrangeira de sua classe dominante. Quando criaram movimentos de independência nos anos 1950, o nacionalismo hutu se formou em torno do slogan "Hutu Power" [Poder aos hutus], enquanto a liderança tutsi tentou manter sua posição colonial. As fronteiras coloniais não ajudaram na questão, já que a divisão hutu/tutsi não estava separada em partes organizadas da terra que os europeus transformaram em Estados-nação. O Burundi, que é vizinho, também era controlado pelos tutsis e apoiava incursões tutsis para ganhar poder em Ruanda. Depois de invadir a capital Kigali em 1963, entre 5 mil e 20 mil tutsis foram massacrados, e em 1964 foi declarada uma república hutu, que removia todos os tutsis de cargos políticos. No Burundi, que tinha dinâmicas muito parecidas, 200 mil pessoas da população de maioria hutu foram mortas para aplacar a revolta. A divisão pós-colonial entre hutu (bantu) e tutsi (hamita) baseada em raça e selada em sangue estava completa.

O genocídio de 1994 veio depois de uma guerra civil provocada pela tomada de terra em Ruanda pela Frente Patriótica Tutsi de Ruanda [Front Patriotique Rwandais] (RPF). Na época do genocídio, a RPF havia conquistado ganhos substanciais, e um em cada sete hutus de Ruanda era refugiado que havia escapado de áreas controladas pela RPF. O "Hutu Power" voltou com força para Ruanda por causa da guerra e do medo da dominação tutsi novamente. Uma parte central desse projeto era restaurar o mito hamítico e confirmar que os tutsis eram uma raça estrangeira. Em abril de 1994, travou-se um acordo de compartilhamento de poder, e a república hutu teve que fazer uma concessão à representação tutsi. No entanto, em 6 de abril, um avião que levava os presidentes hutu Juvénal Habyarimana, de Ruanda, e Cyprien Ntaryamira, do Burundi, foi abatido. Esse ato desencadeou o sentimento antitutsi que vinha crescendo e, quando a notícia se espalhou, os massacres começaram quase imediatamente. Dada a escala da violência, o genocídio foi bem planejado, com o trabalho de base sendo preparado de antemão por algum tempo. Mas as raízes do massacre haviam sido plantadas quase um século antes com a racialização e a institucionalização das diferenças tribais por parte dos europeus. Não digo isso para desculpar as ações dos assassinos, mas para entender seu comportamento no contexto que as produziu.

Há similaridades essenciais no processo de genocídio colonial que vimos em outros lugares. Temos a ideia de diferentes grupos raciais jogados um contra o outro e o conflito que surge por causa dos choques entre eles. Quando derrotados (nesse caso, com o compartilhamento de poder), os extremistas hutu fizeram o que todas as forças europeias faziam nas colônias, que era exterminar o inimigo para eliminar a ameaça. A história, a lógica, o contexto e a execução não eram estranhos ao mundo moderno: assim como o Holocausto, o genocídio de Ruanda foi produto da lógica colonial do imperialismo ocidental.

Genocídio é um componente essencial da atual ordem política e econômica. O Ocidente foi fundado sobre o genocídio nas Américas e no Caribe e sustentado com a matança colonial pelo mundo. A prosperidade ocidental se apoia sobre os inúmeros corpos sacrificados em nome do assim chamado desenvolvimento. Em vez de relacionada à brutalidade do sistema, a imaginação popular vê os genocídios como produto de malfeitores e selvagens cometendo atrocidades contrárias aos valores ocidentais de razão e tolerância. Mas, como vimos, as raízes de genocídios como o Holocausto e os horrores em Ruanda são produto do Ocidente, que só podiam ter ocorrido na casa construída pela violência do pensamento iluminista. Entender que o genocídio é um pilar central do Ocidente é começar a desfazer os mitos que sustentam as ilusões de progresso. Assim como o genocídio ainda ecoa nos dias de hoje, o mesmo ocorre com a próxima pedra fundamental do Ocidente que exploraremos: a escravidão transatlântica.

3. Escravidão

Em 9 de fevereiro de 2018, a conta de Twitter do Tesouro de Sua Majestade postou o seguinte #FridayFact [Fato de sexta] surpreendente:

Você sabia que, em 1833, a Inglaterra usou 20 milhões de libras, 40% de seu orçamento nacional, para comprar a liberdade para todos os escravos do Império? A quantidade de dinheiro que se pegou emprestado para a Lei de Abolição da Escravidão era tão grande que só foi quitada em 2015. O que significa que cidadãos britânicos de hoje ajudaram a pagar pelo fim do comércio de escravos.

Quem publicou isso parecia imaginar que o público fosse ficar orgulhoso de que "milhões de vocês" ajudaram a acabar com o comércio de escravos por meio de seus impostos. Estamos tão acostumados a imprecisões históricas na compreensão da escravidão transatlântica que podemos deixar de lado a falta de distinção entre o comércio de escravos, abolido em 1807, e a escravidão em si, que continuou até 1838, e é o assunto do #FridayFact. Mas a ideia de que o público ficaria feliz com o fato de que pagou impostos pela "liberdade" dos assim chamados escravos é tão ofensiva que esse tuíte só faz sentido como piada macabra. A revelação de que eu e gerações de famílias descendentes dos escravizados no Caribe realmente pagaram compensação para os proprietários de escravos é nauseante, e não reconfortante.

A escravidão foi formalmente abolida no Império Britânico pela Lei de Abolição da Escravidão aprovada em 1833, entrando em vigor em 1834. No entanto, embora a escravidão tenha sido abolida, os escravizados foram forçados ao que foi chamado de "aprendizado" por mais quatro anos. Isso significava ter que passar três quartos do tempo trabalhando nas antigas plantações escravistas sem remuneração. Uma liberdade esquisita. Perversamente, o sistema era justificado com base na ideia de que o escravizado precisava ser treinado para aprender como funciona o trabalho remunerado. Obviamente não se podia esperar que os selvagens entendessem como era ser livre. Em defesa do aprendizado, Sir James Carmichael Smyth declarou que "só acreditavam na transição do escravo abatido e quase nu para o trabalhador alegre e decentemente vestido aqueles que haviam revisitado recentemente a colônia depois de uma ausência de muitos anos".[1] Na verdade, o aprendizado não tinha em mente o bem-estar do antigo escravizado. O objetivo era garantir que os proprietários de escravos não "perderiam o lucro a que tinham direito por contrato" de escravidão.[2] Portanto, o escravizado tinha que pagar por sua própria liberdade continuando a trabalhar de graça, uma parte essencial da história estranhamente ausente do divertido #FridayFact do Tesouro de Sua Majestade. Outro ingrediente essencial que faltava no tuíte era de quem exatamente o contribuinte britânico comprou a liberdade dos escravizados. Assim como o aprendizado, o dinheiro serviu para compensar os proprietários de escravos pela perda de riqueza.

Para surpresa geral, a notícia de que vínhamos pagando para proprietários de escravos com nossos impostos não foi amplamente celebrada pelo público. Especialmente se levamos em conta que milhões de nós somos descendentes dos mesmos escravizados que não só nunca foram compensados, como também foram forçados a trabalhar para pagar sua "dívida" a seus amos. Esse incidente remete à verdade da escravidão e da Inglaterra, mas também à versão fantasiosa da história que opera na narrativa histórica dominante. A Inglaterra devia, aparentemente, se orgulhar de ter acabado com a escravidão, mas não se sentir culpada por ter lucrado com ela.

O pagamento da reparação aos proprietários de escravos foi de uma escala sem precedentes na história britânica. Vinte milhões de libras representavam 40% de todo o gasto do governo britânico em 1833. Em dinheiro atual, o pagamento seria equivalente a 17 bilhões de libras.[3] Mas 20 milhões de libras representavam em torno de 5% do PIB em 1833, o que seria mais de 100 bilhões de libras em 2020. Seja qual for o número que preferirem, é claramente uma enorme transferência de fortuna feita pelo governo. O único pagamento governamental maior na história foi aquele para salvar os bancos depois da crise financeira de 2008, que custou 200 bilhões de libras. No entanto, nesse caso tratou-se de uma série de empréstimos que supostamente foram pagos de volta desde então. Simplesmente não há nenhum outro exemplo do equivalente a mais de 100 milhões de libras serem pagos para compensar perdas individuais privadas. A quantia era tão extraordinária que o governo precisou pegar um enorme empréstimo junto ao Banco da Inglaterra, e levou 182 anos para pagar. O fato de que o governo investiu tanto dinheiro nesse resgate demonstra como o sistema de plantation era essencial para a economia.

A escravidão transatlântica foi o combustível que moveu o desenvolvimento ocidental. Foi a enorme riqueza derivada do sistema que permitiu que o Ocidente alcançasse e depois ultrapassasse o resto do mundo. A escravidão não é novidade: a Europa se desenvolveu nas costas do comércio árabe de escravos que tinha centenas de anos quando Colombo voltou de Hispaniola com americanos indígenas para vender como escravos. Mas o comércio transatlântico foi um acontecimento singular, reduzindo africanos a mercadorias sub-humanas que se tornaram a principal moeda do progresso ocidental. Em 1833, no entanto, o sistema havia começado a se desgastar.

A revolução haitiana em 1804 havia sido um fator importante para a Inglaterra abandonar o comércio da África: os britânicos estavam mortos de medo de que os africanos se revoltassem no Caribe. Entre 1831 e 1832, a Rebelião de Natal dos escravizados na Jamaica, liderada por Sam Sharpe, também abalou o compromisso britânico com a escravidão.[4] Mais de 20 mil africanos escravizados participaram, e mais de trezentos foram executados na sequência. Rebelião e resistência haviam deixado o sistema perigoso e menos lucrativo. O açúcar, que era o produto primário do Caribe britânico, também estava se tornando mais barato e sofrendo competição de novos produtores em lugares como a Índia, que podiam pagar valores próximos ao do trabalho escravo sem os mesmos riscos. As economias de plantation corriam o risco de entrar em colapso, o que teria arruinado a economia britânica mais amplamente.

A Inglaterra não estava sozinha. O sistema econômico ocidental inteiro dependia da riqueza da escravidão. Essa riqueza continua conosco até hoje, assim como a pobreza criada por meio desse sistema brutal. Pensamos em escravidão como algo que pertence a um passado distante, mas o mundo em que vivemos continua sendo criado à sua imagem e semelhança.

LEGADOS DA ESCRAVIDÃO

A Inglaterra não foi de forma alguma o único país a participar do sistema escravista, nem a oferecer reparação a seus proprietários de escravos na abolição. A Dinamarca, a Holanda e a Espanha, todas pagaram compensação, e, como vou discutir com mais profundidade depois, a França forçou o Haiti a pagar mais de 150 milhões de francos por ter a audácia de se revoltar com sucesso contra a escravidão. Depois de declarar independência da Inglaterra, os Estados Unidos se tornaram um dos primeiros países dependentes da escravidão. Lincoln autorizou a compensação a proprietários de escravos para conseguir a emancipação da Virgínia em 1862. Todo africano escravizado libertado dava direito a um pagamento de cem dólares, mais de 2500 dólares em dinheiro de hoje, e o maior pagamento individual foi de 18 mil dólares, o equivalente a quase 500 mil dólares.[5] A compensação nos Estados Unidos não foi geral; na verdade, depois da guerra civil, o general Sherman confiscou a terra dos proprietários de escravos e prometeu a cada africano emancipado 162 hectares e uma mula para ser usada no cuidado da terra em reparação a seu trabalho e sofrimento. Mas essa ordem foi revertida pelo presidente Andrew Johnson, que compensou os proprietários de escravos por suas perdas devolvendo a terra tomada da Confederação derrotada.[6]

A Inglaterra é única, no entanto, por ter um registro abrangente de para onde foram as reparações por escravos, graças ao projeto *Legacies of British Slave Ownership* da University College London (UCL). O projeto documentou os 47 mil beneficiários de pagamentos para tentar estabelecer onde o dinheiro foi parar.[7] O que fica abundantemente claro com esses registros é como a posse de escravos era generalizada. Igreja, políticos, bancos e milhares de indivíduos tinham investimentos pessoais na escravidão; e todos foram compensados na abolição. Entre as pessoas notáveis ligadas às reparações da escravidão estão o ex-primeiro-ministro David Cameron e sua esposa, ambos com beneficiários em suas famílias. Samantha Cameron descende de William Jolliffe, que recebeu o equivalente a 3 milhões de libras pela posse de 164 africanos escravizados. Os membros da família de David Cameron que eram proprietários de escravos incluem Sir James Duff, que também recebeu o equivalente a 3 milhões de libras por 202 africanos escravizados na Jamaica. Cameron não é o único primeiro-ministro britânico ligado ao comércio de escravos. O pai de William Gladstone recebeu 83 milhões de libras em dinheiro atual para compensar a perda do trabalho dos 2508 africanos escravizados que ele possuía em várias plantações caribenhas. A notícia da ligação de Cameron foi particularmente flagrante dado que ele, como se sabe, disse ao parlamento jamaicano em 2015 que suas reivindicações por reparações devido a terem sido vítimas de escravidão eram em vão e que era hora de "seguir em frente".[8]

Os pesquisadores da UCL também estavam interessados em seguir esse dinheiro até os investimentos na indústria britânica. Descobriram então que o dinheiro foi investido em toda a sociedade, incluindo ferrovias, indústria e filantropia. Os serviços financeiros estavam particularmente envolvidos com a escravidão: o Banco da Inglaterra recentemente reconheceu que muitos de seus diretores no século XVIII eram proprietários de escravos ou descendentes deles. A prática dos bancos de usar os escravizados como garantia para empréstimos também "permeava os serviços bancários".[9] Corretoras de seguros eram centrais para o sistema escravista, financiando as viagens perigosas de navios negreiros e também as plantações nas Américas e no Caribe, e proprietários de escravos eram presença constante nos conselhos dessas empresas. Dois dos cinco primeiros presidentes do que agora é a Royal Sun Alliance, uma das maiores empresas de seguros atualmente, eram proprietários de escravos, e o grupo cresceu incorporando empresas dominadas por proprietários de escravos. Na contabilidade não era diferente: duas das maiores firmas no mundo hoje, Deloitte e Price Waterhouse Coopers, foram fundadas por famílias que enriqueceram com os lucros da escravidão. Ao detalhar as contas do dinheiro de compensação pelos escravos, o projeto da UCL demonstrou algumas das sobrevidas da escravidão. Mas a escala em que a Inglaterra, e o Ocidente como um todo, se entupiu de escravidão não pode ser capturada apenas no dinheiro da compensação dos proprietários de escravos.

Como já vimos, a "descoberta" das Américas foi o ponto de partida do Ocidente. A expansão pelo Atlântico marcou a mudança dos limites da Europa para as infinitas possibilidades do suposto Novo Mundo. Recursos e trabalho eram dois dos elementos essenciais para acessar a riqueza do outro lado do Atlântico, e a escravidão tornou-se central para ambos por mais de três séculos. Minerais como ouro e outras mercadorias que moviam o desenvolvimento industrial de produtos, por exemplo tabaco, açúcar e algodão, eram todos produzidos do outro lado do Atlântico, fornecendo o combustível para a expansão do Ocidente. No primeiro caso, os nativos foram postos para trabalhar, mas por causa do genocídio não havia trabalhadores suficientes para sustentar a produção. No século XVII, europeus aprendizes foram recrutados pela Inglaterra como servos para trabalhar nas plantações por um número limitado de anos. Mas quando a demanda cresceu, o país abraçou com entusiasmo o trabalho escravo, no qual espanhóis e portugueses haviam sido proeminentes desde o século xv. Escravizar africanos e colocá-los para trabalhar nas Américas e no Caribe tornou-se a base da produção no sistema transatlântico, que era "o primeiro princípio e a fundação de todo o resto, a mola da máquina que põe todas as rodas para girar" pelo desenvolvimento do Ocidente.[10]

O clássico de Eric Williams *Capitalismo e escravidão*, publicado pela primeira vez em 1944, continua sendo o livro essencial para defender que a escravidão forneceu o combustível para o desenvolvimento britânico. O autor delineou minuciosamente como o trabalho escravo e sua produção eram centrais para a indústria britânica e o desenvolvimento do capital. Um exemplo arrepiante é o caso da Lloyd's de Londres, que agora é uma das maiores empresas britânicas, com 50 bilhões de bens em excesso. Em 2014, lembro-me de assistir a uma executiva no *Breakfast News* da BBC comemorando o 325º aniversário da empresa e orgulhosa de suas raízes nos "seguros para o comércio mercante". O que ela deixou de mencionar foi que o que a Lloyd's segurava quando estava dando seus primeiros passos era o comércio de escravos. Mas o compromisso da Lloyd's com a escravidão antecedia seu envolvimento no comércio, como explica Williams:

> Nos primeiros anos, quando a Lloyd's era um café e nada mais, muitos anúncios na *London Gazette* sobre escravos fugidos listavam a Lloyd's como o lugar onde eles deviam ser devolvidos.[11]

Depois dos protestos mundiais que se seguiram ao assassinato de George Floyd, a Lloyd's pediu desculpas por seu passado sórdido e se comprometeu a "investir em programas positivos para atrair, manter e desenvolver talentos negros de minorias étnicas" e oferecer "apoio financeiro para institutos de caridade e organizações que promovem oportunidades e inclusão para negros e grupos de minorias étnicas".[12] O fato de essa ação de marketing que revira o estômago ter sido chamada de "reparação" na imprensa nos dá uma medida do pouco que entendemos sobre a centralidade da escravidão nas condições de hoje. Não há nada que uma empresa que lucrou com a carne de africanos escravizados para acumular riqueza possa fazer para reparar seus danos, além de liquidar seus bens e entregá-los para comunidades negras.

A Lloyd's foi processada pelos descendentes de africanos escravizados, liderados por Deadria Farmer-Paellmann, em 2002 nos Estados Unidos, junto com várias grandes empresas e o governo federal. Uma das empresas estadunidenses incluídas no processo era a Aetna, fundada em 1853, que está entre as maiores seguradoras de saúde do país. A empresa divulgou um pedido de desculpas público em 2000 por vender apólices de seguros para escravizados nas plantações dos Estados Unidos, depois que o ativismo de Farmer-Paellmann havia revelado suas ligações com a escravidão. Em 1853, a Aetna de New Orleans vendia apólices por 17,53 dólares por ano, que ofereciam seiscentos dólares se o africano escravizado morresse. Esse tipo de apólice não era raro. Havia uma enorme indústria de seguros sobre escravizados, com preços mais baratos para crianças do que para os mais velhos.[13]

O envolvimento de empresas de seguros, firmas de contabilidade e bancos é central para o argumento de que a escravidão foi o combustível do desenvolvimento ocidental por causa da importância do setor financeiro para a industrialização. Crédito e capital eram pré-requisitos absolutos para o desenvolvimento industrial, e durante a maior parte do século XVIII poucos estavam mais bem posicionados para investir na indústria do que proprietários de escravos e corretores de algodão.

As plantações eram extremamente lucrativas, e é por isso que tanto dinheiro foi pago em reparações aos proprietários de escravos para garantir a abolição. Barbados era a colônia de escravos mais rica da Inglaterra no século XVII, por causa da produção de açúcar. A ilha produzia tabaco usando trabalhadores brancos aprendizes, mas mudou para o açúcar e para o trabalho predominantemente escravo em 1640.[14] A transformação das fortunas na ilha foi rápida. Metade de um terreno de aproximadamente 2 mil hectares que havia sido comprado por quatrocentas libras em 1640 era avaliada em 7 mil libras em 1648.[15] Como exemplo de quanto dinheiro se podia ganhar, o coronel Thomas Moyford imigrou para Barbados em 1647, e apenas três anos depois se gabava de ter cem vezes mais que seu investimento inicial de mil libras. James Parker, que fez fortuna na ilha, escrevera um ano antes que "um homem com cerca de duzentas libras pode construir uma propriedade rapidamente com o açúcar".[16] O açúcar tornou-se uma mercadoria altamente lucrativa à medida que o consumo aumentava na Inglaterra e pela Europa. Entre 1650 e 1800, o consumo britânico de açúcar aumentou 2500%, inteiramente produzido por trabalho escravo.[17] Esses lucros do açúcar e outras mercadorias produzidas por escravos eram investidos de volta no país, colhendo dividendos coletivos inestimáveis.

Uma das muitas mentiras que gostamos de contar a respeito do desenvolvimento britânico é que a Revolução Industrial foi consequência de engenharia científica e de trabalho duro. Mas o que muitas vezes se omite da história é que esse processo também dependia do financiamento e dos recursos da escravidão e do colonialismo. James Watt e Matthew Boulton foram, para todos os efeitos, elevados ao status de santos na minha cidade natal Birmingham por causa de sua contribuição para a cidade. A história do motor a vapor é quase mítica, gerado pela inspiração divina dos patronos de nossa cidade. Mas Watt expressou "gratidão" eterna aos proprietários de escravos no Caribe, pois foi o financiamento deles que permitiu realizar seu projeto e suas ambições para o motor a vapor, além de que as plantações estavam entre os primeiros lugares a se beneficiar com a mecanização industrial no refinamento do açúcar.[18] Em 1808, a colônia espanhola de Cuba já tinha 25 motores a vapor fornecidos por Fawcett e Preston, sediada em Liverpool.[19]

O algodão também foi indispensável para a Revolução Industrial, tanto em termos de mecanização quanto de desenvolvimento. Ao contrário da crença equivocada de que o desenvolvimento industrial substituiu a necessidade de trabalho escravo, a relação foi inversa. Quando Eli Whitney desenvolveu o descaroçador de algodão em 1793, abriu potencial para o uso de tecido na produção em massa. A separação de sementes das fibras nas plantas é essencial para fazer o tecido, mas antes do descaroçador esse processo era feito manualmente e consumia enorme quantidade de tempo. Antes da invenção do descaroçador de algodão, o trabalho escravo em geral não era aplicado ao algodão porque o tempo investido no processo de separação impossibilitava o lucro. Mas a invenção deu um "terrível segundo fôlego" ao algodão produzido em plantações escravistas e levou ao grande boom econômico de plantation, particularmente nos Estados Unidos.[20] Essa transformação foi tão fundamental que as plantações de algodão se tornaram o novo centro da escravidão americana no século XIX, e o algodão passou a representar metade de toda a exportação dos Estados Unidos. Africanos escravizados eram vendidos para o interior do sul, onde o algodão crescia com mais facilidade do que nas plantações mais ao norte, para lucrar com o boom do algodão.

Esse boom nos Estados Unidos também ofereceu enorme impulso para a economia britânica. Na época da abolição da escravidão nas colônias britânicas, a indústria do algodão havia se tornado dominante. Entre 1785 e 1830, as exportações de algodão haviam crescido de 1 milhão de libras para 30 milhões de libras. Entre 1788 e 1806, a quantidade de pessoas empregadas na indústria do algodão na Inglaterra saltou de 350 mil para 800 mil, e por causa da produção a população de Manchester cresceu seis vezes entre 1773 e 1824. O algodão era o rei, mas o negócio era baseado na importação de algodão cru, que cresceu de 11 milhões de libras para 283 milhões de libras entre 1784 e 1832.[21] O algodão não era cultivado na Inglaterra, e naquele ponto a maior parte da matéria-prima estava sendo importada dos Estados Unidos, obtida, claro, pelo trabalho escravo. Depois que a Inglaterra aboliu a escravidão em 1833, as importações de algodão produzido por escravos do sul dos Estados Unidos continuaram a crescer, até a emancipação dos escravizados no país em 1865. De 1790 até 1860, a população escravizada nos Estados Unidos cresceu de cerca de 790 mil para mais de 4 milhões, e foi esse crescimento que alimentou o boom de algodão nos dois lados do Atlântico. Não é exagero dizer que o trabalho escravo construiu o norte da Inglaterra e que suas amadas fábricas de algodão, tão arraigadas na imaginação literária e histórica do país, estão completamente imersas na história da escravidão tanto quanto as plantações nas Américas. O mesmo vale para as cidades do norte dos Estados Unidos, como Boston e Nova York, que eram igualmente dependentes da riqueza produzida pelos horrores da escravidão.

O COMÉRCIO TRIANGULAR

Diante da evidência inescapável da importância da escravidão no desenvolvimento da Inglaterra e dos Estados Unidos, vários estudiosos tentaram diminuir seu significado para o desenvolvimento industrial. Uma série de acadêmicos aparentemente testaram em revistas de economia a ideia de que o comércio de escravos era indispensável para a industrialização britânica, e sua conclusão foi tranquilizar todos afirmando que a Inglaterra teria se desenvolvido muito bem sem o horrendo comércio de carne humana. Walter Rodney, o proeminente acadêmico guianense, repreendeu dizendo que "esse tipo de argumento deve ser levado em conta mais como um exemplo das distorções que a academia branca e burguesa é capaz de fazer do que como algo que requer reflexão séria".[22] Mas não se trata apenas de um debate acadêmico que podemos ignorar, já que essas ideias dão a medida de como a sociedade entende mal a centralidade da escravidão até os dias de hoje. A rejeição rápida de meu professor do A-Level, e das apostilas, à escravidão transatlântica como relevante na Revolução Industrial é resultado direto do trabalho acadêmico. É a mesma fonte que nos permite ignorar a imensa desigualdade global atualmente, já que acreditamos que o Ocidente merece suas riquezas e convenientemente ignoramos a realidade da opressão que as produz.

Pouca coisa me surpreende tanto quanto o limite que a academia branca (e isso inclui muito material escrito por autores não brancos) está disposta a cruzar para minimizar a centralidade do racismo em sua atual posição de privilégio. Mas mesmo eu fiquei surpreso ao ler análises supostamente "científicas" que diminuem a importância da escravidão para o desenvolvimento da economia britânica. Vale a pena explorar as contorções acrobáticas que essa "academia" precisa fazer na distorção de uma abundância de provas para sustentar sua tese dúbia. O principal dispositivo para isso é reduzir o argumento de que os lucros da escravidão movimentaram o desenvolvimento industrial britânico contando apenas os lucros obtidos das viagens de navios negreiros.[23]

É amplamente sabido que o negócio de comercializar os escravizados era uma tarefa perigosa.[24] As viagens levavam meses no mar, e, desde que os navios atracavam à costa africana até a partida para o Caribe e as Américas, a tripulação tinha que lidar com a resistência e a revolta de sua recompensa capturada. As condições dos navios negreiros eram conhecidas por ser horrendas, e a proliferação de doenças era comum. A taxa de mortalidade dos que trabalhavam nos navios era alta, e era ainda mais elevada para os africanos escravizados, que morriam em número significativo na viagem. Os países também tentavam estabelecer monopólios sobre a importação dos escravizados. A Inglaterra abandonou a abordagem de ter uma Companhia Real Africana para o comércio de escravos pela lógica do livre-comércio no mercado em 1698.[25] Mas as companhias britânicas eram legalmente proibidas de comercializar plantações de posse estrangeira, limitando assim o comércio. Os lucros das viagens para o comércio de escravos variavam, mas não é difícil notar que o próprio comércio não era a parte mais lucrativa do sistema. No entanto, é absurdo exagerar o caso. Focar apenas viagens para a África também ignora o comércio interno, no qual os escravizados eram vendidos por meio do sistema de plantation pelas Américas, muitas vezes a grandes lucros. Dado que os navios negreiros frequentemente vendiam africanos para corretores nos mercados dos portos, e estes comercializariam com as plantações, o comércio era muito maior do que as viagens para a África.

Num artigo publicado em uma revista acadêmica respeitada e com revisão por pares, argumenta-se que os "participantes diretos do comércio" não lucravam "porque o preço de um escravo era baixo demais".[26] Quando lemos esse tipo de literatura, o foco e a linguagem da pesquisa são tão impressionantes quanto perturbadores. Reduziu-se o escopo da pesquisa a "diários de bordo", calculando as despesas pelo transporte de carga humana. Seria como estudar o Holocausto por uma análise de custo-benefício das câmaras de gás.[27] Deixando de lado a maneira insensível e desumana que esses estudiosos discutem os africanos escravizados, a base de sua conclusão é a definição da assim chamada economia "vodu". Tenta-se defender que os captores de escravos eram os maiores beneficiários do comércio porque tinham mais controle sobre a "oferta", e, portanto, dos custos que podiam cobrar pelos africanos. Isso é feito numa tentativa desesperada de minimizar a importância da escravidão para a economia do Ocidente e, ao mesmo tempo, argumentar que a África na verdade lucrava com ela. Esses argumentos perversos são usados para rejeitar a ideia de reparação pela escravidão, afirmando que na verdade o Ocidente nunca ganhou dinheiro nesse sistema. Com uma compreensão básica sobre o comércio de escravos qualquer um desvenda esse absurdo.

Muitas vezes se fala em comércio triangular, porque os navios saíam da Europa carregados de bens para serem trocados por escravizados na África e depois transportavam sua carga humana para as Américas, de onde retornariam para a Europa com os produtos do trabalho escravo nas plantações. Não há dúvida de que as recompensas do lado africano das transações eram muito menos valiosas do que a capacidade humana sendo vendida.

Os bens que os europeus comercializavam incluíam armas e produtos têxteis fabricados na Europa. Lã era uma mercadoria-chave que os africanos desejavam, assim como tecidos de algodão. Mas esses eram produtos prontos importados para a África, que não produziam capital, como o trabalho dos escravizados. Os tecidos e as armas comercializados na África eram uma saída essencial para as exportações que beneficiavam as economias ocidentais. Pode-se argumentar que as armas eram valiosas para adquirir terra, mas muitas vezes elas eram compradas para a defesa contra captores de escravos ou outros grupos que também estavam armados.[28] Em troca dos milhões de trabalhadores que geraram uma riqueza inestimável por meio da produção de mercadorias, os escravizadores africanos não recebiam nada que estimulasse qualquer tipo de desenvolvimento econômico. Além disso, os riscos para os escravizadores no continente eram muito maiores do que os dos europeus envolvidos. As viagens vindas do interior do continente podiam durar oito meses, com até 40% dos escravizados morrendo no caminho.[29] O risco de motim e ataque era extremamente alto, e a recompensa por tudo isso era relativamente mínima. A verdade é que a escravidão devastou o sistema político e econômico da África. Sugerir que era para lá que iam os lucros do comércio vai além de um delírio e entra no âmbito da propaganda racista.

Reduzir o impacto da escravidão aos lucros das viagens individuais é uma falácia, mas limitar a contribuição do comércio de escravos à sua margem de lucro também é. Viagens escravistas demandavam toda uma gama de outras indústrias para levar adiante esse comércio horrendo. Navios precisavam ser construídos e mantidos, o que significou um boom nos negócios de madeira e construção naval. Os portos envolvidos também precisavam se desenvolver, e se tornaram pontos focais para o mercado, o trabalho e a população. Bristol dominava o comércio britânico de escravos no começo do século XVIII. Entre 1721 e 1730, os navios britânicos transportaram um total de 100 mil escravizados, mas de 1728 a 1732, os navios que saíam de Bristol levaram sozinhos o mesmo número.[30] Bristol desenvolveu um comércio que era maior do que todo o sistema holandês, e, por volta de 1790, 40% da renda da cidade vinha do comércio.[31] A escravidão literalmente construiu Bristol. Os marcos dessa história permanecem por toda a cidade, mais perceptivelmente nos monumentos e nas comemorações públicas de um dos filhos famosos de Bristol, Edward Colston. Sua única conquista notável foi lucrar com o comércio de carne humana. Ele é idolatrado na cidade porque usou um pouco do dinheiro que ganhou para investir na filantropia local. Na onda dos protestos do Black Lives Matter, uma estátua dele na cidade foi derrubada depois de anos de ativismo do #ColstonMustFall [Colston deve cair]. Mas, de forma macabra, é perfeitamente sensato comemorar Colston, dado que seu comércio foi responsável por construir a cidade, e Bristol certamente não está sozinha por seu desenvolvimento dever-se à escravidão.

No fim do século XVIII, Liverpool havia superado Bristol como o primeiro porto escravista na Inglaterra e era responsável por mais de 60% do tráfico de escravos do país, e mais de 40% do tráfico da Europa. O comércio de escravos também desencadeou o crescimento da população, com aumento de 5 mil habitantes em 1700 para 34 mil em 1773. O aumento no comércio provocou a alta exponencial das taxas alfandegárias, de uma média de 51 mil libras entre 1750 e 1757 para 648 mil libras em 1785.[32] Esse comércio causou uma enxurrada de gente e dinheiro em Liverpool, sem os quais ela não teria se desenvolvido e se tornado a cidade que é hoje. Nada disso passou batido para os habitantes de Liverpool na época. Houve resistência ferrenha à abolição do comércio de escravos. James Penny, um dos principais donos de dúzias de empreendimentos escravistas de Liverpool, observou em 1788,

> Se esse comércio for abolido, isso não só vai afetar o interesse comercial, mas também as propriedades de terra do condado de Lancaster e, particularmente, a cidade de Liverpool, cuja queda, neste caso, seria tão rápida quanto a ascensão impressionante.[33]

De forma parecida, Londres foi beneficiada por ser um porto para navios negreiros, e — caso estejam preocupados que isso tenha sido uma iniciativa puramente inglesa — depois dos Atos de União em 1707, Glasgow se tornou um dos grandes atores no comércio de escravos, fornecendo outro porto no Atlântico. O tabaco e, em particular, o açúcar eram essenciais para a economia de Glasgow — tão importantes quanto era o açúcar produzido por escravos para a economia de Bristol. No fim do século XVIII, Glasgow tinha oitenta refinarias de açúcar, em comparação às vinte de Bristol, o que aponta como a indústria era importante para a cidade.[34] Não tenha dúvidas: foi um esforço coletivo, e o comércio teve impacto em todos os cantos do país.

Cidades industriais distantes da costa também tiveram enorme aumento de renda em consequência do desenvolvimento do comércio de escravos. Para completar o triângulo comercial, os navios precisavam ser carregados de mercadorias que seriam trocadas por carne humana. A indústria da lã explodiu oferecendo a moeda necessária, e o mesmo valeu para os manufatureiros de algodão, que transformavam a matéria-prima do trabalho escravo em tecidos que eram usados para comprar mais escravizados. Manchester era uma beneficiária crucial altamente dependente do comércio para seu desenvolvimento. O fato de Liverpool ter se tornado um centro de comércio resultou diretamente no crescimento de Manchester graças ao boom do algodão. Em 1772, foi construído um canal que ligava o local de produção ao porto, o que levou à explosão de Manchester. Em 1788, a cidade estava exportando para a África o equivalente a 200 mil libras de bens, cuja produção empregava 180 mil pessoas.[35]

Mesmo no interior os impactos do comércio foram sentidos. Observou-se que "o preço de um negro era o mesmo que de uma arma de Birmingham", e a cidade estava exportando entre 100 mil e 150 mil armas por ano no século XIX, em grande parte para sustentar o comércio.[36] Birmingham também produzia algemas e correntes, que eram essenciais para escravizar pessoas. Não surpreende que a cidade tenha protestado contra a abolição do comércio escravista, declarando que "era dependente do comércio de escravos numa medida considerável [...]. A abolição arruinaria a cidade e empobreceria muito de seus habitantes".[37] Para fazer essas armas e grilhões, eram necessárias enormes quantidades de ferro, impulsionando a siderúrgica em lugares como Merthyr Tydfil, no País de Gales.

Os benefícios obtidos por Londres pelo comércio escravista foram além de ter sido uma cidade portuária. Como vimos ao delinear o legado da escravidão, seguros, contabilidade e bancos lucraram imensamente com esse sistema. Um dos fatores que tornavam o comércio de escravos menos lucrativo era sua natureza perigosa, e as empresas de seguro levaram vantagem nisso financiando as viagens. Embora o custo dos prêmios de seguro possa ter reduzido os lucros dos navios, os das seguradoras aumentavam. O mesmo vale para o pagamento de dívidas pelo financiamento dos empréstimos. Na verdade, se analisarmos para onde ia todo o dinheiro que reduzia os lucros das viagens de navios negreiros, a vasta maioria se dispersava pela economia britânica. Concentrar-se apenas no lucro das viagens escravistas individuais é deturpar voluntariamente a centralidade da escravidão para a Inglaterra como um todo. Quantias inestimáveis foram investidas nas indústrias essenciais que moviam o desenvolvimento gerado pelo comércio de africanos escravizados. Mas os negacionistas do impacto da escravidão estão corretos quanto a uma coisa: o comércio em si não era o aspecto mais significativo a afetar a Inglaterra. Era o sistema de produção transatlântico inteiro que não poderia ter existido sem o comércio escravista.

Outro recurso para minimizar a importância da escravidão é concentrar-se apenas no açúcar produzido pelo trabalho escravo no Caribe que, apesar de altamente lucrativo, era um bem de consumo popular, mas não estritamente necessário. A ideia ao isolar o açúcar é argumentar que a Inglaterra poderia ter ficado sem ele. Ao comparar o tamanho do negócio do açúcar com outros que contribuíam para a economia, a conclusão é que indústrias como a de "bancos, seguros, criação de cavalos, canais, hospitais, construção, plantação de trigo, pesca e a manufatura de equipamentos de madeira" eram igualmente, se não mais, importantes para a economia britânica.[38] Espero que, a esta altura do livro, você perceba as distorções desse tipo de pensamento. A maioria das indústrias vistas como separadas do açúcar era dependente ou extremamente envolvida com a escravidão. O sistema bancário e de seguros era necessário para financiar e cobrir o comércio. Os canais eram essenciais para conectar os portos aos centros manufa-

tureiros. Ao menos parte da rede de hospitais teria sido construída em torno dos portos de escravos para servir a seus beneficiários
ricos. Cidades inteiras se desenvolveram em função de seu papel
na escravidão, impulsionando assim a construção civil. Sem dúvida o trigo, a pesca e os implementos de madeira sustentaram o
sistema diretamente ou através da cadeia de abastecimento. Em
outros pontos desses supostos estudos, há comparações como algodão, lã e ferro, ignorando de novo as ligações óbvias com a escravidão (como é possível fazer isso com o algodão é algo que me
escapa). No melhor dos casos, esses delírios acadêmicos são um
lembrete da importância da escravidão, pois ela permeava a maioria da indústria britânica na época.

Ainda assim, toda evidência é distorcida e usada incorretamente para chegar à conclusão (sem oferecer nenhuma prova
além de sua própria certeza) de que foi a Revolução Industrial
em si que levou ao crescimento da indústria britânica. Aparentemente é razoável acreditar que a engenhosidade britânica é tão
poderosa que não apenas podia criar as finanças necessárias para
promover a produção em massa, mas também o mercado para
vender seus produtos. Essa é a narrativa da Imaculada Conceição
da indústria britânica, trazida à existência pela divina genialidade
britânica. A verdade é que o sistema escravista produzia a riqueza,
os recursos e os mercados que moviam o progresso industrial.

O sistema transatlântico foi a chave para desencadear o progresso ocidental, em geral, e a Revolução Industrial britânica, em
particular. Mercadorias como tabaco, açúcar e algodão geravam
riqueza e comércio que eram mandados de volta para o país. Mesmo os negacionistas do impacto da escravidão reconhecem que a
vantagem essencial estava na abundância de "terra virgem adequada" disponível nas Américas, de graça, para cultivar as mercadorias necessárias para a indústria.[39] O que eles ignoram é que isso
aconteceu por causa do genocídio dos povos indígenas, de que

tratamos no último capítulo. Racismo é a lógica continuamente reforçada do Ocidente, e, para resolver os problemas do trabalho no Jardim do Éden, as potências ocidentais escravizaram milhões de africanos. Sem esse trabalho, a riqueza das Américas teria continuado inacessível, incapaz de enriquecer a Europa. Esse é o verdadeiro valor do comércio de escravos, o que é impossível de calcular. Não se consegue isolar apenas um aspecto, porque a escravização de africanos tornou possível todo o sistema.

Mesmo se o comércio em si fosse menos lucrativo, sua contribuição para o desenvolvimento econômico foi indispensável. Então, embora seja possível que a indústria britânica tivesse sido desenvolvida sem escravidão, trata-se de uma especulação mais adequada a um romance de ficção científica sobre realidades alternativas. Na temporalidade em que estamos, a escravidão não pode ser desemaranhada nem do capitalismo nem da indústria.

O SISTEMA OCIDENTAL

O sistema transatlântico representa o alvorecer do Ocidente, a lógica fundadora baseada na exploração interdependente do resto do mundo por quem tem origem europeia. Colombo, um italiano que navegou sob a bandeira dos espanhóis, é o símbolo perfeito, porque suas viagens representam o começo do novo sistema de conquista global que surgiu na Europa.[40] Apesar de haver rivalidade ferrenha entre as potências europeias pela dominação do sistema, ele não poderia ter prosperado sem sua colaboração.

Os portugueses e os holandeses dominavam o comércio de escravos no século XVII. Portugal tinha o benefício da enorme colônia do Brasil para abastecer com africanos escravizados. Na verdade, as plantações do Brasil concentravam o maior número de africanos escravizados do continente, acumulando, estima-se, entre 38% e 50% de todos os que foram roubados da África.[41] Apenas entre 1721 e 1730, quase 150 mil africanos desembarcaram no Brasil.[42] A demanda de Portugal por trabalho escravo era tão alta que os portugueses tinham praticamente o monopólio do comércio escravista em lugares como Angola, de onde mais de 70% dos escravizados foram parar no Brasil.[43] Africanos escravizados em território brasileiro eram obrigados a trabalhar na mineração de ouro e diamantes, assim como produzindo açúcar, mas a demanda de trabalho era tão grande que superava o fornecimento português. Os colonizadores brasileiros recorreram a africanos escravizados de outras nações escravistas para compensar a diferença, particularmente da Holanda no século XVII.

Os holandeses tinham suas próprias colônias, o Suriname sendo a mais importante, mas cresceram e chegaram à proeminência pelo comércio escravista, e não pelas plantações. Apesar das perdas militares na região, o que significava ceder plantações, nos anos 1650, Amsterdam era o centro do mundo comercial porque "dominava o mercado" de africanos escravizados para o Caribe.[44] A Companhia Holandesa das Índias Ocidentais foi fundada em 1621 para deter o monopólio sobre o envolvimento holandês e foi extremamente bem-sucedida nesse comércio terrível. Os holandeses não possuíam grande número de colônias, o que significava que a empresa estava livre para vender carne africana para outros impérios europeus porque não estavam em competição direta por trabalho. Usaram a pequena ilha caribenha de Curaçao não apenas como local de plantação, mas como atracadouro para sua carga humana. Em apenas um exemplo da flexibilidade da empresa, quando foram expulsos do Brasil por uma rebelião de colonizadores portugueses, aproveitaram a oportunidade para iniciar o comércio com os ingleses em Barbados.[45]

Desde o começo a Companhia Holandesa das Índias Ocidentais foi o modelo de colaboração entre as potências europeias.

Ao se estabelecer em 1621, os holandeses propuseram aos dinamarqueses e franceses que incorporassem empresas parecidas e saíssem em expedições coletivas. Os holandeses foram fundamentais no começo do envolvimento britânico no sistema escravista, não apenas fornecendo escravizados, mas trabalhando juntos para romper com o monopólio espanhol no Caribe.[46] Sem essa facilitação e cooperação, o sistema não poderia ter se desenvolvido completamente no século XVII. O mesmo vale para as inovações tecnológicas navais que aumentaram a velocidade e a longevidade dos navios, essenciais para facilitar o tráfico de milhões pelo Atlântico. Os holandeses desenvolveram o trabalho de portugueses e espanhóis, e por fim a Inglaterra partiu dos avanços dos holandeses e se tornou proeminente.[47]

O período em que a Inglaterra e a França dominaram o comércio no século XVIII pode ser visto como mais marcado por uma rivalidade intensa do que por um conluio. Ambos os países eram inimigos ferrenhos e suas plantações estavam em competição direta. Nantes, Marselha e Bordeaux em vários momentos rivalizaram com Bristol, Liverpool e Glasgow como portos escravistas. Nantes começou o comércio de escravizados em 1666, e, em 1789, os comerciantes da cidade investiam anualmente 50 milhões de francos no Caribe.[48] Durante o século XVIII, o Caribe foi responsável por um quinto do comércio externo da França,[49] e a grande maioria das indústrias francesas tinha ligações com a África ou com as Américas e o Caribe.[50] O Haiti era a joia da coroa da escravidão francesa. Em 1759, 1587 navios atracaram no Haiti, mais do que em Marselha, um porto que era usado para mais do que o comércio triangular. O Haiti foi um grande sucesso para a França — na metade do século XVIII, só Bordeaux refinava 10 mil toneladas de açúcar bruto da colônia, que eram distribuídas por toda a Europa. Bordeaux tornou-se um eixo dos comerciantes flamengos, holandeses, irlandeses e até dos rivais ingleses, interessados em ganhar dinheiro com a indústria florescente. A produção do Haiti era vendida por toda a Europa, com ganho de lucros pela região. No começo do século XVIII, Hamburgo era um grande centro de refinamento de açúcar, embora a Alemanha tivesse apenas um papel pequeno na compra, venda e escravização de africanos. A riqueza do sistema transatlântico criou uma nova ordem mundial na qual a Europa lucrava com os frutos do Império, independentemente de qual Estado-nação fosse o dono das várias colônias.

Junto à França, a Inglaterra também alimentou esse mercado, fornecendo matéria-prima e produtos para as redes do capital. Os lucros da escravização da Inglaterra dependiam de outros países, tanto pelos mercados para vender os produtos quanto pela matéria-prima necessária. A madeira para os navios precisava ser obtida, assim como o aço para Birmingham manufaturar as armas e os grilhões. A Suécia era um grande fornecedor de ferro para o comércio de escravos e enriqueceu muito com o sistema transatlântico.[51] Muitas vezes vemos a Suécia e a Escandinávia como algum tipo de bastião da igualdade, mas a região está tão amarrada à história da escravidão quanto outros lugares. A Dinamarca teve mais sucesso, pois se firmou na Guiné por duzentos anos e traficou até 4 mil africanos escravizados por ano.[52] Saint Croix, agora parte das Ilhas Virgens dos Estados Unidos, foi colônia dinamarquesa de 1672 a 1917, levando o primeiro-ministro dinamarquês Uffe Ellemann-Jensen a admitir, durante a comemoração pública do 75º aniversário da passagem da colônia para os estadunidenses em 1992, que o país havia "explorado os escravos nas ilhas das Índias Ocidentais durante 250 anos e ganhado bastante dinheiro com eles".[53] Nenhum canto da Europa Ocidental passou intocado pela história da escravidão.

Além de colaborar na rede econômica europeia infundida por suas colônias de escravos, a Inglaterra e a França também colaboraram entre si diretamente no comércio. Parece contraintuitivo, dado que elas eram rivais ferrenhas e ambas tiveram que investir pesadamente em defesa para garantir que seus tesouros coloniais não fossem capturados pela outra potência. A Inglaterra tinha inveja do Haiti e da receita que ele estava gerando para sua rival, mas a realidade é que o Haiti, e toda a escravidão francesa, só teve tanto sucesso por causa do comércio britânico de escravos. No começo do século XVIII, a Inglaterra havia desistido do modelo holandês de criar uma empresa de monopólio para gerenciar o comércio escravista britânico e havia cedido à lógica do livre-mercado. Apesar de ser tecnicamente proibido, os comerciantes ganhavam fortunas vendendo para quem quisesse comprar. Como resultado, metade de todos os africanos traficados para as plantações francesas veio do comércio britânico de escravos.[54] Então, durante o período em que a Inglaterra e a França estavam em competição direta, e até em conflito, a escravidão francesa continuava dando lucro por causa dos mercadores ingleses. Isso ocorreu particularmente no Haiti, onde aproximadamente dois terços dos escravizados haviam nascido na África quando explodiu a revolução em 1791.

As condições nas plantações haitianas eram tão duras que a maioria dos escravizados tinha como obrigação trabalhar até a morte como animais de carga descartáveis, por causa da conta fria e calculista de que era mais fácil substituir africanos do que criá-los.[55] Quando o primeiro-ministro da Inglaterra William Pitt, o Novo, percebeu que o comércio escravista britânico estava possibilitando o sucesso de seu terrível rival, recrutou um tal William Wilberforce para começar uma campanha a fim de acabar com o comércio de escravos em 1786.[56] A campanha foi disfarçada de cruzada moral, mas mantida pelo cálculo de que as colônias britânicas já haviam traficado africanos suficientes para manter as plantações para sempre, enquanto as plantações francesas seriam permanentemente prejudicadas ao perder seu fornecimento de africanos escravizados. Isso explica por que uma campanha supostamente moral não tentou acabar com a escravidão em si, e se concentrou apenas no tráfico de africanos. Mesmo depois que o tráfico foi oficialmente abolido no Império, os mercadores britânicos continuaram a fornecer às colônias estrangeiras, que continuaram a fazer comércio, e as empresas britânicas seguiram comprando mercadorias produzidas por escravos.

Uma das características das economias ocidentais é o domínio de interesses privados sobre o Estado, e o sistema transatlântico é onde podemos ver isso emergir. Os interesses de negócios se aliavam cruzando fronteiras nacionais até convencerem os Estados-nação a mudar sua abordagem. A campanha de Pitt é um lembrete de que, embora o Estado talvez quisesse manter a supremacia nacional e o conflito, o mercado não permitiria. A abolição do comércio escravista demorou mais de vinte anos desde a intervenção de Pitt e teve sucesso, em grande parte, não por causa dos decretos do Estado-nação, mas devido à resistência dos escravizados. Depois do fim do comércio, a taxa de natalidade nas plantações despencou, pois as mulheres africanas escravizadas se recusavam a reproduzir a próxima leva de escravizados.[57] Os que investiam na escravidão também ficaram apavorados com a Revolução Haitiana. Em 1804, os haitianos completaram a única revolução de escravos bem-sucedida registrada na história, declarando independência da França. A revolução levou mais de uma década para terminar, iniciada por uma cerimônia vodu em Bwa Kayiman em 1791, liderada pelos escravizados Boukman Dutty e Cécile Fatiman. Num lembrete do conluio no coração do sistema, Boukman foi originalmente escravizado na colônia britânica da Jamaica, mas vendido para uma plantação haitiana. A rebelião se espalhou pela ilha, unindo escravizados e negros livres, que constituíam número muito menor e formavam a classe de "*créoles*" [crioulos], cuja origem era miscigenada em consequência do abuso sexual dos donos das plantações. Franceses, espanhóis e britânicos tentaram recuperar a ilha e derrotar a rebelião, mas os revolucionários continuaram firmes. Como já mencionado, uma das maiores causas da Revolução foi que aproximadamente dois terços dos escravizados eram nascidos na África. E não apenas haviam nascido livres, mas muitos eram guerreiros vendidos para a escravização como prisioneiros de uma guerra civil no Congo. A proximidade com a África e as tradições africanas como o vodu enchiam de medo os proprietários de escravos, e a Inglaterra decidiu que não queria arriscar importar uma revolução para suas plantações. As empresas inglesas calcularam que tinham escravizados nascidos nas colônias em número suficiente para trabalhar em seus campos.

A Espanha foi o império que mais tentou manter o monopólio nacional em detrimento de suas propriedades de plantação. Em Cuba, a Coroa espanhola se recusou a permitir a importação de africanos escravizados por outros países até 1789. Provavelmente foi a colonização britânica de Cuba em 1762 que mudou a maneira de pensar dos espanhóis a respeito dessa questão. Durante sua breve ocupação, os britânicos abriram a ilha para todas as oportunidades econômicas do comércio transatlântico. Antes da presença britânica, só seis navios atracavam por ano; dezoito anos depois, o número havia aumentado para mais de duzentos. O resultado foi que a escravidão de plantation também aumentou muito. Entre 1512 e 1761, aproximadamente 60 mil africanos escravizados chegaram a Cuba, mas de 1762 a 1838, esse número era de mais de 400 mil.[58] Apesar da objeção da Coroa espanhola, suas colônias dependiam das vendas estrangeiras de escravizados, dos holandeses, desde o século XVII. Na verdade, em 1692 a Inglaterra deu à Jamaica e a Barbados não apenas liberdade para comercializar os escravizados para os espanhóis, mas também para oferecer proteção aos mercadores espanhóis quando estivessem fazendo negócios. Uma das maiores perdas da Espanha no Caribe foi a Jamaica, tomada pelos ingleses; mas isso, com efeito, pode ter sido bom a longo prazo, pois a presença de uma grande colônia de escravos britânica propiciou um fluxo contínuo de venda de escravizados africanos.[59]

Na imaginação ocidental, muitas vezes a escravidão começa com os navios — a horrenda travessia transatlântica — e depois segue para o trabalho na plantação. É essa narrativa que leva até estudiosos negros contemporâneos a presumir erroneamente que o foco na escravidão, ou a "epistemologia da travessia transatlântica",[60] exclui a experiência das pessoas na África. A escravidão afetou a África tanto quanto afetou os que chegaram às Américas. É como se tivéssemos esquecido que as pessoas roubadas e acorrentadas eram africanas e deixaram para trás famílias, comunidades e sociedades. A perda de milhões de pessoas teve impacto devastador, do qual a África ainda não se recuperou. Se a explosão populacional na Europa é creditada como um grande fator que levou à Revolução Industrial, imagine o impacto negativo no desenvolvimento econômico que teria a remoção de milhões de pessoas em idade produtiva ou que chegariam a essa idade em breve.

As estimativas mais tímidas indicam que 12 milhões de africanos chegaram acorrentados às Américas e ao Caribe. Mas isso sem considerar os que foram contrabandeados ilegalmente e as mortes que aconteciam durante o processo de escravização. Como já apresentado, até 40% dos que eram capturados e transportados do interior da África para o litoral morriam, embora seja impossível fazer o cálculo exato da escala de perdas humanas. Quando chegavam à costa, os comerciantes europeus muitas vezes instalavam os escravizados em fortes, como o famoso Elmina, em Gana. As condições nessas prisões eram terríveis, com escravizados muitas vezes aprisionados no subsolo, no que eles chamavam de "buraco dos escravos", um "enorme porão sem ar".[61]

Depois que esses porões se tornaram perigosos demais por causa dos ataques dos nativos e concorrentes, os europeus começaram a atracar seus navios longe da praia, e, quando os cativos chegavam, eram mantidos nos porões dos navios, potencialmente por meses, até que a embarcação estivesse cheia. A morte não era incomum, principalmente devido a doenças; os que faleciam eram jogados na praia.

Não vou deliciá-los com histórias sobre quanto a travessia transatlântica era perturbadora. Não tenham dúvidas disso, ficar num porão lotado, acorrentados todos juntos e num lugar tão apertado que mal havia espaço para se mexer não fazia bem para a saúde. As condições eram tão horríveis que alguns navios negreiros apresentavam taxa de mortalidade de 50%. Não eram só as doenças que matavam os escravizados: motins eram comuns, assim como suicídios. A situação era tão terrível que muitos prefeririam se jogar do navio do que continuar a se submeter à degradação. Como os escravizados representavam recompensa e lucros para os escravizadores, era de pensar que eles se preocupariam com a saúde de quem estava a bordo. Mas o preço de um africano era tal que se julgava mais fácil mantê-los abarrotados o máximo possível e prever que alguns morreriam. Quando algo falhava, sempre havia a opção de acionar o seguro. O infame caso do navio negreiro *Zong* é prova do quanto a vida africana valia pouco durante a escravidão.

Em 1781, o navio teve problemas porque havia ficado sem água. Então, o capitão tomou a decisão, perfeitamente razoável na época, de jogar 132 africanos do navio a fim de economizar a água para a tripulação. Não havia nada de particularmente notável no ato em si; o descarte da carga em momentos de necessidade era comum e coberto pelo seguro. O caso só se tornou famoso por causa de uma disputa quanto a se o pedido de seguro feito pela Gregson Company, empresa de Liverpool, deveria ser pago. Posteriormente, os abolicionistas popularizaram a história usando-a como exemplo da desumanidade do sistema, e o fato continua sendo provavelmente o caso de seguro mais infame da história. Em sua decisão a favor dos seguradores, o chefe de justiça Mansfield deixou bem claro que os escravizados eram "propriedade a ser tratada pelas partes interessadas do mesmo modo que qualquer outra propriedade animal".[62] Não é exagero dizer que o fundo do Atlântico se tornou uma tumba, um túmulo não identificado para inúmeros africanos que faleceram cruzando o oceano acorrentados. Calcular toda a perda de população africana por causa da escravidão é impossível, mas uma estimativa por baixo é de no mínimo 24 milhões.[63]

Não foi apenas a perda de vidas que mudou o continente. Para agenciar milhões de africanos escravizados ao sistema transatlântico, era necessário criar uma infraestrutura: portos, castelos de escravos e rotas de tráfico vindas do interior. Populações e comunidades africanas foram dizimadas e tiveram que se retirar de áreas costeiras e criar mecanismos de defesa para evitar ser roubadas para o comércio. O impacto foi o surgimento de um estilo de vida que lidava com a realidade brutal da escravidão. O estado cambiante das sociedades africanas é o exemplo perfeito das mudanças geopolíticas causadas pelo comércio escravista europeu. O registro histórico é um pouco nebuloso a respeito do surgimento do reino de Daomé na África Ocidental. Ele conquistou parte do que agora é a Nigéria no começo do século XVIII, ou para acabar com o comércio de escravos na região, ou para ganhar acesso aos mercados de escravos no litoral.[64] O que é indiscutível é que o Império Daomé cresceu a partir do caos que a escravidão trouxe para a região e ganhou proeminência com seu papel de fornecer africanos para o comércio. O mesmo pode ser dito, em diferentes medidas, dos impérios Asante e Oyó, em Gana e na Nigéria, respectivamente. Embora a escravidão tivesse sido proibida nos dois países, eles estabeleceram uma aliança com os comerciantes europeus para fornecer pessoas de outros grupos étnicos, fosse por ataques ou vendendo os derrotados nas guerras. Não há absolutamente nenhuma dúvida de que a escravidão tenha sido facilitada pela colaboração de africanos, mas isso não significa que não se tratava de um sistema ocidental.

O conluio com africanos, e particularmente a narrativa de que o envolvimento de africanos de alguma forma minimiza a responsabilidade do Ocidente sobre o sistema, é um absurdo por vários motivos. O mais simples é que houve um número incontável de colaboradores judeus com o regime de Hitler, e isso, claro, não absolve os nazistas da responsabilidade. As pessoas respondem às situações em que se encontram, e a escravidão dominava a infraestrutura do continente. Não se engane, esse sistema era ocidental desde o princípio: uma série de países europeus estava envolvida no estabelecimento da estrutura com a qual alguns africanos colaboraram. No fim do século XVII, holandeses, ingleses, dinamarqueses e alemães estavam presentes na "costa dourada" da África Ocidental, criando os postos avançados para abastecer o sistema transatlântico.

Violência era a lógica que sustentava a estrutura, com a superioridade ocidental incorporada na ponta da arma. Nesse sistema, aliança e resistência muitas vezes se confundiam na situação impossível criada pelo comércio bárbaro. Por exemplo, alguns tinham oportunidade de libertar seus parentes do comércio trocando-os por dois outros africanos que haviam capturado. Pessoas eram trocadas por armas, cujo propósito expresso era defender as comunidades do comércio escravista. Uma das forças motrizes para a colaboração de reinos como Daomé ou Asante era que, colaborando com escravizadores, eles preservavam o próprio povo de ser devastado pela escravidão. Também havia o encanto óbvio de viver do comércio de carne humana. No entanto, nada disso diminui o envolvimento europeu e nunca devíamos perder de vista o fato de que a escravidão não era benéfica para a África. A perda populacional e a reorganização da vida social, fosse para evitar ou para colaborar com o comércio de escravos, devastou o sistema político e econômico da África — e tudo por armas, têxteis e enfeites produzidos na Europa.

Em contraste com o sistema ocidental de escravização, também precisamos reconhecer que os africanos não eram uma entidade política ou econômica unificada na época. Havia impérios, nações e grupos étnicos diferentes competindo por terra e comércio. A ideia de uma traição africana nesse paradigma é um claro absurdo, porque aqueles grupos heterogêneos não sentiam nenhuma afinidade particular uns com os outros. Os europeus exploraram essas diferenças e rivalidades ao máximo. Para defender as próprias comunidades, os africanos eram convocados a escravizar outros no continente. Os europeus usavam a falta de uma entidade política africana organizada para explorar o continente, algo que, como veremos, tornou-se uma tática comum no domínio ocidental do mundo.

Junto com o envolvimento africano na escravidão sendo usado para diminuir a culpa ocidental, a existência da escravidão no continente antes do comércio escravista europeu também é mobilizada com frequência. Logo de início, é importante descartar a ideia da assim chamada escravidão africana. O que é com frequência denominado de escravidão na África é mais parecido com a servidão, em que as pessoas estavam ligadas a um senhor por um período fixo e contavam com direitos humanos básicos. Os africanos nessa posição de servidão podiam sair dessa situação e, por fim, participar plenamente da vida cívica. Dadas as diferenças entre a "escravidão" europeia e africana (tão gritantes que não faz sentido usar a mesma palavra), é provável que os africanos não soubessem bem o que aconteceria com as pessoas que vendiam.

Eles testemunhavam os escravizados sendo transportados para o litoral e tinham algum conhecimento dos castelos de escravos. Mas, uma vez embarcados nos navios, a escravidão estava fora de vista para quem ficava na África, e os maus-tratos na travessia transatlântica e nas plantações aconteciam como que em outro universo.

É importante notar que não havia plantações na África, embora o algodão e o açúcar pudessem ter sido cultivados no continente. A resistência dos africanos é provavelmente uma das grandes razões, dado o número de fortificações nas quais os europeus precisaram investir para impedir os nativos de se rebelarem. Havia um motivo para existirem fortes: os africanos não toleravam a escravidão da plantation no continente, apesar das tentativas dos europeus de estabelecer o sistema. Nos séculos XVI e XVII, houve um impasse quando os europeus não tiveram capacidade de conquistar o continente, mas os africanos eram incapazes de retomar o litoral.[65] A Europa levou tempo para desenvolver superioridade militar suficiente para conquistar e colonizar a África por completo, e a devastação que o sistema de escravidão deixou foi um fator-chave que contribuiu com isso. A escravidão europeia dizimou o continente, mas não foi o Ocidente que começou a escravização em massa dos africanos. Assim como na maioria dos casos, o Ocidente não deu origem ao conceito, mas pegou o que já existia e o levou a novas alturas sem precedentes.

Muito antes de a Europa ter a ideia de recorrer à África em busca de força de trabalho escravizada, os árabes que invadiram o norte da África no século VII haviam estabelecido um sistema de escravidão no continente. Por um período de mais de 1250 anos, aproximadamente 6 a 7 milhões de africanos foram traficados à força pelo deserto do Saara.[66] Foi, na verdade, o sistema árabe que deu aos europeus a ideia e o primeiro acesso à carne africana. Quando Colombo escravizou os quinhentos americanos indígenas, foi para os mercados árabes de escravos que ele os vendeu.

A Europa nem mesmo inventou a ideia de os africanos serem inferiores, como expliquei no último capítulo. Ibn Khaldun, um dos estudiosos mais influentes do século XIV (que raramente é reconhecido porque era tunisiano, e não ocidental), achava que os africanos eram submissos à escravidão porque "eles têm pouco [do que é essencialmente] de humano e têm atributos que são bastante similares aos dos animais obtusos".[67] Embora a Europa tenha basicamente plagiado o pensamento racial árabe e a escravidão árabe tenha durado muito mais, foi o sistema ocidental que teve o impacto mais prejudicial sobre a África e recebeu as maiores recompensas para os escravizadores. O pensamento racial era predominante no mundo árabe. Mas o Ocidente pegou essas ideias e as incorporou ao tecido do sistema político e econômico para explorar o planeta e construir o mundo moderno.

Ainda que os constructos raciais certamente tenham dado forma ao comércio árabe, o papel dos africanos no sistema não tinha como base apenas o racismo. Os europeus eram presença proeminente nos mercados de escravos. Na verdade, a palavra "escravo" vem de "eslavo", por causa da predominância de eslavos nesse comércio. Apesar da diversidade dos escravizados, havia uma hierarquia antinegros no sistema. A palavra árabe "mamluk" era usada para se referir a um escravo de alto status de origem europeia, enquanto africanos escravizados, chamados de *abd*, eram mais baratos e destinados a tarefas domésticas.[68] Mas, mesmo assim, a desumanização que era uma característica implacável da escravidão europeia não estava sempre presente. A história de Bilal ibn Rabah, ao menos na visão sunita, é um bom exemplo das complexidades da relação dos escravizados com a sociedade. Um africano nascido na escravidão, Bilal foi impedido de chegar a posições mais altas na sociedade árabe, mas foi um dos companheiros de maior confiança do profeta Maomé e recebeu a responsabilidade de conduzir a chamada para a oração.

Todavia, não devemos romantizar o comércio árabe de escravos: era um sistema brutal que matou inúmeros africanos. A expectativa de vida média para os escravizados era de apenas sete anos, e eles eram sujeitos a maus-tratos bárbaros e abusos.[69] As caravanas de escravos que pegavam os africanos no interior e cruzavam o Saara eram mortais, e os que não aguentavam eram deixados para morrer. Assim como acontecia com a escravidão europeia, o impacto sobre a sociedade africana foi devastador. O major Dixon Denham, um viajante britânico no Sudão em 1823, testemunhou que "vilas eram atacadas, mulheres jovens e crianças eram escravizadas, o excedente de homens que não havia escapado era massacrado, e os velhos, mancos e doentes eram exterminados ou abandonados para a morte na beira da estrada".[70] Não podemos superestimar os danos que essa cena, reproduzida em escala industrial, causou no continente, e precisamos reconhecer o papel central que o sistema árabe teve na criação do comércio escravista europeu que veio em seguida. Mas há uma grande diferença entre o comércio árabe e o sistema transatlântico, que toca no argumento principal deste livro: a escravidão africana era endêmica no mundo árabe, mas não era essencial para o desenvolvimento político e econômico da região.

O sistema transatlântico durou mais de trezentos anos, tendo seu auge durante o século XVIII. O comércio árabe existiu por um período quatro vezes maior, mas escravizou em torno de metade do número de pessoas. Ainda assim, não é só o tamanho do comércio que importa, também temos que olhar para a natureza dos dois sistemas. Aproximadamente dois terços dos capturados pelo sistema árabe eram mulheres, e os dois principais usos dos escravizados eram trabalho sexual e trabalho doméstico. Os escravizados eram luxos da elite, amplamente utilizados para o prazer e como empregados domésticos. Isso forma um contraste absoluto com o sistema transatlântico, no qual em torno de 80% dos escravizados nos navios britânicos eram homens, e o desejo de trabalho escravo era para produzir mercadorias nas plantações e movimentar o desenvolvimento do capitalismo.[71] Como vimos, a escravidão europeia produziu uma riqueza inestimável, que deu início ao desenvolvimento industrial e formou os alicerces do avanço europeu. Em contraste, os lucros estavam no comércio árabe, não na posse de escravos. Por mais lucrativo que fosse o comércio árabe de escravos, há histórias de comerciantes escravistas no período medieval que não tinham onde gastar suas fortunas.[72] O Ocidente foi construído em grande parte com a fortuna da escravidão, enquanto o mesmo não pode ser dito sobre o mundo árabe. Isso não torna a escravidão árabe menos bárbara ou abjeta, mas é importante separar os legados dos dois comércios. O comércio escravista do Atlântico ainda está conosco, tanto na riqueza quanto na pobreza causada por essa indústria assassina.

REPARAÇÕES AGORA

Em 2017, fotos dos mercados de escravos na Líbia desencadearam protestos internacionais contra o tratamento dos africanos negros no país. Sob o governo colonial de Gaddafi, a população africana recebeu proteção e predominância, mas depois da mudança de regime comandada pelos Estados Unidos em 2011, as forças da antinegritude foram soltas no país. Não devemos ficar nem um pouco surpresos, levando em conta como o racismo antinegro é central na região desde a invasão árabe do norte da África no século VII. A crise no Sudão que levou à criação do novo Estado do Sudão do Sul também foi um lembrete das tensões significativas que continuam existindo. O comércio árabe de escravos é o exemplo mais óbvio da história de conflito e brutalidade contra os africanos, e as cenas na Líbia foram uma lembrança desse legado doloroso. É claro que a prática não deixou de existir, ainda que agora seja habitualmente forçada à clandestinidade e chamada de tráfico de pessoas. Mas, por mais reprováveis que sejam os acontecimentos na Líbia, não devemos cair na armadilha de confundir escravidão árabe com o comércio escravista europeu; essa talvez seja a pior maneira de discutir o legado do sistema.

Perdi a conta do número de vezes que fui a um evento do Mês da História Negra e uma discussão sobre a escravidão do Atlântico terminou com um palestrante falando sobre a necessidade de acabar com a assim chamada "escravidão moderna". Se você der um google em "escravidão" agora, vai encontrar algum vídeo reivindicando a necessidade de acabar com a escravidão moderna ligando-a com a história do comércio escravista transatlântico. Mas isso não apenas não faz o menor sentido, como na verdade nos impede de olhar para o trabalho que de fato precisa ser feito para reparar o estrago desse sistema. O tráfico de pessoas é uma atrocidade contra a decência humana e precisa acabar, mas não tem nenhuma relação com o comércio transatlântico de escravos, que era um sistema perfeitamente legal de posse de escravos que produziu o sistema moderno. Talvez as pessoas no Ocidente se sintam melhores ao adotar a narrativa que põe a Inglaterra no centro da abolição dos males da escravidão e na vanguarda das tentativas de acabar com práticas atuais em partes atrasadas do mundo. Mas os legados da escravidão estão à nossa volta, no mesmo sistema político e econômico do qual geramos dinheiro para a caridade a fim de combater os males do tráfico de pessoas. Se não quiser acreditar em mim, tudo bem. O supremacista branco favorito da Inglaterra, Winston Churchill, reconheceu isso quando do explicou

Nossa posse das Índias Ocidentais, assim como a da Índia, nos deu força, apoio, mas especialmente capital para superar as grandes lutas das guerras napoleônicas, a competição acirrada do comércio nos séculos XVIII e XIX, e nos permitiu não apenas adquirir o apêndice das posses que temos, mas também estabelecer as fundações dessa liderança comercial e financeira que nos permitiu estabelecer nossa grande posição no mundo.[73]

Como a riqueza da Inglaterra, e do mundo ocidental mais amplo, foi construída sobre as costas da escravidão, conclui-se que há uma dívida em relação aos descendentes dos escravizados. Comecei este capítulo explorando o pagamento de reparações aos proprietários de escravos, tão grandes que criaram uma dívida que só terminou de ser paga pelo contribuinte do século XXI. É perverso que aqueles que trabalharam e sofreram não tenham recebido qualquer restituição em nenhum país.

Há vários precedentes legais para reprovações com base apenas na experiência de opressão. Em 1995, a Nova Zelândia concordou em pagar aos maoris pelos abusos históricos cometidos sob a Coroa britânica que vinham desde 1863.[74] A Alemanha pagou mais de 90 bilhões de dólares para as vítimas judias do Holocausto e seus descendentes, e os Estados Unidos fizeram vários pagamentos e acordos com os povos indígenas, embora estes tenham sido ofensivamente pequenos e pouco mais do que gestos simbólicos.[75] Os horrores do comércio de escravos são tamanhos que uma reivindicação baseada apenas na tortura e na desumanidade seria digna de restituição. Mas nesse caso também estamos falando de séculos de trabalho não remunerado que precisa ser levado em conta. Se os proprietários de escravos foram compensados no fim da escravidão, não há motivo justificável para recusar reparações aos que sofrem com os legados do sistema. Houve muitas campanhas por reparação por toda a diáspora.

Nos anos 1960, a Nation of Islam e a Republic of New Afrika nos Estados Unidos cobraram que fosse honrada a promessa do general Sherman depois da Guerra Civil Americana de 162 hectares e uma mula a cada escravizado com a entrega de um lote de terra no Sul para a população negra. O movimento Black Lives Matter atualmente faz campanha por reparações pelo dano causado e há movimentos em toda a Europa por justiça reparatória, o Pan-Afrikan Reparations Coalition in Europe (Parcoe). Na Inglaterra, há uma marcha anual de Stop the Maangamizi,* que pede uma comissão parlamentar de todos os partidos sobre o tema. A África também criou um movimento por reparações, liderado pela Organization of African Unity, em 1990. Os países caribenhos se juntaram à causa das reparações através da Caribbean Community (Caricom) pedindo restituição pelo impacto da escravidão. Também há movimentos sociais difundidos que reconhecem que o Ocidente enriqueceu nas costas da escravidão e que a pobreza no mundo negro hoje é legado desse sistema. Desde o assassinato de George Floyd, estamos vendo até empresas aderirem à moda de marketing das reparações. O problema delas, no entanto, é se conseguem dar conta da importância que o sistema da escravidão teve para o desenvolvimento do Ocidente.

Vários cálculos foram feitos com base nos danos e na perda de ganhos para chegar a uma estimativa do quanto o Ocidente deve. Só para o Caribe, a estimativa em 2005 era de 7,5 trilhões de dólares.[76] Nos Estados Unidos, vão de 3 trilhões a 14 trilhões de dólares.[77] Esses números deixam claro que, se fôssemos capazes de calcular a quantia devida, chegaríamos a um valor impossível de o Ocidente pagar. Na verdade, o número é incalculável porque o Ocidente permanece imerso na riqueza do sistema transatlântico, o que afeta todas as partes da sociedade e da economia ocidental, além de empobrecer o mundo negro num nível que não pode ser ignorado. O

---

* "Maangamizi" é um termo suaíli que significa "holocausto africano" e denota a continuidade entre o tráfico negreiro e a escravização colonial e neocolonial. (N. E.)

Ocidente segue sendo construído sobre esses alicerces, e transferir a riqueza necessária para reparar o dano o destruiria não apenas por causa do dinheiro envolvido, mas também porque, se o mundo negro tivesse liberdade, seria o fim do projeto ocidental. As reparações são necessárias, e demolir o capitalismo ocidental é uma necessidade absoluta se estamos falando sério sobre acabar com o racismo. Mas para realizar a política revolucionária que essa transformação demanda, primeiro precisamos reconhecer que o Ocidente nunca vai conseguir pagar a reparação completa pela escravidão sem destruir a si mesmo.

A escravidão pode ter acabado, mas a fase seguinte da supremacia ocidental foi o colonialismo, construído sobre os mesmos princípios da hierarquia racial e da exploração. O Ocidente simplesmente não pode acabar com o racismo por meio de reparações porque é a hierarquia racial que alimenta o sistema. O fim da escravidão se dissolveu na era colonial da exploração racial, que ainda está firme e forte hoje.

4. Colonialismo

Se quiser ver o colonialismo em funcionamento hoje, faça uma visita ao Cadbury World em Birmingham. O local ainda é uma fábrica em atividade, lar do império Cadbury's, uma das principais marcas da Inglaterra com receita anual de mais de 3 bilhões de dólares.[1] Partindo de um começo humilde como mercearia em 1824, a empresa tornou-se uma gigante global, vendendo mais de 350 milhões de suas barras de chocolate Dairy Milk por ano. A Cadbury's emprega mais de 45 mil pessoas em todo o mundo e, incluindo sua cadeia de abastecimento, é responsável por manter o emprego de milhares de pessoas na cidade de Birmingham. Nem a cidade nem a empresa se esquivam de alardear o tremendo sucesso dos negócios, e em 1990 o Cadbury World foi inaugurado onde era sua fábrica em Bournville, atraindo visitantes para saber sobre a história e os planos futuros da empresa. Ao longo dos anos acrescentaram diferentes atrações, mas a estrutura central do local continua a mesma. Um tour pelo Cadbury World pode levá-los desde ao primeiro encontro europeu com o chocolate até a produção atual. Embora o objetivo seja comemorar o sucesso da empresa, o percurso por aquele espaço é um tour perfeito pelo neocolonialismo, e oferece todos os ingredientes para explicar por que o Ocidente continua tão assentado no racismo hoje quanto sempre foi.

A civilização asteca lhes saúda em seus primeiros passos na exposição. Bem, uma réplica de plástico de uma floresta cheia de grãos de cacau sorridentes e bonecos de cera. Ao menos isso é um tipo de reconhecimento de que os europeus não inventaram nem "descobriram" o chocolate, que só foi introduzido no continente quando os espanhóis o trouxeram da América do Sul. Para ser justo com os curadores, eles fazem um aceno à parte da violência cometida pelos espanhóis e mencionam o fato de o governante asteca Montezuma ter sido assassinado pelas forças de Cortés no século XVI. Mas, como esse período é tipicamente lembrado, o genocídio que já abordamos é levianamente deixado de lado. Imagino que relatar o assassinato de dezenas de milhões numa atração infantil fosse ser ruim para os negócios.

Depois de mostrar as origens do chocolate, a história passa para Birmingham e a fundação da loja original por John Cadbury em 1824. Contam-nos a respeito de sua engenhosidade e seu trabalho duro, e como ele inventou a fórmula mágica do Dairy Milk, incrivelmente popular. Nessa história da fundação, falam de cacau e leite, mas não fazem qualquer referência ao outro ingrediente fundamental, obviamente o açúcar. Como vimos no último capítulo, açúcar era uma das principais mercadorias produzidas por escravos. Quando a Cadbury's começou como uma lojinha, a escravidão ainda estava em pleno funcionamento no Império Britânico, e o açúcar produzido por escravos entraria no país até pelo menos 1888, quando o Brasil aboliu a escravidão. A Cadbury's tornou-se um grande sucesso comercial no fim do século XIX, depois de construir a fábrica de Bournville em 1878. Sendo assim, muitas vezes os laços com o sistema escravista não são tão aparentes. E isso faz perder de vista o essencial por duas razões principais. A primeira é que a Cadbury's conseguiu abrir a fábrica de Bounville por causa da riqueza gerada graças ao uso de açúcar produzido pelos escravos. Como já vimos, a riqueza produzida pela escravidão foi usada depois da abolição para continuar o desenvolvimento. E a segunda, que é mais importante: o fim da escravidão não deteve a relação de exploração entre o Caribe e a Inglaterra (ou o restante do Império). As colônias do Caribe continuaram a produzir açúcar, no geral, em péssimas condições e certamente por um pagamento que não estava muito distante da realidade escravista. A produção de açúcar foi um sistema criado pela escravidão, com força de trabalho que descendia daqueles trabalhadores roubados, acorrentados e contratados como aprendizes de outras partes do Império. Não havia nada de limpo no açúcar que entrava no prédio da Cadbury's.

Em vez de se concentrar na exploração no coração da Cadbury's, a exposição celebra o espírito empresarial e filantrópico da família Cadbury. Não apenas a família construiu a fábrica, como também garantiu um local de 485 mil metros quadrados e criou nele a cidade de Bournville. Contam-nos que George Cadbury "era um partidário da reforma habitacional, interessado em melhorar as condições de vida dos trabalhadores, além de promover avanços nas práticas de trabalho".[2] Bournville era uma cidade modelo para os trabalhadores da fábrica, com piscinas e parques. Os operários também recebiam um tratamento muito melhor do que era comum nos tempos vitorianos, e os Cadburys eram vistos como "pioneiros do bem-estar do trabalhador".[3] Na verdade, a moradia e o desenvolvimento de Bournville eram tão atraentes que hoje em dia é um dos lugares mais caros da cidade. Perde-se por completo a ironia de comemorar o sucesso da Cadbury's por apoiar as classes trabalhadoras quando elas há muito tempo já foram excluídas daquela área por causa de seu preço. Escutar a serenata sobre como os Cadburys eram bons empregadores em Birmingham também é revelador pelo que ou, particularmente, por quem está ausente na história.

Apenas uma vez, e muito brevemente, vemos os trabalhadores em Gana colhendo o ingrediente principal do produto da Cadbury's: cacau. Queria estar brincando, mas infelizmente não estou. Num filme granulado em preto e branco narrado por um cavalheiro excessivamente chique, que inclusive usa o chapéu branco de safári que associamos ao colonialismo, vemos nativos sorridentes cortando cacau alegremente e enchendo vans para a importação inglesa. Não são mencionadas as condições de trabalho que enfrentaram, seja historicamente ou nos dias de hoje. Mas, quando o presidente da Fundação Mundial do Cacau [World Cocoa Foundation] declarou em 2018 que "nosso primeiro objetivo, e o mais importante, é trazer os trabalhadores para acima da linha da extrema pobreza" de 1,90 dólar por dia,[4] imaginem como a situação ainda é terrível para aqueles que colhem o ingrediente básico para um império de muitos bilhões de dólares. A completa falta de cuidado dos Cadburys, ou de consideração por parte do Cadbury World, pelos trabalhadores de fora da Inglaterra é a demonstração perfeita de como os ganhos para os trabalhadores no Ocidente são conquistados sobre a exploração dos que estão no Sul global.

No fim do tour, somos apresentados às inovações na publicidade e à série de produtos que a Cadbury's produz agora. A impressão que fica é que a empresa é um sucesso local e nacional: o melhor da Inglaterra, por assim dizer. Mas se o Cadbury World fosse honesto, o tour terminaria cantando "The Star-Spangled Banner" enquanto a equipe jurava lealdade à bandeira estadunidense. A Cadbury's não é mais uma empresa britânica há uma década, pois foi comprada pela gigante Kraft Foods numa aquisição hostil em 2010. Como prova do sucesso do modelo de negócio neocolonial da Cadbury's, a empresa custou 18,9 bilhões de dólares. A aquisição pelos Estados Unidos também nos diz muito sobre qual é a cara do colonialismo atual. Os antigos regimes coloniais já não estão mais no comando. Os Estados Unidos agora dão o tom do imperialismo ocidental.

NÃO EXISTE COMÉRCIO JUSTO

Para entender a exploração contínua do mundo em desenvolvimento pelo Ocidente, podemos começar desmontando a falácia da ideia de comércio justo. De novo, o Cadbury World oferece um bom ponto de partida para essa discussão. Em sua exposição, descrevem de forma bastante franca o processo de saída do cacau bruto de Gana e o envio para uma fábrica de processamento na Inglaterra antes de ir para a fábrica de Bournville. Como parte do tour, a pessoa testemunha o processo de produção e vê os produtos comerciais prontos (eles até fazem a gentileza de dar um desconto na lojinha de presentes). Não há nenhum reconhecimento da exploração no centro dessa relação. Um recurso da África é retirado do continente a um custo extremamente baixo, processado como um bem de luxo na Europa e vendido com enorme lucro, muitas vezes de volta para a própria África. É a empresa europeia que ganha todo o dinheiro com esse recurso africano. Kwame Nkrumah, o primeiro presidente de Gana, disse que essa realidade tinha um tom de "loucura estilo *Alice no País das Maravilhas*".[5]

No contexto dessas relações comerciais, empresas como a Cadbury's serem parceiras da Fairtrade Partnership pode significar que os fazendeiros ganham alguns centavos a mais por dia, mas a ideia de que possa existir um comércio *justo* é tão ofensiva quanto absurda. Fazendeiros de cacau recebem apenas 6% do dinheiro ganho com o produto do seu trabalho.[6] Os países que produzem matéria-prima como o cacau recebem uma ninharia por seus recursos, enquanto corporações ocidentais ganham uma fortuna explorando materiais a que, de outra forma, não teriam acesso. Como vimos nos primeiros dois capítulos, a expansão do Ocidente foi necessária tanto pelos insumos quanto pelo trabalho necessário para o progresso industrial moderno.

O fio que une o desenvolvimento ocidental desde 1492 é a exploração do resto do mundo pelos descendentes de europeus. Pensamos, incorretamente, nos horrores do Império Ocidental como acontecimentos históricos separados, desconectados. Primeiro, o genocídio nas Américas; depois, a escravidão transatlântica e, por fim, o colonialismo. Mas, na realidade, trata-se de manifestações sobrepostas de supremacia branca que não podem ser separadas umas das outras e que se infiltram nas formas atuais de dominação colonial. No Caribe, por exemplo, o colonialismo não veio imediatamente da escravidão. As ilhas eram colônias de escravos, conquistadas por meio de força letal contra os nativos, que foram exterminados num genocídio. O colonialismo muitas vezes é entendido, em sua definição no dicionário, como o governo direto de um poder estrangeiro sobre um povo súdito, mas essa maneira de encarar o processo não é adequada.

A África oferece o exemplo perfeito das garras bem mais espalhadas do colonialismo. A maior parte do continente esteve sob o domínio direto de potências europeias por um período de menos de cem anos. Mas seria errado pensar que a relação colonial só existiu nesse curto período. Desde que o Ocidente cravou suas garras na África, ele constrói e sustenta seu controle explorador sobre o continente. Como vimos no capítulo 2, o comércio transatlântico de escravos transformou fundamentalmente a política, a economia e a organização da África. Além de saqueá-la por causa de trabalho escravo, a Europa também a pilhou por recursos como o ouro. Antes de controlar formalmente qualquer parte do continente, a Europa já tinha começado a "subdesenvolver" a África.[7]

No clássico de Walter Rodney, *Como a Europa subdesenvolveu a África*, o autor expõe com absoluta clareza o dano causado ao continente. O livro explica a contradição econômica global de "muitas partes do mundo que são naturalmente ricas serem na verdade pobres, e partes que não são tão providas de solo e subsolo desfrutarem dos mais altos padrões de vida".[8] A escravidão impulsionou o desenvolvimento do Ocidente de tal maneira que um dos maiores problemas desde o fim do século xix vem sendo encontrar recursos para alimentar sua máquina industrial. A riqueza do sistema transatlântico permitiu que as potências europeias colonizassem grandes partes da Ásia e substituíssem o trabalho escravo pelos salários desumanos que ainda vemos no mundo. Então, o foco na África passou de vê-la como fonte de trabalho barato para a corrida pela extração dos recursos do continente. Isso foi possível por causa dos séculos de escravidão, que devastaram os sistemas político e econômico da região, assim como sua capacidade de resistir.

No fim do século xix, o continente quase inteiro estava sob domínio colonial. O "subdesenvolvimento" é usado para descrever o envolvimento da Europa porque, quando os europeus assumiram o controle da África, interromperam qualquer progresso nativo para enriquecer seus respectivos países de origem.

Numa época em que a África precisava desenvolver técnicas de agricultura industrial para fornecer comida e recursos para si própria, o que acontecia era exatamente o oposto. Desde o século xix até hoje, muitas economias africanas dependem do cultivo comercial de pequenos agricultores. São eles, vivendo pouco acima do nível de subsistência, que fornecem boa parte do cacau para as fábricas da Cadbury's. É extremamente fácil para grandes corporações explorar financeiramente agricultores individuais vendendo suas mercadorias para um negociante, e esse é um dos principais motivos para o preço da maioria das mercadorias ser tão baixo. Esse método de agenciar colheitas é duplamente barato para o Ocidente, que não precisou investir em maquinaria pesada ou mesmo se preocupar em transportar a colheita para o armazém. Sob o domínio colonial, a infraestrutura só era desenvolvida conforme o necessário para tirar as mercadorias da África, com "todas as estradas e ferrovias levando para o mar".[9] A consequência desse subdesenvolvimento foi que as pessoas, principalmente as mulheres, eram forçadas a caminhar por quilômetros para entregar a colheita aos armazéns.[10] Algodão, borracha, óleo de palma, cacau, café, entre outros, eram agenciados para serem explorados longe da África, com lucros elevados para as companhias europeias.

Sob o domínio colonial formal, os africanos muitas vezes eram forçados a trabalhar cultivando lavouras particulares para seus senhores coloniais, e aceitar qualquer que fosse o preço dado. As condições eram bastante difíceis durante crises econômicas como a Grande Depressão ou as Guerras Mundiais, quando se esperava que as colônias sustentassem os esforços de guerra. Um dos exemplos mais extremos de trabalho forçado foi a construção da estrada de Brazzaville para Pointe-Noire no Congo, de 1921 a 1933. Todo ano, 100 mil africanos eram forçados a trabalhar no local em condições tão terríveis que "25% morriam anualmente de fome e doenças".[11]

Em 1938, a Inglaterra estabeleceu o West African Produce Control Board para regular os preços das mercadorias. Como prova de como esse sistema era lucrativo para as empresas europeias, em 1946 o conselho de controle pagou 16,15 libras para os fornecedores africanos por uma tonelada de óleo de palma, e essa mesma tonelada foi então vendida a 95 libras na Inglaterra. Pelo amendoim, o preço de compra era 15 libras, e o preço de venda, 110 libras. Isso sem nem levar em conta o que a empresa britânica recebia depois de processar o produto e vendê-lo.[12] Embora a África possa não estar mais sob o domínio colonial, e sujeita à opressão física direta, está absolutamente claro que essa relação econômica continua inalterada.

Uma das maiores empresas da Inglaterra tem tanto sucesso que sua receita de 44,68 bilhões em 2018 representou uma "queda" no desempenho por causa de "condições de mercado desafiadoras".[13] Lembrem-se desses acionistas que tiveram que receber um dividendo de apenas 8,6 bilhões de libras pelo ano. A Unilever é um gigante global que fabrica todo tipo de sabonetes, para limpar tudo, da pele ao chão. Assim como a Cadbury's, a empresa tem raízes na Inglaterra do século XIX, quando os irmãos Lever começaram a manufaturar e vender sabão. Como os Cadburys, agenciaram o ingrediente principal para seu produto da África, nesse caso óleo de palma. Os irmãos Lever o trouxeram da Nigéria, de Serra Leoa e da Libéria, formando a United African Company para gerenciar seu agenciamento. O óleo de palma tem muitos usos, e a empresa o expandiu para os alimentos, fazendo margarinas e óleos, e acabou por se fundir com uma empresa holandesa, a Margarine Uni, em 1929. Em 1920, a Divisão de Informação da empresa reconheceu que

> o centro de gravidade da Unilever é a Europa, mas de longe seu maior membro (a United African Company) é quase inteiramente dependente do bem-estar da África para seu sustento (representado por uma receita de 300 milhões de libras).[14]

Num padrão que vemos repetir-se inúmeras vezes, uma corporação ocidental ficou extraordinariamente rica explorando os recursos de uma colônia. Hoje, nada mudou, exceto pelo fato de que agora os países são formalmente livres. A Unilever ainda depende do óleo de palma, um produto agrícola que está se tornando cada vez mais importante como fonte alternativa de energia. Não é coincidência que os mesmos produtos que eram tão importantes para o desenvolvimento durante o colonialismo estão abastecendo a economia global hoje. De 2000 a 2013, o espaço ocupado por plantações de cana-de-açúcar no mundo cresceu de 19 milhões para 26 milhões de hectares; a borracha, de 7 milhões para 10 milhões; e o óleo de palma, de 10 milhões para 18 milhões.[15]

São realidades como essa que deixam claro o absurdo da preocupação ocidental com o aparente "avanço dos robôs", que analisarei de forma mais profunda no capítulo 7. Milhões de pessoas pobres no mundo subdesenvolvido estão aprisionadas em trabalhos, e condições de trabalho, semelhantes aos que existiam sob o domínio colonial. A maior parte da produção do óleo de palma agora está fora da África, com a Indonésia e a Malásia produzindo mais de 80% do mercado global.[16] Infelizmente, isso não é um sinal de progresso, apenas a continuação das mesmas relações neocoloniais que marcam a história africana.

A Indonésia responde pelo grosso da produção de óleo de palma, e o plantio na Malásia muitas vezes é feito por trabalhadores imigrantes indonésios. A colonização holandesa da Indonésia remonta a 1602, e os portugueses estavam envolvidos na região antes disso. Em 1823, a Associação das Índias Orientais dos Países Baixos, sucessora da tão injuriada Companhia Holandesa das Índias Orientais, dependia do café produzido em Java para 77% de sua receita de exportação. O trabalho forçado era a regra na colônia, e estima-se que, em 1840, 30% das famílias indonésias trabalhavam contra a vontade.[17] Ao longo do século XIX, milhares delas foram obrigadas a entrar no que eram, a rigor, campos de trabalho forçado, uma vez que não queriam aceitar voluntariamente a baixa remuneração oferecida.

O óleo de palma não se desenvolveu como um plantio da região até 1930, e, num indício de como a rede colonial era global, os primeiros trabalhadores foram contratados da China como aprendizes. Eles já estavam na Indonésia antes do óleo de palma, trabalhando em condições desumanas. Conhecidos como "cules de empreitada", eram regidos por um conjunto de regulamentos que os deixavam sujeitos a açoitamento, prisão e execução caso não mostrassem a deferência exigida a seus senhores, não fizessem o esforço demandado ou tentassem fugir.[18]

Hoje, essas condições não existem mais. No entanto, há um motivo para a maior parte do óleo de palma ser produzida na Indonésia, ou pelo trabalho de indonésios: eles são baratos de empregar. A maioria dos trabalhadores é informal, o que os deixa em situação ainda mais precária. Há muita lamentação sobre a necessidade de melhorar os salários e as condições dos trabalhadores do óleo de palma, mas a Wilmar International, uma das maiores corporações globais desse material, admite abertamente que, em algumas de suas plantações, apenas de 5% a 10% dos trabalhadores têm vínculos empregatícios.[19]

"DESENVOLVIMENTO" CORRUPTO

A África tornou-se menos atrativa como produtora de cultivos comerciais como o óleo de palma por vários motivos. A demografia é a explicação mais simples. O trabalho é mais barato no Extremo Oriente porque há abundância de trabalhadores. Tanto a Índia quanto a China têm mais habitantes do que todo o continente africano. A escravidão é o motivo mais importante por trás da ausência de população na África, a única parte do mundo subpopulada. Mas, depois do fim da escravidão, a lógica do subdesenvolvimento garantiu que a população africana permanecesse baixa. As tendências genocidas do Ocidente se espalharam para a África. O assassinato de 10 milhões de pessoas por Leopoldo no Congo colaborou, mas incontáveis africanos foram assassinados em todo o continente para que as grandes potências europeias exercessem seu controle colonial. Além disso, não foi apenas o massacre direto que abateu a população africana. Sob o domínio colonial, a África só foi desenvolvida até o ponto vantajoso para as metrópoles, o que não incluía sustentar o bem-estar da população nativa.

Ao ser eleito presidente de Gana em 1957, Kwame Nkrumah herdou um Estado que tinha apenas 37 hospitais para 4 milhões de ganeses.[20] No restante do continente não era diferente. Nos anos 1930 na vizinha Nigéria, sob o colonialismo, os 4 mil imigrantes britânicos (não vamos honrá-los com o termo "expat" [expatriado]) tinham dois hospitais modernos para uso, enquanto os 40 milhões de nigerianos precisavam dividir 52.[21] Serviços básicos como atendimento médico e saneamento eram reservados principalmente para a população branca, ou seja, mesmo com a assim chamada independência os países africanos sofriam profundamente com a falta da infraestrutura necessária para cuidar bem de seus habitantes. A Europa não só havia roubado sua riqueza, mas também impedido o desenvolvimento necessário para que o continente prosperasse. Isso deixava os governos africanos numa posição quase impossível, pois sua economia precisava de investimento massivo, mas continuava sob opressão econômica do Ocidente. Assumir a estrutura do governo não significava remover as garras do Ocidente, que estavam cravadas tão fundo e extraíam tanto.

Por meio do domínio colonial, a Europa teve lucros imensos, com investimentos aumentando 25% a mais nas colônias do que na Inglaterra, por exemplo. Os lucros sugados do Benim por investidores franceses representavam metade do PIB da colônia.[22]

A Firestone Company, sediada nos Estados Unidos, que extraía borracha da Libéria, ganhava tanto dinheiro que, em 1951, mesmo depois de pagar os impostos para o governo liberiano, ainda ganhava três vezes o total da renda do Estado.[23] Em 1955, a África contribuía com 1,446 bilhão de libras anualmente para as reservas britânicas de ouro e dólar — mais da metade do total. A Bélgica e a França extraíram tanta riqueza de suas colônias que não precisaram fazer empréstimos para financiar seus esforços de guerra.[24] O Ocidente literalmente esgotou os recursos financeiros, humanos e minerais da África e continua a explorar o continente com as mesmas ferramentas econômicas.

A França continua a exercer seu forte poder, um "neocolonialismo coercitivo"[25] que tranca suas colônias africanas numa união de moeda baseada em torno do Franco CFA da África Ocidental. Como parte da União Econômica e Monetária do Oeste Africano, que cobre Benim, Burkina Faso, Costa do Marfim, Guiné-Bissau, Mali, Níger, Senegal e Togo, a França ainda tem poder de veto sobre políticas monetárias. Essa dependência monetária também incentiva que os países permaneçam extremamente subordinados às importações francesas de bens manufaturados a partir das matérias-primas das antigas colônias. A Inglaterra e outras potências ocidentais têm abordagem mais indireta por meio do comércio internacional e de instituições como o FMI e o Banco Mundial, mas o resultado é o mesmo.

Havia diversas formas de governar colônias na África. Em lugares como o Zimbábue, então Rodésia, constatava-se a presença muito maior de cidadãos britânicos do que em países como a Nigéria. Mesmo quando o domínio indireto era escolhido como modelo, uma elite nativa muito restrita era treinada para administrar o colonialismo. Junto dela, havia forte presença de funcionários públicos europeus, que trabalhavam em posição superior à dos administradores nativos. Em Gana nos anos 1930, por exemplo, funcionários públicos europeus recebiam quarenta libras por mês, enquanto africanos recebiam apenas quatro libras pelas mesmas horas de trabalho. Não havia necessidade de educar os nativos porque eles eram considerados indignos de ascender aos postos intelectuais que podiam comandar o país. Em 1959, a Inglaterra "gastou onze libras por aluno africano, 38 libras por aluno indiano e 186 libras por aluno europeu" para a educação em Uganda.[26] Na independência, o Quênia tinha apenas 35 escolas para 5,5 milhões de jovens.[27] Em 1950, o corpo estudantil da Universidade Sarkar, criada para todos das colônias francesas na África Ocidental, era 50% branco.[28] Essa falta de oferta educacional não visava apenas transmitir a ideia de que africanos não eram capazes de pensar, mas construía uma realidade na qual a população nativa não tinha a formação (particularmente, alfabetização) para administrar suas colônias. Os escolhidos que tinham oportunidade de estudar recebiam a doutrinação mais eurocêntrica imaginável e precisavam viajar para a metrópole para aprender os padrões da branquitude.

O objetivo de educar africanos era criar uma classe que pudesse administrar o colonialismo europeu como representante deles. Isso nos traz à mente a descrição de Malcolm X da figura do pai Tomás entre os escravos da plantação:

> O senhor de escravos pegou Tomás e o vestiu bem, alimentou bem e até lhe deu um pouco de educação — um pouco de educação; deu a ele um casaco longo e uma cartola e fez com que todos os outros escravos o admirassem. Depois, usou Tomás para controlá-los. A mesma estratégia que era usada naqueles dias é usada hoje. Ele pega um negro, um assim chamado negro, e o torna proeminente, fortalece-o, faz propaganda dele, transforma-o em celebridade. E então ele se torna um porta-voz dos negros.[29]

Substitua "negro" por "africano" e "celebridade" por "administrador" e tem-se exatamente a relação estabelecida no período colonial. Na independência, eram esses ungidos que recebiam a confiança para "comandar" seus países. Dado que todos os líderes que emergiram do continente passaram por diferentes variantes desse processo, a surpresa é que muitos deles tenham rejeitado as ideias dos seus mestres. O movimento para unir e libertar o continente do controle europeu surgiu na Inglaterra e nos Estados Unidos e foi encabeçado por africanos educados por suas respectivas metrópoles. Também é verdade que, no fim das contas, muitos dos líderes traíram a promessa radical de unidade continental em troca de status individual e recebimento de riqueza para levar seus países mais profundamente às entranhas do Ocidente. Mas líderes revolucionários como Kwame Nkrumah, em Gana, Amílcar Cabral, na Guiné, e Patrice Lumumba, no Congo, também foram educados no Ocidente. O problema é que nunca tiveram chance de implementar seus programas revolucionários, porque o Ocidente fez questão de descartá-los e apoiar no lugar fantoches que assumiram o treinamento ocidental recebido.

O assassinato de Patrice Lumumba é o estudo de caso perfeito sobre a corrupção que o Ocidente incorporou à África depois da independência. Lumumba foi o primeiro primeiro-ministro do Congo independente, e desejava africanizar o governo e administrar um desenvolvimento econômico comandado pelo Estado usando os recursos do país em benefício do povo. O Congo era (e continua sendo) importante demais para que o Ocidente deixasse isso acontecer, já que é um dos locais mais ricos em minerais do mundo. Em vez de permitir que a população do Congo decidisse seu destino, o Ocidente, incluindo os belgas e a CIA, apoiaram o rival de Lumumba, o reacionário Moïse Tshombe, o líder "pai Tomás" que era um fantoche dos interesses ocidentais. Em 1961, o problema Lumumba se resolveu quando ele foi assassinado, no que se chamou de "o assassinato mais importante do século xx".[30]

A liderança de Tshombe levou ao reino ditatorial de Mobutu Sese Seko, que durou de 1965 a 1997 e devastou o Congo, abrindo o país para os interesses ocidentais e empobrecendo-o ainda mais. Mobutu também acumulou bilhões de dólares. A guerra civil iniciada depois de sua saída tirou mais vidas do que qualquer outro conflito desde a Segunda Guerra Mundial. O Congo é apenas um exemplo do que aconteceu por toda a África e pelo resto do mundo subdesenvolvido quando líderes ameaçaram os interesses do Ocidente: os regimes são transformados para que se instalem governos pro-Ocidente. O sistema político e econômico é corrupto na África, e os líderes fantoches estilo "pai Tomás" que desviam dinheiro para contas bancárias ocidentais são um subproduto desse problema central. Assim como não existe livre-comércio, a tal boa governança é um absurdo nesse sistema.

A DESINDUSTRIALIZAÇÃO DA ÍNDIA

O Império Britânico era vasto; em 1900, cobria um quarto do globo e governava 372 milhões de súditos. Esta cena do jubileu de diamante da rainha Vitória em 1897 demonstra a extensão de seus domínios:

> 50 mil tropas de todos os cantos do Império: Camel Corps e Gurkhas, hussardos canadenses e jamaicanos de suspensório branco, a procissão comandada pelo mais alto oficial do Exército, o capitão Ames, da Guarda Montada, de 2,07 metros, marchou ou trotou por Londres para celebrar.[31]

A Índia era a maior colônia da Inglaterra, e esta não só subdesenvolveu a Índia, como também desindustrializou ativamente a região. Quando a Inglaterra colonizou os indianos no fim do século XVIII, a Índia era um país rico que respondia por 25% do comércio mundial. Na época em que o domínio britânico entrou em colapso, em 1947, a Índia detinha apenas uma parcela de 3%. Antes do colonialismo britânico, o padrão de vida indiano estava à altura daquele da nação que se tornaria sua metrópole. Depois, níveis de pobreza absoluta, hoje inexistentes na Inglaterra, infestavam o país.[32] Durante a expansão inicial de seu império, os ingleses não tomavam as coisas por meio de armas, mas sim usando presentes e assinando tratados para ganhar acesso às sociedades do Oriente. Foi apenas no século XVIII que a atitude em relação à Índia começou a mudar; em vez de serem vistos como um povo digno de comércio, os indianos foram considerados animais a serem dominados.[33]

Isso não quer dizer que inicialmente não havia a supremacia branca de base que vimos em funcionamento no sistema transatlântico. Embora a expansão do império para o oeste tenha sido importante, o movimento para o leste era tão indispensável quanto, e igualmente brutal. Vasco da Gama é menos celebrado que seu equivalente italiano Colombo, mas sua abertura da Índia para os portugueses em 1497-9 foi tão crucial quanto a assim chamada descoberta de Colombo, além de Vasco ter comandado uma campanha de terror similar. O ano de 1492 marcou a expulsão dos conquistadores muçulmanos da Espanha, mas eles mantiveram seu poder no Oriente. Os europeus saíram destruindo portos e fortalezas no mundo muçulmano em suas viagens para o Oriente, e Gama não teve piedade, como mostra este relato de sua atitude com um navio cheio de peregrinos muçulmanos que voltava para a Índia:

Ele ordenou que se tocasse fogo no navio […]. Mulheres puseram suas joias para cima para implorar piedade das chamas ou da água, enquanto outros seguravam seus filhos para tentar protegê-los. Gama olhava impassível, "com crueldade e sem pena" enquanto todos os passageiros e a tripulação se afogavam diante de seus olhos.[34]

Ideias desumanizadoras sobre os povos do "Oriente" têm longa história na imaginação europeia. O duelo do Oriente contra o Ocidente foi representado nos Impérios Grego e Romano, nas cruzadas do século XI, nas batalhas contra a ocupação da Espanha pelos mouros, nas guerras com o Império Otomano, e até nos dias de hoje com o suposto "choque de civilizações" entre o Ocidente e o mundo islâmico que está dando forma à boa parte da agenda política ocidental.[35]

Essa forma de o Ocidente encarar o Oriente através das lentes do exotismo e da inferioridade é chamado de "orientalismo" pelo estudioso Edward Said, que define essa ideia como um "estilo ocidental de dominar, reestruturar e estabelecer autoridade sobre o Oriente".[36] Num argumento importante, afirma que a cultura europeia ganhou força e identidade colocando a si mesma "contra o Oriente como uma espécie de identidade substituta e até mesmo clandestina".[37] Em outras palavras, a autoconfiança do Ocidente em sua superioridade, obtida com a suposta legitimidade científica do Iluminismo, foi em parte reforçada pela suposta inferioridade dos povos e das culturas que ela encontrou no Oriente. Mas, apesar de todas as ideias da Europa exagerando sua própria importância, a realidade era que os ocidentais não eram superiores a quem eles encontravam no Oriente, e não tinham escolha a não ser bajulá-los para conseguir estabelecer um comércio.

No século XV, a Europa emergia de sua Idade das Trevas e estava para trás em relação ao Oriente. Foi apenas no século XVIII que o Ocidente foi capaz de começar a demonstrar sua dominância. Na verdade, o mesmo vale para a África, onde, embora o primeiro instinto tenha sido o de conquistar, os europeus descobriram que isso era impossível, dada a força das sociedades lá encontradas. Há um motivo para que a Europa só tenha colonizado a África diretamente muito mais tarde e tenha mantido seus fortes e sua presença, na maior parte, limitados à costa. Era preciso estabelecer a supremacia branca. Não se tratava de um direito divino.

A Inglaterra precisou esperar a oportunidade para realizar sua ambiciosa conquista da Índia, que veio com o declínio do Império Mogol na metade do século XVIII. Os mogóis governaram uma vasta área na Índia entre o século XVI até boa parte do século XVII — um poder centralizado que os britânicos não conseguiam desalojar. Mas a morte do imperador Aurangzeb em 1707 levou o Império a uma série de guerras para decidir quem seria o sucessor. Cinquenta anos depois, o regime mogol havia desabado por si próprio, incapaz de manter o controle sobre seus domínios em expansão. A Inglaterra aproveitou o caos causado pela queda dos mogóis e, por meio da Companhia Britânica das Índias Orientais, embarcou na colonização. Em 1857, a Companhia tinha um exército de 260 mil tropas e o domínio sobre 200 milhões de súditos.[38] Ecoando o imperialismo atual dos Estados Unidos, movido por corporações privadas, a Companhia era um negócio, estabelecido com o monopólio sobre os interesses britânicos na Índia.

O governo britânico ofereceu empréstimos e apoio para estabelecer a empresa, e indivíduos ganharam lucros enormes com a iniciativa. Não havia investimento mais garantido nos séculos XVIII e XIX do que ações da Companhia, e seus diretores acumulavam fortunas com a exploração do povo e dos recursos da Índia. Entre 1765 e 1815, os indianos pagaram mais de 18 milhões de libras por ano só em impostos para a Companhia. A palavra "loot" [pilhagem] vem do híndi e diretamente da pilhagem da Índia, incorporada à língua inglesa pelas mesmas pessoas que roubaram a região.

Robert Clive "da Índia", general, primeiro governador de Bengala e diretor da Companhia, acumulou uma fortuna particular superior a 40 milhões de libras em valores atuais. A tomada de Calcutá em 1757 foi a grande fonte dessa riqueza. Depois de reivindicar a região, os funcionários da Companhia dividiram a coleta de impostos de 2 milhões de libras — uma quantia de bilhões em valores atuais — entre eles. Enquanto a empresa se empanturrava com os impostos locais, a primeira crise de fome da população de Bengala teve início, matando milhões de pessoas — até um terço dos habitantes da região —, mas os ingleses "só pensavam em enriquecer enquanto a população local passava fome até morrer".[39] Diante do lucro, essa impiedosa falta de consideração por vidas que não são brancas é a característica definidora do desenvolvimento ocidental.

Os abusos da Companhia eram tamanhos que uma hora até o governo britânico teve que intervir. Foi preciso uma rebelião da população indiana em 1857 para levar o governo a agir e dissolver a Companhia. A última coisa de que o país precisava era uma agitação de nativos em uma de suas colônias mais importantes. A Índia era imensamente importante para o comércio e a indústria britânicos, especialmente depois do fim do sistema escravista transatlântico. Na verdade, o preço do trabalho era tão barato ali que competia com a economia da escravidão, mesmo durante o funcionamento do sistema.[40] Commodities como algodão e açúcar eram cada vez mais derivadas do trabalho barato nas plantações indianas, e, portanto, a Inglaterra precisava manter a ordem naquela colônia. Então, assim como aconteceu na época em que o parlamento belga tirou o Congo de Leopoldo, quando o governo britânico incorporou a Índia como colônia, a relação comercial estabelecida não mudou. Por meio da subjugação violenta, a Índia continuou a ser drenada de seus recursos pela Inglaterra.

Em 1901, o salário de secretário de Estado indiano equivalia ao valor gasto na sobrevivência de 90 mil indianos. Em 1920, 7500 funcionários públicos britânicos na Índia recebiam anualmente um total de 20 milhões de libras em pensões. O exército britânico da Índia também era pago a partir dos impostos indianos, tendo sustentado um exército de mais de 325 mil soldados no fim do século XIX.[41] Mas roubar a Índia por meio de tributação não foi a única maneira com que a Inglaterra desindustrializou o país.

Ao manter a lógica do imperialismo ocidental, a simples brutalidade do colonialismo britânico causou enorme dano demográfico à Índia, o que incluía o tipo de genocídio para a conquista de nativos que vimos em outras partes do mundo. As doenças também matavam muito, e surtos, como epidemias de cólera, tiraram a vida de milhões. A cólera já existia na Índia antes da chegada dos ingleses, mas as invasões das tropas no interior do território estavam ligadas aos surtos, pois carregavam a doença pela região. A cólera também era uma enorme causa de mortes durante as crises de fome, pois alternavam-se períodos sem comida, criando um efeito mortal.[42] A fome na Índia foi a responsável pela maioria dos mortos ao longo do colonialismo britânico. Já discutimos brevemente a primeira crise de fome no país em 1770, mas essas tragédias continuaram a assolar a Índia colonial mesmo depois de o governo britânico retirar as rédeas da Companhia Britânica das Índias Orientais. Como explica Shashi Tharoor em seu livro *Inglorious Empire* [Império inglório],

> Nos 107 anos entre 1793 e 1900, estima-se que 5 milhões de pessoas tenham morrido contando todas as guerras do mundo, enquanto em apenas nove anos, de 1891 a 1900, morreram 19 milhões de pessoas na Índia nas crises de fome.[43]

No total, mais de 35 milhões de indianos morreram durante as crises de fome sob o regime colonial britânico. A mais infame talvez seja a segunda fome de Bengala, em 1943, que tirou a vida de 3 milhões de pessoas antes que a Inglaterra mobilizasse uma resposta apropriada. Essa fome em particular teve mais atenção pública por causa do envolvimento do herói de guerra britânico Winston Churchill.

Primeiro-ministro na época, Churchill tomou a decisão de desviar grãos da Índia, importando-os desse país assolado pela fome para a Inglaterra, com o objetivo de estocá-los para a guerra. Ele fez isso sabendo perfeitamente qual era a escala da crise. Pior ainda, a Inglaterra proibiu navios indianos de buscar comida, ou de usar suas reservas de moedas para comprar. A defesa de Churchill foi culpar os indianos por "reproduzirem-se como coelhos"; em todo caso, os britânicos logo reporiam o número. Ele tinha um desprezo tão absoluto pelo povo indiano que o secretário de Estado da Índia na época, Leo Amery (que não era nenhum antirracista declarado), uma vez disse a ele que, nos termos de sua visão dos indianos, ele não via "muita diferença entre sua perspectiva e a de Hitler".[44] Esse episódio medonho é um lembrete de como era descartável a vida dos indianos no Império, mas Churchill estava apenas dando continuidade a uma tradição bem estabelecida. O vice-rei Lord Lytton havia banido qualquer tipo de redução de preços durante as crises de fome no século XIX e, quando administradores coloniais importaram arroz para alimentar os famintos durante a fome de Orissa em 1866, a revista *The Economist* deu uma bronca neles por mandar para os indianos a mensagem que era "dever do governo mantê-los vivos".[45]

Tamanho desprezo pela vida foi visto até quando a Inglaterra saiu da Índia. O governo trabalhista de Attlee queria uma saída rápida da colônia depois da guerra, e a Inglaterra traçou apressadamente seu plano de saída. A segregação entre a maioria hindu e a minoria muçulmana havia sido alimentada pelos ingleses, já que segregar e governar era uma das melhores formas de manter o controle. A liga muçulmana, sob a liderança de Muhammad Ali Jinnah, fazia campanha por um Estado independente para a grande população muçulmana. Lord Mountbatten foi encarregado do processo e definiu o plano de dividir a Índia, criando o novo Estado do Paquistão. Você talvez o conheça como o "tio Dickie" da série *The Crown*, da Netflix, embora pela idealização dessas figuras seja pouco provável que tenha escutado falar da quantidade significativa de sangue em suas mãos pela catástrofe da Partição da Índia.

Apesar dos avisos de carnificina e crise que seriam desencadeadas com a criação de uma divisão nacional religiosa do dia para a noite, os britânicos foram em frente e, seguindo a tradição colonial, traçaram uma nova fronteira arbitrariamente. Na independência, o resultado foi o esperado: mais de 14 milhões de pessoas tornaram-se refugiadas por viverem em territórios que agora já não mais lhes era permitido habitar. Com a violência étnica que se desencadeou naquele momento, mais de 1 milhão de pessoas morreram. As mãos britânicas talvez não tenham se envolvido diretamente na carnificina, mas de forma alguma estavam limpas: os ingleses criaram de forma insensível as condições que permitiram um banho de sangue na Índia.

Sob domínio britânico, a Índia passou de um dos países mais ricos da terra para um dos mais subdesenvolvidos. A indústria têxtil foi propositalmente impedida de competir com a Inglaterra. Cidades encolheram enquanto o trabalho desaparecia. A produção e o transporte indianos também foram destruídos pelo Império para criar a supremacia britânica. Na época em que os britânicos foram embora, em 1947, a pobreza e o analfabetismo haviam se tornado regra. Foi apenas depois da independência que o país começou a crescer e prosperar, e hoje a Índia é uma das economias que mais rápido crescem no planeta, e a expectativa é que esteja entre as três primeiras em crescimento nos próximos anos.

A pobreza extrema indiana foi reduzida: de acordo com o Banco Mundial, apenas 5% da população vivia com menos de 1,90 dólar por dia em 2018, em comparação a um quarto em 2011. Na independência, o índice de alfabetização do país era de apenas 18%, e subiu para 80% em 2017, quando o ministro da Union Human Resource Development Prakash Javadekar garantiu que nos próximos cinco anos seria de 100%.[46] Numa aparente inversão da economia imperialista, a Índia voltou a manufaturar roupas para a Inglaterra e para grande parte do mundo. Mesmo o setor de aço está em crescimento: em um sinal dos tempos aparentemente pós-coloniais, uma empresa indiana, a Tata, assumiu em 2007 o que antes era a British Steel. Parte da conversa para emplacar a saída do Reino Unido da União Europeia era de que eles poderiam estabelecer acordos comerciais independentes com países como a Índia. Você pode cometer o erro de olhar para a Índia e dizer que a região tem uma história de sucesso: houve o imperialismo, mas tudo aquilo ficou no passado. No entanto, isso seria confundir uma miragem com um oásis.

De todos aqueles números prósperos, o PIB é o que mais engana. A Índia é o segundo maior país do mundo em população, com alguma distância. Apenas a China também tem mais de 1 bilhão de habitantes, e o terceiro maior país são os Estados Unidos, com mais de 300 milhões de pessoas. O PIB mede o produto interno bruto da população, e mais gente deveria levar a uma produção maior; a Índia *deveria* ter uma grande economia. A Inglaterra tem um PIB comparável ao da Índia, mas uma população de apenas 66 milhões. Se olhamos para o PIB per capita (por pessoa), a Índia está apenas em 139º no mundo. Em outras palavras, a pobreza ainda é presente. A extrema pobreza pode muito bem ter diminuído nos últimos anos, mas centenas de milhões de indianos vivem em condições inimagináveis no Ocidente. A riqueza não está sendo igualmente distribuída pelo país. Embora a retomada da produção têxtil pareça um sucesso, na verdade é o oposto. Os empregos de manufatura foram para lugares como a Índia *porque* a pobreza fez com que fosse mais barato pagar uma ninharia para trabalhadores no mundo subdesenvolvido em *sweatshops* em vez de pagar um salário mínimo decente no Ocidente. O trabalho indiano está sendo explorado por multinacionais exatamente na mesma relação que víamos sob o colonialismo. Podemos comemorar o boom no setor de serviços na Índia, mas imagine o que é uma economia em que há pessoas trabalhando em call centers a milhares de quilômetros de distância para os países ocidentais. Só é mais barato mandar esse tipo de trabalho para outros países porque o padrão de vida na Índia é muito mais baixo do que o do Ocidente. Se as condições melhorassem e os salários aumentassem o suficiente para oferecer o estilo de vida ocidental no qual vivemos com tanto conforto, os empregos que têm sustentado o assim chamado sucesso da Índia rapidamente seriam levados para a parte mais pobre do mundo. É um tipo de prosperidade estranha que depende de que milhares de pessoas do seu povo sejam pobres.

Essa pobreza tem consequências nefastas. A Índia neocolonial pode ter resolvido o problema das crises de fome, que eram tão difundidas sob o governo britânico, mas em 2018 quase 1 milhão de crianças indianas morreram antes dos cinco anos por causa da pobreza.[47] A Índia está fazendo tanto progresso quanto é possível para um país de 1 bilhão de pessoas racializadas numa ordem mundial racista. Só toleramos essa pobreza e as condições terríveis porque são impostas sobre pessoas não brancas. Fazer o trabalho sujo para que o Ocidente não tenha que fazê-lo é exatamente o valor desses corpos descartáveis que sustentam o Ocidente.

O IMPÉRIO AMERICANO

O sistema atualizado do imperialismo ocidental precisa ser entendido no contexto de países supostamente pós-coloniais como a Índia, mas também pela mudança do centro de poder da Europa para os Estados Unidos. Uma das principais mentiras que os estadunidenses contam para si mesmos é que eram vítimas da opressão colonial e se libertaram da tirania dos ingleses. Embora seja verdade que os treze estados originais fossem colônias do Império Britânico, os peregrinos foram os primeiros *expats*, pioneiros levando bravamente sua religião e a assim chamada civilização para o Novo Mundo. Abrir a fronteira americana foi o primeiro passo essencial para a construção do Ocidente. Os colonizadores americanos não apenas estão implicados, mas se beneficiaram diretamente com o genocídio fundador. O país foi construído na época sobre as costas do trabalho escravo vindo da África. Os Estados Unidos são uma colônia de povoamento na qual podemos ver a lógica do Ocidente funcionando em sua forma mais clara, menos diluída.

Quando os Estados recém-Unidos romperam com seus senhores britânicos, isso não marcou uma interrupção no progresso do Ocidente, mas uma evolução necessária. Perder a colônia acabou sendo vantajoso para a Inglaterra. O comércio com os Estados Unidos aumentou após a independência em 1783. Depois da abolição da escravidão no país, a Inglaterra desfrutava de sua superioridade moral sobre os Estados Unidos, no entanto perfeitamente satisfeita por importar produtos das plantações de escravos de lá. Durante a Guerra de Secessão dos Estados Unidos, no começo dos anos 1860, quando o Norte bloqueou os navios do Sul, houve ausência do algodão na Inglaterra, levando a uma queda profunda na indústria, com várias fábricas fechadas e pessoas desempregadas. Na Inglaterra, o impacto foi aumentar o sentimento pró-escravidão e apoiar o Sul, particularmente em lugares dependentes do algodão produzido por escravos.

Durante a guerra, Liverpool era um baluarte de apoio aos confederados, com três dos quatro jornais locais ao lado do Sul. A cidade até abrigou um Confederate Bazaar [Bazar Confederado] em 1864 para arrecadar dinheiro para os prisioneiros de guerra do Sul. O bazar aconteceu no grandioso salão de Saint George, e contou com o comparecimento de homens de negócios proeminentes, aristocratas e o membro local do Parlamento. O *Liverpool Daily Courier* chamou o evento de "um sucesso triunfante", pois arrecadou 20 mil libras (mais de 2,5 milhões de libras hoje) e contou com um público de milhares de pessoas.[48]

Em 1850, 40% das exportações britânicas, ao menos três quartos, eram bens derivados de algodão, e, em alguns anos, 95% da matéria-prima importada nas docas de Liverpool vinham de plantações dos Estados Unidos.[49] New Orleans tinha o maior mercado de africanos escravizados por causa de sua relevância na relação entre as plantações de algodão dos Estados Unidos e as fábricas no norte da Inglaterra. Os Estados Unidos também eram um mercado essencial para a indústria britânica, e um destino para o capital financeiro, que fazia dele, com efeito, mais importante do que qualquer parte do Império Britânico. A longo prazo, a Inglaterra manteve relação especial com sua ex-colônia, aproveitando-se da glória do novo centro do imperialismo ocidental.

Além de ser uma colônia de povoamento, os Estados Unidos foram e continuam sendo uma força colonial no sentido clássico da palavra. Em momentos diferentes, Porto Rico, Filipinas, Havaí, Haiti, República Dominicana, Guam e Samoa foram colônias estadunidenses. O Havaí foi incorporado ao país, Porto Rico tem status particular que não é nem bem uma colônia nem um estado, e as Ilhas Virgens continuam sendo colônia até hoje. Os Estados

Unidos deram até mesmo aquele passo bem europeu de estabelecer uma colônia na África.

A Libéria foi fundada em 1847 com a intenção de resolver o suposto problema racial que seria resultado do fato de milhões de pessoas antigamente escravizadas estarem andando livres pelos Estados Unidos. A ideia era repatriar a população negra na Libéria, e assim limpar o país.[50] A Libéria era formalmente um Estado livre governado por afro-estadunidenses que, com o apoio das forças armadas dos Estados Unidos, subjugaram os nativos da área para estabelecer sua nova pátria. Na verdade, a Libéria era uma colônia dos Estados Unidos, inteiramente dependente da metrópole em recursos, apoio militar e comércio. Criada para extrair os recursos do novo país, a Libéria só foi desenvolvida até o ponto em que isso beneficiava, mantendo o padrão do restante do continente. As empresas estadunidenses foram em bando para a Libéria ganhar fortunas, e o subdesenvolvimento era um elemento essencial desse processo. Se a Libéria tivesse se industrializado, teria desafiado o domínio ocidental sobre o continente.[51] Além de usar a colônia para enriquecer a metrópole, a Libéria também era uma ferramenta para interesses estadunidenses mais amplos na região.

Uma das principais razões para uma abordagem mais revolucionária da unidade africana nunca ter acontecido depois que a maioria dos países ganhou sua independência foi que alguns deles, incluindo Nigéria, Etiópia e a maior parte da África francófona, eram fundamentalmente opostos a uma verdadeira unificação do continente. Em vez disso, buscaram as armadilhas da soberania do Estado-nação e da manutenção de relações próximas com seus patrocinadores no Ocidente. Não é coincidência que esse grupo tenha sido chamado de "bloco da Monróvia", em referência à capital da Libéria, local de seu primeiro encontro em 1961.[52] Dada a importância dos recursos da África, os Estados

Unidos e o resto do Ocidente estavam apavorados com a ideia de uma visão radical da unidade política africana. O presidente liberiano William Tubman encabeçou as iniciativas bem-sucedidas de bloquear propostas radicais de mudança, e o país foi muito mais longe no cumprimento das ordens de seu mestre colonial.

Em 1975, o presidente William Tolbert ignorou a proibição imposta pela Organização da Unidade Africana e recebeu o primeiro-ministro da África do Sul do apartheid, John Vorster. O encontro dos chefes de dois Estados clientes dos Estados Unidos na África foi mais do que apenas simbólico. A Libéria também era usada como base das operações da CIA no Chade, em apoio ao senhor da guerra Hissène Habré em 1982, e mais recentemente para as iniciativas estadunidenses de depor Gaddafi na Líbia.[53]

O uso que os Estados Unidos fizeram da Libéria como posto militar avançado é apenas parte de um plano muito mais amplo da política externa colonial estadunidense. Para consolidar seu poder por todo o mundo, os Estados Unidos têm mais de oitocentas bases militares em mais de setenta países. A África não é exceção: há ao menos 34 bases estadunidenses no continente.[54] Em 2007, os Estados Unidos anunciaram suas intenções na África lançando seu Africa Command, conhecido como Africom. O presidente George W. Bush explicou que o objetivo era "nosso esforço para trazer paz e segurança às pessoas da África e promover nossos objetivos comuns de desenvolvimento, saúde, educação, democracia e crescimento econômico na África".[55] A intenção neocolonial da operação está contida na citação, do paternalismo de querer "trazer paz e segurança" ao continente à lista de aspirações que a missão quer cumprir. A Africom se destaca de outras operações dos Estados Unidos por seus objetivos amplamente não militares. A retórica oficial faz parecer mais uma agência de assistência do que um exército. O fato de os Estados Unidos acreditarem que precisam da potência do seu poder militar para "trazer" prosperidade para o continente não surpreende.

Missões civilizatórias nas colônias sempre foram feitas à mão armada. Devemos também encarar essas intenções nobres com ceticismo. A África é uma fonte importante de petróleo e outros minerais, e a presença da Africom parece ter como objetivo garantir a segurança da extração desses produtos, em vez de promover uma supremacia continental autêntica. Também se deve notar que mesmo os líderes africanos reacionários que governam o continente hoje têm receios em relação à Africom. Nenhum país aceitou as investidas estadunidenses para sediar o quartel-general de operações, que é chefiado a partir de Stuttgart, na Alemanha. Um comando militar dos Estados Unidos para a África, chefiado da Alemanha, oferece todas as pistas simbólicas de que precisamos para entender sua natureza.

Grande parte do imperialismo dos Estados Unidos é o poder que ele exerce como a força policial exclusiva do mundo. O estabelecimento da Africom tem como objetivo aumentar o alcance dessas redes e permitir que os Estados Unidos ataquem por todo o mundo. Já vimos o uso do poder real dos Estados Unidos, com a Africom encabeçando a coalizão das forças ocidentais para derrubar Gaddafi, uma ação militar que foi expressamente contra os desejos da União Africana (que substituiu a Organização da Unidade Africana).

A invasão ao Iraque em 2003 foi a expressão neocolonial de *hard power* mais flagrante do século XXI. Fonte essencial de petróleo e uma defesa estratégica contra o Irã, o Iraque tem sido uma peça importante no domínio ocidental sobre o Oriente Médio. Saddam Hussein já foi um aliado importante do Ocidente; na verdade, cresci passando de carro em frente à mesquita Saddam Hussein em Birmingham, construída em homenagem ao ditador. Pouco depois da Segunda Guerra do Golfo, a mesquita mudou de nome, pois a Inglaterra estava tentando criar uma nova narrativa a respeito de seu envolvimento na região. Se encaramos a guerra como legal ou moral é uma questão importante, mas o indiscutível é que ela refletia o direito do Ocidente, liderado pelos Estados Unidos, de impor sua vontade sobre outras partes do mundo. Não havia mandato global para a invasão — não havia nem mesmo um acordo no Ocidente —, porém ainda assim aconteceu. O resultado foi a desestabilização do Iraque e o crescimento do Estado Islâmico, que rapidamente se tornou o novo bicho-papão do Ocidente. Da mesma forma que os Estados Unidos não tentaram criar a Al-Qaeda como um grupo terrorista que mataria milhares de pessoas em Nova York, a criação de seus descendentes também não foi um ato consciente. Mas, por mais que ambos os grupos tenham sido prejudiciais para o Ocidente, serviram perversamente para a expansão do império militarista comandado pelos Estados Unidos.

Antes da guerra no Iraque, a invasão ao Afeganistão foi apoiada pelo mundo ocidental para derrubar o regime do Talibã que dava refúgio para a Al-Qaeda. O Iraque nunca esteve envolvido no Onze de Setembro, portanto foi necessário um pretexto diferente para expandir a missão. Mas, sem a presença inicial no Afeganistão, é muito improvável que a invasão do Iraque tivesse acontecido, independentemente de quantas armas de destruição em massa os Estados Unidos imaginavam que Saddam Hussein estivesse guardando. A Al-Qaeda forneceu o pretexto para uma reformulação das relações no Oriente Médio, uma das regiões mais importantes para o Império dos Estados Unidos, que investiu pesadamente em sua aventura neocolonial. Os Estados Unidos podem ter gastado até 3 trilhões de dólares apenas no Iraque,[56] sem falar nas grandes quantias que aliados como a Inglaterra investiram na invasão. Parte dessa despesa gigantesca deveu-se à arrogância colonial: a ideia de que aqueles países chinfrins rapidamente se curvariam ao poder militar ocidental.

A imagem de George W. Bush filho pousando num caça no porta-aviões *USS Abraham Lincoln* em 1º de maio de 2003, para inaugurar uma faixa de "missão comprida", é o símbolo mais óbvio da húbris do Império Estadunidense. A guerra só terminaria de fato mais de oito anos depois, e a região ainda está caótica. Como aconteceu em qualquer lugar onde o colonialismo esteve, também houve resistência, os Estados Unidos e seus aliados passaram anos presos num conflito que tirou a vida de milhares de tropas ocidentais. Mas o sangue e o tesouro valeram a pena. A invasão renovou o controle ocidental sobre os recursos da região e consolidou uma nova fronteira do Império Estadunidense.

O ataque ao World Trade Center levou, imediatamente em outubro de 2001, à assinatura do Patriot Act, que foi muito criticado por permitir a violação de liberdades civis domésticas de qualquer pessoa supostamente ligada ao terrorismo. Mas o Patriot Act, e outras leis que passaram na rebarba do Onze de Setembro, deu aos Estados Unidos a possibilidade de ganhar mais para seu império global. Depois dos ataques, o governo congelou os bens de qualquer grupo suspeito de financiar o terrorismo fora do país. Foram impostas sanções sem a necessidade de julgamento nem de muitas provas. O bloqueio era generalizado e cobria todos "os aspectos do apoio financeiro, incluindo comida e assistência médica".[57] Como resultado, os bens de várias instituições de caridade islâmicas foram congelados, sem importar se elas estavam de fato financiando terrorismo. O impacto dessas decisões foi sentido não apenas pelos que necessitavam de auxílio, mas também pode ter contribuído diretamente para a crise financeira na Somália.

Como é o caso de muitos países subdesenvolvidos, a Somália depende de remessas de sua diáspora. Uma grande proporção dessas remessas era feita por meio da Al-Barakaat, uma empresa muçulmana de transferência de dinheiro que os Estados Unidos arruinaram financeiramente "apesar da falta de provas, julgamento ou condenação".[58] O colapso da empresa fez a Somália entrar em parafuso em termos econômicos. Todavia, os ataques econômicos do Império dos Estados Unidos foram o lado mais brando da ofensiva como um todo.

Junto com as enormes operações militares no Iraque e no Afeganistão, os Estados Unidos também aumentaram sua militarização em toda a região, e além. Tornou-se norma a extradição extraordinária de indivíduos para locais obscuros, que estavam além da jurisdição da lei internacional, onde eles eram posteriormente torturados. Quase oitocentas pessoas foram presas na baía de Guantánamo, inclusive cidadãos britânicos. A maioria acabou sendo solta sem acusação. Apesar da promessa do presidente Obama de fechar a baía em até um ano depois de sua posse, em 2009, no momento em que escrevo ainda há pessoas presas lá. A CIA intensificou sua atividade por todo o mundo e legitimou o uso de ataques de drones para matar suspeitos de terrorismo sem necessidade de nenhum tipo de recurso como prisão ou julgamento. O aparato de segurança dos Estados Unidos se estendeu ao redor do globo, e estabeleceu precedentes para o uso da força que lembram os velhos tempos coloniais. Estimou-se que, desde o começo da "Guerra ao Terror", entre 244 124 e 266 427 civis tenham sido mortos no Afeganistão, no Iraque e no Paquistão, os três alvos principais da missão estadunidense. Além disso, mais de 100 mil membros dos exércitos locais e das forças policiais perderam a vida.[59] Nem todas essas mortes foram consequência direta de um gatilho puxado ou de uma bomba jogada pelas forças armadas dos Estados Unidos, mas são resultado de sua agenda neocolonial na região. O desprezo por vidas que não são brancas pode ser visto nos ataques de drones que têm como alvo suspeitos de "terrorismo" no Afeganistão, no Paquistão, no Iêmen e na Somália. Entre 8858 e 16 901 pessoas foram assassinadas por controle remoto, incluindo em torno de 2200 civis, dos quais ao menos 454 eram crianças.[60] O imperialismo estadunidense industrializou e legitimou a matança de civis racializados, inclusive crianças, na busca por seus objetivos.

A característica-chave da expansão do Império dos Estados Unidos lembra as formas mais antigas de colonialismo: da fortuna que os Estados Unidos despenderam com a invasão do Iraque, um terço foi gasto empregando militares particulares, muitas vezes ex-soldados pagos por uma companhia privada para lutar na guerra. Dessa forma, há muito menos investigação e prestação de contas por suas ações. A maior força no Iraque, com exceção do Exército dos Estados Unidos, era a milícia privada, paga com o dinheiro dos impostos dos estadunidenses. O Iraque é apenas um exemplo dessa tendência mundial. Milícias privadas operam em mais de noventa países, acumulando orçamentos de mais de 100 bilhões de dólares.[61] Não apenas fizeram um assassinato financeiro do conflito no Iraque, mas também tiveram enormes lucros com a reconstrução. Contratos de pelo menos 138 bilhões de dólares foram entregues a empresas privadas para reconstruir o estrago causado pela guerra imposta pelos Estados Unidos. O que foi mais controverso é que uma delas, antes chefiada pelo então vice-presidente Dick Cheney, foi a mais recompensada por essa privatização da reconstrução do Estado, recebendo contratos no valor de 39,5 bilhões de dólares.[62] O capitalismo, desde as viagens de Colombo até as empresas proprietárias de escravos, as corporações coloniais terceirizadas e os gerentes de fundos de hedge hoje, baseia-se na prática de o Estado pôr a mesa para que os interesses privados encham a barriga.

Impérios ocidentais facilitaram a pilhagem de várias partes do mundo, subdesenvolvendo países supostamente atrasados para que o Ocidente pudesse continuar lucrando. O mito do empresário que assume riscos é central para justificar a desigualdade chocante produzida pelo sistema, e também tem suas raízes na lógica colonial. Na verdade, a ideia é essencial para os ideais iluministas de progresso, que identificam o homem branco racional e individual como aquele que abre o caminho para o progresso capitalista. Aqui, ignora-se o papel que vários Estados tiveram ao virar o jogo a tal ponto a seu favor que seria desculpável acreditar que é natural a riqueza cair nas mãos do Ocidente. A versão atual do Império dos Estados Unidos é apenas a última maneira, e a mais eficiente, de conduzir o imperialismo ocidental.

5. O nascimento de uma nova era

Depois da Segunda Guerra Mundial, a versão inicial do imperialismo ocidental já não podia mais continuar a atuar da maneira como vinha fazendo nos últimos séculos. A competição entre os Estados-nação europeus para dominar o mundo levou à perda de milhões de vidas e faliu aqueles tronos do império. As grandes potências europeias simplesmente não tinham mais recursos para controlar e manter diretamente suas colônias. Pior ainda, as duas guerras mundiais foram realmente globais e os nativos que haviam lutado aos milhões pelas metrópoles estavam agitados. Exigiam liberdade e tinham a experiência do combate armado para conquistá-la. O v Congresso Pan-Africano, que reuniu líderes de movimentos da resistência de toda a África e da diáspora, aconteceu em Manchester em 1945. Pela primeira vez na história de 45 anos do movimento, os delegados da África, do Caribe e das Américas proclamaram suas exigências de plena independência da África do domínio europeu.

Os dias estavam contados, e os impérios que haviam definido o mundo corriam o risco de desabar. Na verdade, na imaginação popular se pensa que foi exatamente isso o que aconteceu. A Europa precisou, fosse como resposta à resistência armada pelos nativos ou por um processo supostamente benevolente, conceder independência a suas colônias no fim das contas. A velha lógica de dominação racial derreteu, levando ao mundo globalizado no qual habitamos hoje.

Infelizmente, essa versão da história é um mito completo. Em vez de marcar o começo do fim do capitalismo ocidental, a Segunda Guerra Mundial levou a uma atualização do sistema que mudou o modo de execução da ordem social racista e injusta, mas manteve toda a sua lógica. Ao reiniciar o sistema, ela pôde continuar existindo, em muitos sentidos com mais sucesso do que com a primeira versão desatualizada. Na visão de mundo iludida de historiadores como Niall Ferguson, as formas brutais de opressão colonial na versão mais antiga do imperialismo ocidental fizeram mais bem do que mal, representando uma espécie de "imperialismo liberal" que levou luz a partes atrasadas do mundo.[1] Esses argumentos são distorcidos, perigosos e equivocados, como vai entender qualquer leitor dos capítulos anteriores. Sem querer, no entanto, Ferguson tropeça na expressão perfeita para captar a forma atualizada do sistema que surgiu depois da Segunda Guerra Mundial: imperialismo liberal. A encarnação atual do Império Ocidental se apresenta como se trabalhasse pelo bem da humanidade enquanto mantém a lógica colonial sobre a qual foi fundada.

Antes mesmo do fim da Segunda Guerra Mundial, planos estavam sendo criados para atualizar o sistema colonial. Depois da carnificina da Primeira Guerra Mundial e a subsequente Grande Depressão, ficava claro que o sistema era instável mesmo antes da ascensão da Alemanha nazista. Para passar a um sistema mais sustentável de imperialismo, o Ocidente percebeu que precisava ir além do formato comandado pelo Estado-nação que, até aquele ponto, havia sido sua característica dominante.

A colaboração entre poderes ocidentais *sempre* foi um atributo central do surgimento da ordem racial atual. Estados-nação europeus simplesmente não poderiam ter dominado o mundo sem cooperação e coordenação sistemática. Mas isso ainda era feito sobre o estandarte do Estado-nação, com competição e guerras como uma realidade implacável. Dada essa história, nem a explosão da Primeira Guerra Mundial nem a da Segunda foram grande surpresa.

Depois que os alemães perderam em 1918, suas colônias foram divididas entre os aliados. Isso se tornou fonte essencial da frustração nacional que contribuiu para a ascensão de um nacionalismo extremamente racista, o nazismo. Ter os Estados-nação ocidentais em guerra uns com os outros era ruim para os negócios de exploração mundial, e, portanto, era necessária forma mais substancial de unidade. A Liga das Nações, fundada em 1920, foi a primeira tentativa. Ela estava fadada ao fracasso porque, embora o presidente Woodrow Wilson fosse um de seus principais proponentes, os Estados Unidos nunca fizeram parte dela, por causa da oposição no Congresso. O fato de que os Estados Unidos fossem fundamentais para que a aliança funcionasse também marcou uma mudança crucial no centro do imperialismo ocidental. Em 1920, embora a Europa ainda controlasse a maior parte do mundo, o palco estava pronto para que os Estados Unidos se tornassem o coração do Império Ocidental. A riqueza e o poder estadunidenses eram a definição da lógica colonial e da colaboração europeia. Tratava-se de um país formado no genocídio e construído pelo trabalho escravo para oferecer uma nova fronteira para povos de toda a Europa. Os Estados Unidos estavam imersos na riqueza acumulada no primeiro estágio do imperialismo ocidental e prontos para comandar a transição para a nova ordem mundial.

Quando os Estados Unidos decidiram abandonar a postura isolacionista e assumir seu lugar no palco mundial, fizeram isso com base na mesma visão grandiosa que em grande parte permanece intacta hoje. Embora o bombardeio japonês de Pearl Harbor tenha sido o ato de agressão que, por fim, empurrou os Estados Unidos para a Segunda Guerra Mundial, o palco já havia sido montado antes. Em agosto de 1941, Churchill e Roosevelt assinaram a Carta do Atlântico, que não era um tratado ou um documento vinculante, e estava mais para uma declaração dos princípios que governariam os negócios mundiais depois que os nazistas fossem derrotados. Os oito princípios da Carta foram projetados para criar uma paz duradoura e até incluíam o "abandono do uso da força", que, dado o império governado pela Inglaterra na época, teria sido um novo princípio notável, se eles tivessem a intenção de aplicá-lo nas colônias.[2] Na verdade, toda a Carta pode ser lida como um manifesto anticolonial, prometendo que "os países não busquem nenhum engrandecimento, seja territorial ou outro"; "nenhuma mudança territorial que não esteja de acordo com os desejos livremente expressos dos povos em questão"; e "o direito de todos os povos a escolher a forma de governo sob a qual viverão". Quer a Inglaterra gostasse ou não, uma vez professados, os princípios consagrados nesses documentos foram usados pelos movimentos de libertação decolonial tanto nas colônias quanto nas metrópoles. Quando Malcolm X fundou a Organização da Unidade Afro-Americana em 1964, explicou que eles eram parcialmente "inspirados pela" Carta do Atlântico em sua busca por autodeterminação.[3]

Além de inspirar movimentos de libertação, a Carta tornou-se base da ONU, criada em 1945 para realizar objetivos de cooperação nacional, paz mundial e segurança. Ao manter a estrutura do Estado-nação, a ONU conseguiu convencer os países a assinar e concordar com os princípios gerais de colaboração. Como cada membro tem voto, a ONU é vista como um local onde a maioria global, ou seja, os países que não são do Ocidente, pode ter sua voz. Como organização, a ONU realmente fez coisas boas no mundo subdesenvolvido, encabeçando programas de desenvolvimento e trabalhando para reduzir problemas como mortalidade infantil. Mas não se engane com a fachada de internacionalismo. Não é coincidência que a ONU tenha sido concebida originalmente por ingleses e estadunidenses, nem que seu quartel-general esteja em Nova York. A principal função da ONU sempre foi ajudar na transição do velho sistema do imperialismo para o novo. Nada podia ser uma prova mais contundente disso do que a farsa do verdadeiro corpo de tomada de decisão na ONU.

A Assembleia Geral, com seu "um país, um voto", pode muito bem ser o espaço perfeito para discursos grandiosos denunciando o colonialismo, mas todo o poder de fato está no Conselho de Segurança, composto de cinco membros permanentes: França, Federação Russa, Reino Unido, Estados Unidos e China; além disso, mais dez países eleitos para mandatos de dois anos. Na época em que a ONU foi fundada, tecnicamente a Rússia não estava no Ocidente; naquele momento, era o maior Estado da União Soviética e o alicerce do bloco comunista. A União das Repúblicas Socialistas Soviéticas (URSS) era sem dúvida uma grande potência e, como os soviéticos haviam sido cruciais na derrota dos nazistas, não podia ser excluída. E, claro, a diferença do comunismo em relação ao Ocidente na questão fundamental da ordem racial global é apenas uma questão de grau. A China se destaca como o único país não branco no conselho, mas também foi uma aliada essencial durante a guerra e absolutamente cúmplice do capitalismo racial para se desenvolver. Não ser branco nunca significou automaticamente se opor à lógica colonial da supremacia branca.

Os membros permanentes do Conselho de Segurança têm o direito ao veto sobre resoluções substanciais, e é por isso que a Guerra do Iraque nunca foi declarada ilegal pela ONU. Esse poder supremo determina que os cinco membros permanentes deem forma à tomada de decisões da organização. Como nem a Rússia nem a China continuam sendo comunistas em qualquer sentido significativo, a dominação dos interesses ocidentais na ONU é indiscutível agora. A ONU é a instituição global com a melhor reputação do mundo, mas está inextrincavelmente presa ao FMI e ao Banco Mundial, cujos nomes evocam medo por todo o mundo subdesenvolvido. Na verdade, o artigo 5º da Carta do Atlântico fala sobre o "desejo de promover a mais completa colaboração entre todos os países no campo econômico", que se tornou a fronteira mais importante do sistema global atualizado do imperialismo ocidental.

Em 1944, foram plantadas as sementes para o FMI, o Banco Mundial e a OMC na Conferência de Bretton Woods em New Hampshire. Depois eles foram chamados de "trindade profana", que desenvolveu um "regime" de controle financeiro sobre o mundo.[4] Assim como na ONU, a Inglaterra e os Estados Unidos encabeçaram o estabelecimento tanto da reunião quanto das instituições globais subsequentes. O objetivo expresso da Conferência era reformular a ordem mundial depois da guerra. Mantendo a tradição, a sede do FMI e do Banco Mundial ficam nos Estados Unidos, ambas em Washington, DC. O relacionamento especial cruzando o Atlântico era mais do que apenas simbólico, representava uma passagem de bastão do antigo centro do imperialismo ocidental para o novo. A Inglaterra e os Estados Unidos gastaram dois anos planejando a estrutura da nova ordem mundial antes da Conferência, e o objetivo do encontro era simplesmente ratificá-la. Para manter a aparência de um acordo global, 44 países compareceram, mas apenas quinze mandaram seus ministros das finanças. Demonstrando como era central no processo, a Guatemala mandou um estudante de pós-graduação em economia. Como prova da índole dos arquitetos do novo sistema, John Maynard Keynes, o economista britânico que foi essencial na Conferência de Bretton Woods, havia se esforçado para restringir a participação de países que não fossem os Estados Unidos e a Inglaterra, "temendo que o resultado seria uma 'grande casa da mãe joana' se todos os aliados da guerra fossem convidados".[5] O regime financeiro ratificado na Conferência representava, portanto, as prioridades econômicas dos Estados Unidos, levemente conduzidas pela Inglaterra, em vez de qualquer tipo de aliança global unificada.[6]

O domínio estadunidense não surpreende, dado o contexto. A Europa estava falida e esgotada depois de anos de guerra, enquanto a economia dos Estados Unidos estava em alta. Eles usaram a oportunidade para estabelecer seu lugar na liderança no período pós-guerra, particularmente dando auxílios equivalentes a 100 bilhões de dólares para países da Europa Ocidental impactados pela guerra no Plano Marshall em 1948. Além de dar assistência diretamente à Europa, os Estados Unidos também forneceram a maior parte do financiamento para estabelecer as novas instituições econômicas mundiais.

O FMI começou a operar em 1947, e seu principal propósito no início era oferecer empréstimos para estabilizar as economias do Ocidente e promover a colaboração entre os países. A França foi o primeiro país a pegar um empréstimo do FMI e, entre 1947 e 1971, a Inglaterra sacou 7,25 bilhões de dólares.[7] Havia cinco acionistas originais: os Estados Unidos, a Inglaterra, a França, a Alemanha e o Japão. O direito de voto dependia da quantidade de dinheiro com a qual o país contribuía, e o tamanho da participação dos Estados Unidos em 1947 dava a eles o poder efetivo de veto sobre o fundo. Os Estados Unidos estavam dispostos a investir tanto dinheiro para estabilizar as potências ocidentais porque era algo de seu interesse econômico, e isso mudou o centro da economia global para o outro lado do Atlântico. Também era de seu interesse político e econômico lutar contra a disseminação do comunismo. Se a Europa fosse infectada pela ameaça vermelha, o sistema econômico cuja liderança fora herdada pelos Estados Unidos podia chegar ao fim.

Depois de 1971, o papel do FMI mudou significativamente. Naquele ponto, as economias ocidentais haviam em grande parte se recuperado da guerra, mas havia um novo problema. O Ocidente sempre dependeu da exploração do mundo subdesenvolvido, todavia, por volta dos anos 1970, a maior parte das antigas colônias era independente. Havia, além disso, um grande medo de que elas se voltassem para o comunismo, o que também acabaria com o domínio econômico do Ocidente, dada sua dependência da lógica do império. Não devemos fingir que as velhas formas de coerção não foram tentadas nesse período mais liberal do imperialismo. Muitos países precisaram conquistar sua liberdade pela luta armada, e em regiões como Moçambique e Angola a colonização direta foi uma agonia brutal para os nativos. Líderes radicais foram assassinados para que regimes fantoches corruptos fossem instaurados. Os Estados Unidos também começaram campanhas violentas para impedir a difusão do comunismo, levando a violência do período colonial a lugares como o Vietnã e a Coreia. Mas, para a maior parte, os métodos de controle da nova era do império eram financeiros, e o FMI teve papel crucial.

O colonialismo havia subdesenvolvido os países recém-independentes. Eles não tinham infraestrutura básica e estavam empobrecidos pela exploração colonial. Depois da assim chamada independência, as práticas de comércio neocoloniais garantiram que, ainda que eles fossem ricos em recursos, como a maioria dos países africanos, a riqueza estivesse nas mãos de multinacionais estrangeiras. A independência foi conquistada por Estados-nação individuais que eram pequenos demais para exercer qualquer influência na esfera mundial. A maior parte dos países subdesenvolvidos se viu afundada em dívidas pouco depois da miragem de sua libertação, e o FMI estava bem a postos para ajudá-los com empréstimos. Ao contrário daqueles dados aos países ocidentais, no mundo subdesenvolvido esses empréstimos tinham condições rígidas; o FMI pedia algo em troca. A suposição predominante era de que os países haviam se endividado por suas ações econômicas inadequadas. Para que as economias prosperassem e, portanto, pagassem os empréstimos, precisariam fazer ajustes estruturais. A ortodoxia do que aparentemente faz uma economia ser bem-sucedida inclui abolir os controles de importação, impor austeridade para reduzir o tamanho do Estado, desvalorizar a moeda e abrir as portas para investidores privados estrangeiros.[8] Os países, desesperados por apoio, continuaram a se submeter voluntariamente a essas condições porque não tinham mais a quem recorrer.

O que na superfície parecia um resgate financeiro na verdade era interferência direta na tomada de decisões políticas de países subdesenvolvidos. Reduzir o gasto público é um eufemismo para cortar empregos e privatizar serviços, fazendo com que eles encareçam nos países mais pobres do mundo. Consequentemente, as políticas do FMI causaram greves e rebeliões por todo o mundo subdesenvolvido. Em 1976, explodiram protestos na Argentina depois que os salários do governo foram congelados. Em 1981, houve uma greve geral no México depois que os subsídios governamentais para alimentação foram retirados. A retirada dos subsídios da gasolina trouxe revoltas para a Nigéria em 1988. Houve tumultos no Egito em 1997 e na Indonésia em 1998 depois que os subsídios dos alimentos foram retirados ou reduzidos. A decisão de deixar os pobres ainda mais pobres é tomada com a frieza que só uma burocracia global poderia produzir.

Há provas de que o envolvimento do FMI em países subdesenvolvidos é negativo. Um estudo de 135 países beneficiários descobriu que aceitar dinheiro do FBI aumentava significativamente a desigualdade de renda.[9] O ajuste estrutural tem um efeito negativo sobre o emprego das mulheres.[10] Empréstimos do FMI levam a taxas de suicídio mais altas em países que os aceitam.[11] Os empréstimos do FMI também reduzem os direitos humanos do país beneficiário, aumentando especificamente a incidência de tortura e de assassinatos extrajudiciais.[12] Todo o objetivo da intervenção do FMI é supostamente salvar economias em dificuldade, mas crises financeiras são uma característica constante dos beneficiários do FMI.[13]

"Ajuste estrutural" é um termo muitas vezes associado com a América Latina, onde uma crise de dívida dos anos 1980 desencadeou um choque econômico por todo o continente. A raiz do problema era que, particularmente por um acentuado crescimento no preço do petróleo, para equilibrar suas contas os países latino-americanos haviam pegado emprestado dinheiro de bancos e governos ocidentais e não foram capazes de pagar os juros de suas dívidas externas. Por exemplo, em 1982 a Bolívia estava gastando 15% de seu PIB em pagamentos de dívidas, uma posição claramente insustentável. Mas a Bolívia não foi tratada de forma tão severa pelo FMI por razões que revelam as verdadeiras motivações para a intervenção financeira ocidental.

Embora a Bolívia tivesse um dos piores índices de endividamento entre todos os países, como era pequeno e pobre, a dívida absoluta era relativamente baixa: devia apenas 44 milhões de dólares para os bancos ocidentais. A Argentina, por outro lado, estava gastando 4,5% de seu PIB no pagamento de juros, mas, como um país mais rico e maior, tinha uma dívida total de 45 bilhões de dólares.[14] Parece óbvio que as duas economias eram muito diferentes e não exigiriam a mesma receita, mas o FMI impôs o ajuste estrutural na Argentina de forma impiedosa e dura mesmo assim. O objetivo dessas políticas não era resolver os problemas das economias beneficiárias, mas garantir os interesses ocidentais. A Argentina devia muito mais dinheiro para o Ocidente e precisava ser apertada para garantir que fosse ser pago.

Outro motivo para a aplicação indiscriminada das prescrições do FMI é que, desvalorizando a moeda, privatizando os serviços e abrindo a economia para investimento estrangeiro direto, o ajuste estrutural deixa os países que recebem prontos para uma aquisição por parte dos interesses ocidentais. O capital global foi auxiliado em sua expansão por todo o mundo saqueando economias inteiras para encher os cofres do capital financeiro ocidental.[15] Na América Latina, os anos 1980 são chamados de "a década perdida" por um bom motivo: a inflação de três dígitos, a austeridade compulsória e a pobreza tiveram influência devastadora na região. O México foi um dos países mais atingidos pela crise da dívida e pelo regime financeiro internacional: o impacto foi tão forte que a economia ainda não havia se recuperado completamente duas décadas depois, permanecendo 30% abaixo de onde deveria estar.[16]

A ideia de que organizações como o FMI agem apenas com base em sólidos princípios econômicos é um conto de fadas. A organização tem sede em Washington e é financiada por governos ocidentais, e depende deles a quantidade de dinheiro a ser investida. O tratamento mais favorável dado à Bolívia pelo FMI expõe os incentivos políticos por trás das ações do regime financeiro ocidental. Os Estados Unidos são a maior fonte de financiamento, e as prioridades do FMI estão alinhadas com os donos do cofre. Nos anos 1980, os Estados Unidos travaram uma "guerra contra as drogas" na América Central e do Sul, embora o ataque aos produtores da folha de coca tenha dizimado a vida de um quarto de 1 milhão de fazendeiros e suas famílias que dependiam do plantio.[17] A Bolívia era uma aliada crucial naquela guerra e, como recompensa por sua fidelidade aos interesses americanos, recebeu tratamento um pouco mais indulgente do FMI. Também foi o caso do monstruoso regime de Pinochet no Chile, que recebeu tratamento preferencial nas negociações com o FMI, depois de tomar o poder com um golpe de Estado apoiado pela CIA contra o líder socialista Salvador Allende em 1973.[18] Sempre vale a pena lembrar os ditadores e os déspotas com políticas tão bem alinhadas ao Ocidente.

A história do FMI como ferramenta política não se restringe, de forma alguma, à América Latina: negociações preferenciais foram usadas para impedir o Paquistão de se armar com armas nucleares, assim como para induzir o apoio da Turquia à Guerra do Golfo.[19] Os países no mundo subdesenvolvido que votam com mais frequência com os Estados Unidos na ONU também recebem um acordo melhor do FMI.[20] A nova era do imperialismo trabalha com base nesse regime de intervenção financeira, que saqueia as economias do mundo subdesenvolvido para apoiar os interesses do Ocidente.

Pode ser tentador argumentar que o FMI age de boa-fé, ainda que mal concebida, e que os países estão endividados porque suas economias são mal geridas e eles precisam de apoio para fazer os ajustes corretos, como um caminho para se tornarem utopias capitalistas altamente desenvolvidas. Mas o Ocidente não é rico por sua genialidade, democracia e capitalismo. Ele é abastado porque expropriou a riqueza do mundo subdesenvolvido: o Resto é pobre *porque* o Ocidente é rico. Países recém-independentes de um jeito ou de outro acabariam em dificuldade e precisando pegar empréstimos do Ocidente, que só tinha recursos para emprestar porque haviam saqueado do Resto. A dívida do Terceiro Mundo é obscena em todos os níveis. É como se eu tivesse roubado seu dinheiro, depois, quando você não conseguisse pagar as contas, oferecido um empréstimo consignado com taxas de juros extorsivas, enquanto lhe dou uma bronca por gerir mal suas finanças pessoais, e por fim ainda forço você a gastar o dinheiro do jeito que mais me beneficie. O Ocidente nunca pode ser a solução para a pobreza global porque é a causa dela. Os lugares no mundo subdesenvolvido que fizeram os maiores avanços desde o começo da nova era do império são aqueles que tiveram no mínimo um apoio do Ocidente.

Antes do fim dos anos 1990, a Ásia Oriental era vista como um milagre de desenvolvimento econômico. Coreia, Tailândia, Malásia, Filipinas e Indonésia haviam passado por três décadas de crescimento econômico e redução da pobreza. Ao contrário da sabedoria econômica do Ocidente, isso não havia sido conquistado seguindo os ditames do Consenso de Washington, porque eles não seguiram.[21] Em particular, naqueles países o Estado se envolveu muito na transformação econômica, e a liberalização econômica e privatização aconteciam lentamente.

No fim da Guerra da Coreia em 1953, a Coreia do Sul era mais pobre do que a Índia, mas por volta de 1990 tornou-se tão bem-sucedida que era membro da Organização para a Cooperação Econômica e o Desenvolvimento (OCDE), um grupo de países, em sua maioria ocidentais, encarregado de estimular o comércio econômico e o assim chamado progresso global. Tudo isso foi feito com pouco investimento estrangeiro direto, embora de fato tenha se baseado em empréstimos de bancos ocidentais. Nunca devemos nos esquecer de que o tal progresso de países como a Coreia do Sul é construído sobre sua integração no mecanismo do imperialismo ocidental. Além de incluir desigualdades profundas dentro de suas fronteiras, isso também quer dizer alimentar-se da recompensa da supremacia branca mundial. Fazer negócio com o diabo tem suas consequências, como muitos dos países da Ásia Oriental descobriram no fim dos anos 1990.

Em 1997, especuladores de câmbio baixaram o valor do baht tailandês, e isso causou uma crise econômica que se espalhou por toda a região. Veio então a intervenção do salvador, na forma do FMI, que só conseguiu piorar o problema. O FMI forneceu 95 bilhões de dólares em empréstimos, na verdade um resgate financeiro para os bancos ocidentais, a quem os países estavam tendo dificuldade para pagar. Como sempre, o dinheiro exigia algo em troca, o que incluía austeridade, aumento de impostos sobre os pobres e reformas estruturais neoliberais. O resultado foi desastroso. O PIB de toda a região despencou e o desemprego subiu quatro vezes na Coreia e três vezes na Indonésia. Nas cidades coreanas, um quarto da população caiu na pobreza. A austeridade tornou a situação ainda pior do que podia ter sido, e a redução dos subsídios para comida e combustível para os pobres levou a rebeliões na Indonésia. O FMI pode até não ter começado a crise, mas suas ações a aprofundaram e impuseram um fardo pesado para os pobres. Como explica o economista Joseph Stiglitz, o impacto na região foi tão negativo que "a história é datada como 'antes' e 'depois' do FMI, como países que são devastados por um terremoto ou algum outro desastre natural datam os acontecimentos 'antes' ou 'depois' do terremoto".[22]

Como exemplo do absurdo da ortodoxia do FMI, Stiglitz cita a Etiópia em 1997. O FMI recusou um empréstimo para a Etiópia no meio de uma crise econômica porque argumentava que a ajuda externa teria uma proporção grande demais em relação à economia do país. Eles genuinamente sugeriram que a Etiópia estaria melhor se usasse suas reservas para pagar por ajuda externa em vez de gastar dinheiro com escolas e hospitais. Stiglitz usa esse exemplo como argumento de que o Banco Mundial era uma organização mais benevolente, já que ele tinha funcionários no local tentando entrar em contato com os pobres e apoiá-los. Mas o Banco Mundial foi criado pelas mesmas pessoas e com o mesmo objetivo que o FMI. Como ex-diretor e economista-chefe do Banco Mundial, devemos encarar os pronunciamentos de

Stiglitz sobre a organização como pouco mais do que marketing da empresa.

O "FARDO DO HOMEM BRANCO"

Ao contrário do FMI, o Banco Mundial se vê como uma agência de desenvolvimento. Seu objetivo é acabar com a pobreza extrema, e ele foi criado originalmente para oferecer apoio ao mundo subdesenvolvido, para que os países não caíssem nos encantos dos soviéticos. Assim como o FMI, a organização é financiada principalmente pelos governos ocidentais, sendo os Estados Unidos o maior doador. Também como o FMI, o Banco Mundial é usado como arma política, então não surpreende que seu programa beneficie países mais ricos, enquanto supostamente ajuda o mundo subdesenvolvido.[23] Embora Stiglitz tenha sido mais crítico da ortodoxia econômica da intervenção financeira ocidental, o Banco Mundial em geral não é. Ele incluiu a mesma condicionalidade a seus empréstimos que o FMI, e muitas vezes os dois nomes são usados de forma intercambiável por causa da destruição coletiva que causaram em economias subdesenvolvidas. John Williamson, cujo cargo no Banco Mundial durou mais de uma década, disse, em 2004, "argumentamos que é desejável completar, em vez de reverter, as reformas liberalizantes do Consenso de Washington".[24]

Em vez de desafiar o cartel da intervenção ocidental, o Banco Mundial teve prazer em impor o neoliberalismo sobre países que ele supostamente estava ajudando. Quando o Banco Mundial estava pensando no impacto de cobrar o povo pelo sistema de saúde no Peru para diminuir a dívida pública, chegou à conclusão de que "a introdução de taxas de usuário em instalações de saúde pública terá apenas um pequeno efeito sobre a população pobre rural, porque eles tendem a não frequentar instalações de saúde".[25] O fato de que os pobres não têm acesso ao sistema de saúde de alguma forma tornou-se motivo para introduzir cobranças. O desprezo insensível pela vida fora do Ocidente é uma das principais características que foram mantidas no sistema de opressão racial atualizado. Nas palavras do próprio Stiglitz, "de um hotel de luxo, pode-se impor insensivelmente políticas sobre as quais pensaria duas vezes caso conhecesse as pessoas cuja vida está destruindo".[26]

As intenções do Banco Mundial podem ser genuinamente positivas. Ele é um recurso de informação a respeito da pobreza mundial e investe bilhões de dólares no mundo subdesenvolvido. Mas de boas intenções o neocolonialismo está cheio. Acreditar que está fazendo o bem enquanto inflige dano não é uma característica nova do imperialismo ocidental. Mesmo durante a terrível violência de sua primeira versão, os colonialistas imaginavam estar fazendo o bem aos selvagens, arrastando-os para a civilização. Kipling disse que era o "fardo do homem branco" elevar o mundo para fora de seu estado de natureza. Podemos ver essa retórica em funcionamento no novo centro do império quando, em 1901, o vice-presidente Theodore Roosevelt declarou a necessidade de anexar as Filipinas, explicando que "é nosso dever para com as pessoas vivendo na barbárie fazer com que elas sejam libertadas de suas correntes".[27] Na agenda do desenvolvimento, não se usam armas para salvar os selvagens. Em vez disso, enviam ajuda e oferecem expertise para ajudar o mundo subdesenvolvido a se levantar.

Assim como é absurda a ideia de que o mundo subdesenvolvido deve ter dívidas com o mundo desenvolvido, também não faz sentido que essa ajuda possa trazer algum benefício sério. Estamos presos num paradoxo parecido com o debate das reparações, no qual a riqueza necessária para consertar o dano destruiria todo o sistema econômico ocidental. O Ocidente se enriquece tirando do Resto; portanto, está claro que doar uma quantia extremamente pequena desse dinheiro de volta por meio de assistência não vai resolver o problema. Embora os números absolutos relacionados à assistência pareçam altos, na verdade são relativamente pequenos. No começo dos anos 2000, o Ocidente havia gastado 2,3 trilhões de dólares em ajuda internacional.[28] Mas quando pensamos que apenas o PIB da Inglaterra em 2017 foi de 2,6 trilhões de dólares, é possível começar a entender a dimensão do problema. Não é de surpreender, então, que o histórico de ajuda internacional não seja encorajador. Por exemplo, foram investidos 2 bilhões de dólares nas estradas da Tanzânia, mas elas não tiveram grande melhoria.[29] Ocorreram avanços no mundo subdesenvolvido, mas a maior parte dos países que tiveram um bom desempenho receberam relativamente pouca ajuda no desenvolvimento.

Em 2000, a ONU se comprometeu com uma série de Objetivos de Desenvolvimento do Milênio que, segundo se esperava, seriam cumpridos pelo mundo em 2015. Houve progresso na maioria das áreas e muitos deles foram atingidos, incluindo diminuir para menos da metade, 14%, o número de pessoas vivendo em pobreza extrema.[30] A proporção de crianças subnutridas também caiu quase pela metade, mais delas tiveram acesso à educação, incluindo meninas, e o número de pessoas na classe média mundial cresceu de modo significativo. Todo esse aparente progresso foi acompanhado por um grande número de animadoras de torcida que nos prometiam que estávamos bem encaminhados na direção de um mundo melhor.

O psicólogo Steven Pinker nos garante que não apenas o Iluminismo "deu certo", mas que seus ideais são "comoventes, inspiradores, nobres" e nada menos do que "um motivo para viver".[31] Bill Gates, talvez a encarnação do complexo de salvador branco, chamou a ode ao Iluminismo de Pinker de seu "livro preferido de todos os tempos". Sam Harris, autointitulado neurocientista (mas, na verdade, um psicólogo pop), está tão convencido do poder da assim chamada ciência que acredita que no fim das contas ela determinará os valores morais corretos.[32] Como aguentei uma graduação em psicologia, não me choca que autores imersos no assunto tenham embarcado de forma tão completa na barca furada da narrativa de progresso. A psicologia está tentando um reconhecimento de sua presença, de ser promovida à série A das pseudociências, disputando posição entre outras consolidadas, como a economia, a política e algumas versões da sociologia. Mas, para onde quer que olhe, encontraremos muitos acadêmicos mexendo pompons na torcida pelo progresso. A área de estudos do desenvolvimento foi basicamente projetada para levar adiante a campanha de promoção dos ideais do Iluminismo, e Hans Rosling, com suas TED Talks cativantes, gráficos coloridos e livros acessíveis, é o líder da equipe de torcida.[33] Mas, antes de sermos atraídos pelo encanto dos homens brancos mortos do futuro, só precisamos olhar mais de perto esses tais ganhos para ver que são uma miragem.

Em relação aos indicadores de pobreza, a China foi responsável pela maioria dos avanços. A mesma China que recebeu pouca ajuda e tem uma economia planejada, gerida pela máquina do seu Partido Comunista central. Embora o número de pessoas vivendo na extrema pobreza tenha caído na África, isso não aconteceu na mesma medida com nenhum outro indicador. Na verdade, em 2015, 36% das pessoas *empregadas* no continente africano viviam na extrema pobreza. Os números do Banco Mundial afirmam que metade dos que vivem em extrema pobreza está na assim chamada África Subsaariana, e esse número será de nove a cada dez em 2030.[34] Como já analisamos, o racismo antinegro é uma característica do Império Ocidental, então devíamos estar preparados para a notícia de que o progresso é muito mais lento na África. E não devemos nos empolgar com o tanto que a vida mudou para a maioria dos pobres do mundo.

O relatório dos Objetivos de Desenvolvimento do Milênio da ONU admite que "quase metade dos trabalhadores no mundo ainda trabalha em condições de vulnerabilidade e raramente goza dos benefícios associados a um bom emprego",[35] enquanto o Banco Mundial estima que metade do mundo viva com menos de 5,50 dólares por dia. Para ser considerado da classe média, é necessário ganhar mais de quatro dólares por dia, e mais de 80% das pessoas no mundo vivem com menos de treze dólares por dia. A agenda do desenvolvimento nunca se preocupou com igualdade, mas foi feita sob medida para aparar as bordas mais ásperas do sofrimento causado pelo sistema global de opressão. Em um discurso de 1977 para o Banco Mundial, Robert McNamara, quinto presidente da instituição, entregou o jogo quando explicou que

> acabar com a diferença [entre os mundos desenvolvido e subdesenvolvido] nunca foi um objetivo realista. Dadas as imensas diferenças de capital de base tecnológica dos países industrializados em comparação aos países em desenvolvimento, essa meta simplesmente não era viável. E continua não sendo hoje em dia.[36]

O mesmo vale para agora. As metas da ONU são todas dignas. Reduzir a extrema pobreza, educar as crianças e enfrentar emergências de saúde como o HIV são cruciais para aliviar o sofrimento humano. Mas isso não é abordar a desigualdade mundial. O fato de que pessoas ganhando quatro dólares por dia são chamadas de "classe média" devia ser uma prova da obscenidade desse paradigma. Condições que nunca aceitaríamos no Ocidente são consideradas progresso no Resto. Embora talvez tenhamos aceitado que é errado matar e escravizar nativos, normalizamos a pobreza para pessoas racializadas porque, na nova ordem mundial, nossa vida importa, mas menos. Em vários sentidos isso é a realização da razão universal de Kant, com raízes em sua "geografia moral". Temos um corpo supranacional (a ONU) trabalhando para garantir que os selvagens não sejam assassinados nem depostos pelas tropas coloniais, e sim recebam o suficiente para subsistir de forma que o Ocidente possa continuar explorando-os pela lógica colonial, sem ter dor na consciência.

A completa ignorância a respeito de raça por parte da ONU só pode ser entendida no contexto da razão iluminista, que imagina a civilização reiniciada na Europa no século XVIII (depois de um longo hiato após a queda dos romanos). Os animadores de torcida como Pinker e Rosling indicam os dados que apoiam a ideia de que está havendo progresso em áreas como a mortalidade infantil e a pobreza absoluta em todo o mundo. É esse ponto de vista que permite que a ONU declare a vitória de suas metas do milênio. É convenientemente ignorado o fato de que estamos medindo o progresso a partir da destruição causada pelo imperialismo ocidental. É perverso comemorar ganhos ínfimos no mundo subdesenvolvido depois que o genocídio, a escravidão e o colonialismo criaram essa ordem social racialmente injusta. A causa número um da pobreza mundial é o racismo, e os países estão completamente desesperados para melhorar sua condição por causa da realidade da supremacia branca em que vivem.

Seria caridade ver esse complexo industrial de ajuda estrangeira como uma forma benevolente de capitalismo, no qual ao menos as pessoas têm boas intenções. Em apenas um exemplo, o projeto Millennium Villages, em Uganda, financiado pela ONU, deu aos agricultores um treinamento em técnicas para produzir uma safra maior. O resultado foi uma colheita excepcional, mas não havia mercado para os produtos e eles acabaram apodrecendo, e os agricultores perdendo ainda mais por causa do aumento dos custos de produção.[37] Talvez devamos perdoar esses equívocos e os tropeços bem-intencionados dos benfeitores, mas, quando olhamos para a maneira de como o dinheiro é gasto, fica difícil não notar uma campanha proposital para manter a espoliação do mundo subdesenvolvido. É até mais difícil evitar essa conclusão quando a ministra britânica do Desenvolvimento Internacional declara abertamente que quer usar o orçamento para "derrubar as barreiras ao livre-comércio", como fez Priti Patel em 2017.[38]

Os conservadores não costumam ser vistos como um partido que apoia a ajuda internacional. Tanto na versão clássica quanto na versão neoliberal da economia ocidental, a ideia de entregar donativos é uma distorção terrível da santidade do mercado. Há todo um ramo do pensamento econômico, simbolizado por Milton Friedman, que acredita que a desigualdade mundial é em parte causada pelo fato de o mundo subdesenvolvido "receber assistência não justificada".[39] Mas, desde que chegaram ao poder em 2010, os conservadores gostam de promover suas credenciais de auxílio externo. Em seu último dia no cargo, depois de espatifar seu mandato de primeiro-ministro nas pedras do Brexit, David Cameron alegou que o compromisso de seu governo em gastar 0,7% do PIB em ajuda externa era uma de suas "conquistas que davam mais orgulho".[40] O gasto com assistência foi particularmente significativo para um governo que buscou a mais severa agenda de austeridade na história da Inglaterra, sem ser forçado pelo FMI para fazer isso. O Departamento para o Desenvolvimento Internacional viu seu orçamento crescer em 24% de 2010-1 a 2015-6 numa época em que os cortes dos outros departamentos eram de 28%.[41]

Dada a forma como o orçamento de assistência é de fato gasto, no entanto, torna-se bem menos surpreendente que os conservadores tenham tido tanto interesse em investir. Antes de o governo Cameron chegar ao poder, em 2009, os tóris (partido conservador da Inglaterra) publicaram um livro verde* exaltando as virtudes

---

* Relatórios com propostas que podem dar origem a projetos de leis. (N. E.)

do "capitalismo e do desenvolvimento" como "o presente da Inglaterra para o mundo".[42] Já no poder, os conservadores começaram a mudar a lei para que pudessem usar o orçamento de ajuda para apoiar os interesses do capitalismo global e os negócios britânicos em particular.[43] Um exemplo perfeito de um gasto bastante proveitoso foi conceder 450 milhões de libras para a Adam Smith International (ASI), uma consultoria de livre mercado sediada em Londres — mais do que o governo gastou no total em direitos humanos e igualdade das mulheres, e o dobro da quantidade dada ao combate ao contágio do HIV e da aids.[44] Um dos papéis da ASI era dar consultaria aos países para liberalizar (ou seja, privatizar) tudo o que pudessem. Desde 2005, a ASI conduz um projeto de 99 milhões de libras para dar consultaria ao governo da Nigéria nas reformas de infraestrutura para beneficiar os mais pobres. Sua maior conquista foi a privatização do setor elétrico, que é vista como um sucesso porque foi tão completa que seria quase impossível revertê-la. O resultado desse "progresso" é que os preços da energia elétrica aumentaram em até 45%; mais de metade do país continua sem energia; e o serviço tem cortes tão frequentes que mesmo quem tem energia elétrica precisa de geradores reserva. Os únicos que se beneficiaram da ajuda do Reino Unido foram a ASI e as empresas privadas que se regalam com a Nigéria.

Outra forma de contabilidade criativa no orçamento de assistência externa do Reino Unido é a dispersão de 1,5 bilhão de libras por mais de cinco anos para o setor universitário. Anunciado como parte da análise abrangente dos gastos pelo governo da coalizão em 2015, o Global Challenges Research Fund tem como objetivo "captar a expertise dos principais pesquisadores do mundo" para a causa de salvar o mundo subdesenvolvido.[45] Eu trabalho nesse setor, então não quero minar por completo a validade da minha profissão, mas a ideia de transferir para a academia

1,5 bilhão de libras de um orçamento destinado a salvar vidas é obscena. A situação é ainda pior ao analisar como o dinheiro está sendo alocado.

Soube disso pela primeira vez em uma reunião no trabalho em que foi revelado que, como parte do financiamento de nossa pesquisa principal, a universidade havia recebido uma fatia do orçamento de desenvolvimento sem nem precisar pedir. Os mandachuvas da universidade então conseguiram encontrar retroativamente algumas atividades que poderiam passar por focadas em "desenvolvimento". Naquela reunião, discutimos como poderíamos encontrar projetos para justificar a manutenção de nossa bolsa naquele financiamento. Nem todo o dinheiro foi apenas distribuído para universidades do Reino Unido. Para a maior parte há um controle rigoroso, e é preciso fazer inscrição por meio das agências de financiamento. A UK Research and Innovation tem um site em que se podem ver os vários países e projetos de pesquisa que foram financiados.[46] Só o volume já mostra quanto dinheiro está sendo investido no sistema. Foram financiados alguns projetos muito interessantes em temas que vão de políticas públicas sociais à saúde e prevenção de violência. Mas identificar universidades ocidentais como um veículo para o desenvolvimento seria o paradoxo de oferecer um "novo fardo do homem branco para limpar a bagunça deixada pelo antigo fardo do homem branco".[47]

O conhecimento eurocêntrico que é crucialmente importante para manter a ordem racial injusta foi produzido em universidades. Hoje em dia não é diferente, com o terrível Consenso de Washington, o nome dado às políticas econômicas apoiadas pelo FMI e pelo Banco Mundial, e por vários acadêmicos. Na verdade, a mão de obra do regime de intervenção financeira ocidental é um exército de pós-graduados formados na ortodoxia do desenvolvimento. É por meio da fachada da expertise técnica pseudocientífica apresentada pelo Banco Mundial e pelo FMI que a pilhagem das economias conduzida por eles no mundo subdesenvolvido é justificada. Se aceitamos que a indústria de desenvolvimento é apenas outro mecanismo para a continuação do imperialismo ocidental, suas universidades são um dos alicerces dessa agenda. Um dos mecanismos principais do neocolonialismo é a formação de milhares de alunos do mundo subdesenvolvido que são enviados de volta para seus países com todas as ferramentas para continuar permitindo que o Ocidente pilhe suas economias. Dar assistência de desenvolvimento às universidades só faz sentido se o objetivo é continuar a produzir um conhecimento que consolide a desigualdade racial mundial.

Desviar dinheiro do orçamento de auxílio para sustentar a iniciativa privada britânica é um problema de longa data, por isso é coerente que o financiamento esteja agora sendo canalizado para as universidades. Desde as reformas de 2017, as universidades britânicas completaram de forma quase total sua transição para empresas privadas. Cobram mensalidade, atuam num mercado e tratam os alunos como clientes. Injetar 300 milhões de libras do orçamento de auxílio todo ano por meia década é, essencialmente, um investimento público no setor privado. Como acontece com qualquer agência de auxílio não governamental, a maior parte dos custos é usada para empregar a equipe no Ocidente. Seria revelador ver quanto do dinheiro acabou sendo usado para pagar pessoal, despesas gerais, viagens e alimentação em universidades britânicas. Em essência, estamos usando o auxílio externo para pagar a elite (acadêmicos) para que assuma o fardo de tirar o mundo subdesenvolvido da sua barbárie. A diferença entre mandar administradores para as colônias, os consultores da ASI, e as universidades criarem soluções especializadas é apenas de grau.

A Inglaterra não está sozinha no uso do seu orçamento do auxílio externo para financiar suas próprias empresas e seu interesse nacional. A United States Agency for International Development [Agência dos Estados Unidos para o Desenvolvimento Internacional] (USAID) é igualmente uma marca que reforça as credenciais progressistas estadunidenses como sua agência de desenvolvimento. Num passado recente, os Estados Unidos foram responsáveis pelas formas mais descaradas de usar o auxílio externo para promover sua agenda. A invasão ao Iraque em 2003 foi o exemplo perfeito de como, quando necessário, os Estados Unidos adotaram "a violência, a brutalidade e a barbárie dignas de qualquer potência imperialista europeia".[48] Depois da carnificina e da devastação do Iraque, a reconstrução do país ofereceu uma oportunidade para a USAID saquear uma economia subdesenvolvida por meio do "auxílio". Os Estados Unidos prosseguiram com a guerra sob o pretexto de "promover a liberdade" no Oriente Médio.

Quase dois anos depois da invasão, o presidente Bush fez um discurso ao vivo durante o horário nobre na base militar de Fort Bragg, na Carolina do Norte, em que pronunciou a palavra "liberdade" 21 vezes para enfatizar a missão civilizatória dos Estados Unidos.[49] A liberdade a qual ele se referia não era o que a maioria das pessoas entende pela definição da palavra. Em vez do libertar--se da tirania, da necessidade ou do medo, Bush na verdade estava falando sobre liberar as forças do livre mercado no Iraque. Depois que o presidente Saddam foi derrubado, a Coalizão encabeçada pelos Estados Unidos iniciou uma mudança de regime, pondo em prática os princípios fundamentais da intervenção financeira ocidental. Os primeiros atos da Coalizão, por meio da USAID, incluíam deixar meio milhão de soldados e funcionários públicos desempregados, removendo os obstáculos ao investimento externo direto e privatizando duzentas indústrias estatais. Como a cereja do bolo, também contrataram uma afiliada da KPMG, empresa líder em serviços internacionais, para construir um livre mercado a partir do ponto zero que a invasão havia criado.[50] O Iraque se tornou um terreno fértil para lucrar com a construção do país.

Para entender profundamente a natureza problemática do complexo industrial do auxílio externo, basta olhar para quem recebeu a maior quantia de dólares americanos de assistência. Em vez de mandar o dinheiro para um dos países mais pobres do mundo, algum que esteja muito necessitado de investimentos em infraestrutura, os Estados Unidos doaram em torno de um quinto de seu auxílio a Israel, um país relativamente rico e não considerado uma nação em desenvolvimento.[51] Em 2016, os Estados Unidos assinaram um pacote de ajuda militar para Israel no valor de 38 bilhões por dez anos.[52] Não apenas Israel recebe mais ajuda estadunidense, como também com as condições mais favoráveis: Israel não precisa prestar contas sobre onde o dinheiro é gasto, como outros países beneficiários.

Os Estados Unidos não são os únicos a usar o orçamento de ajuda para apoiar Israel e suas forças armadas. Em 2017, Priti Patel precisou renunciar ao cargo de ministra do Desenvolvimento Internacional da Inglaterra quando foi revelado que ela estava tendo reuniões secretas com os israelenses e tentando usar o orçamento do seu departamento para financiar atividades militares de Israel.[53] Porém, por algum motivo, isso não a impediu de ser nomeada ministra do Interior menos de dois anos depois. O subsídio a Israel por meio de ajuda externa é importante, não apenas porque expõe as contradições do financiamento, mas também por ressaltar outra mudança fundamental na versão atualizada do colonialismo que marcou a nova era do império, surgido depois da Segunda Guerra Mundial.

IMPERIALISMO PÓS-RACIAL

Uma forma de racismo visceral e escancarada sustentou a primeira versão do Império Ocidental. Uma hierarquia racial foi claramente codificada e imposta com a ciência racial, oferecendo o respaldo pseudointelectual para a supremacia branca. Se a Segunda Guerra Mundial deu fim à competição violenta entre os poderes ocidentais, assim como acabou com o controle direto de suas colônias, também reestruturou a lógica social necessária para dominar o mundo. O extermínio de 6 milhões de judeus na Alemanha nazista trouxe a lógica racial para sua própria casa, perturbando o consenso que, de resto, estava amplamente estabelecido. O horror dos campos de concentração perturbou a ordem social e foi decidido que era preciso abandonar a "raça" na lata de lixo da história. Uma declaração de 1950 feita em conjunto pela Organização das Nações Unidas para a Educação, a Ciência e a Cultura (Unesco) afirmou que:

> Grupos nacionais, religiosos, geográficos, linguísticos e culturais não necessariamente coincidem com grupos raciais: e os traços culturais desses grupos não demonstraram conexão genética com traços raciais. Como erros sérios desse tipo são cometidos geralmente quando o termo "raça" é usado na linguagem popular, seria melhor deixar de lado esse termo ao tratar de raças humanas e adotar "grupos étnicos".[54]

Em outras palavras, o Ocidente havia usado o conceito de raça para exterminar pessoas e dominar o mundo, mas quando o horror desse sistema apareceu em sua própria terra decidiu-se acabar com a ideia. Diante disso, abandonar um conceito de raça tão falho parece algo nobre. Adotar etnicidade mantém a ideia de diferença, mas permite mais complexidade. Porém, mais de sessenta anos depois da declaração da Unesco, o mundo permanece organizado em torno da lógica de raça, então está claro que essa mudança foi apenas semântica. Isso acontece em grande parte porque etnicidade tornou-se apenas um substituto de raça, de forma que as hierarquias foram mantidas, mas com justificativas culturais em vez de biológicas. Os africanos eram inferiores não por causa de sua genética, mas por causa de suas ligações tribais e de seu estilo de vida atrasado.

O problema principal dessa mudança de discurso foi que, ao apagar a raça, torna-se quase impossível falar sobre racismo. Nós, negros, continuamos oprimidos por causa de nossa raça; apenas falamos sobre o problema em relação à etnicidade e depois nos perguntamos por que as desigualdades continuaram existindo. Há um motivo para que a ONU não mencione racismo em suas metas: ela simplesmente não tem uma linguagem para falar sobre raça. Esse pós-racialismo é importante para a atualização do sistema do imperialismo ocidental porque ele ajuda a manter a fachada progressista, que é tão importante para justificar a opressão contínua. Caímos numa visão iludida do mundo em que o Ocidente não pode de forma alguma ser racista, pois abandonou a raça e está investindo trilhões de dólares em ajuda.

Portanto, é irônico que uma das respostas ao Holocausto tenha sido reificar raça e racismo e se envolver em formas ainda mais antigas de violência colonial. Israel foi fundado em 1948 depois de uma longa luta do sionismo, que desejava devolver o povo judeu a sua terra natal bíblica. O sionismo tinha certo apoio antes da Segunda Guerra Mundial, mas foi o Holocausto que levou as potências europeias a agir, agora certas da necessidade de uma nação para o povo judeu. O único problema, claro, era que a terra onde Israel foi criado tinha população estabelecida. Com mentalidade que lembrava os criadores das colônias de povoamento que abriram caminho para o Ocidente, o rabino alemão Isaac Rolf declarou antes da guerra

> Em nossa terra só há lugar para nós. Vamos dizer aos árabes: saiam. E, se discordarem, se resistirem pela força, vamos forçá-los a sair, vamos bater na cabeça deles e forçá-los a sair.[55]

Antes de 1948, a Palestina era um território colonial dos ingleses e, portanto, diretamente sujeito à lógica do império. Os sionistas não apelaram aos árabes que moravam ali, mas para os ingleses que dominavam o território. A Inglaterra estava em cima do muro a respeito do sionismo, mas adotou a ideia de uma terra judia em 1917, quando o Lord Balfour declarou "a visão do Governo de Sua Majestade é a favor do estabelecimento na Palestina de uma terra nacional para o povo judeu, e fará uso de seus melhores esforços para facilitar a obtenção deste objeto".[56]

A Inglaterra tinha seus próprios motivos para apoiar o sionismo. A declaração de Balfour foi parcialmente usada para legitimar a invasão britânica ao território naquele ano, pouco antes, numa tentativa de estender ainda mais o Império. Defender o sionismo não foi uma decisão fácil e também se baseava na crença de que a cidadania judaica mundial era vital nos esforços da Primeira Guerra Mundial. Havia uma crença genuína por parte do governo britânico de que se os judeus estadunidenses fossem conquistados poderiam usar sua influência para envolver os Estados Unidos na guerra. Também se pensava que, depois da Revolução Russa, os judeus russos se movimentariam para tirar da guerra a Rússia, uma aliada-chave, e, portanto, precisavam ser apaziguados. Em grande parte, foi o medo do poder de uma conspiração judaica global, uma tese racista profundamente enraizada no coração do antissemitismo, que deu origem à Declaração Balfour.* Os ativistas conheciam essa realidade muito bem. Edgar Suares, líder importante da comunidade judaica de Alexandria, escreveu para o Ministério das Relações Exteriores, em 1916, que "a Inglaterra podia contar com o apoio ativo dos judeus por todo o mundo neutro se os judeus soubessem que a política britânica estava de

---

* Carta registrando o apoio do governo britânico ao estabelecimento de um lar judeu na Palestina. (N. E.)

acordo com suas aspirações na Palestina".[57] A campanha sionista dependia de ideias antissemitas a respeito do poder e da coordenação de judeus por todo o mundo para ter sucesso. Theodor Herzl, figura central do começo do movimento sionista e que faleceu antes da Declaração Balfour, argumentou que o antissemitismo era o "principal trunfo" do movimento.[58]

Quando a ONU recomendou a partição territorial para criar o estado judaico de Israel em 1947, fez isso como ato aparentemente antirracista. Apoiar o povo judeu que havia sido racializado e massacrado como um grupo étnico/nacional que precisava de uma pátria se encaixava perfeitamente na nova ordem pós-racial. Mas, para estabelecer o novo país, o Ocidente teria que apoiar o tipo de ação colonial racista que ele supostamente havia superado. Para começar, a própria ideia de que um Estado de colonizadores brancos poderia ser construído em completa desconsideração à população nativa é o epítome da lógica colonial. Para tirar os nativos da terra, era necessária uma violência em grande escala, que lembrava a era colonial anterior.

Em Deir Yassin, em 9 de abril de 1948, 250 pessoas desarmadas foram massacradas, das quais cem eram mulheres e crianças, por 120 integrantes de milícias dos grupos paramilitares sionistas Irgun e Lehi.[59] Menachem Begin, o líder do Irgun, elogiou suas tropas, declarando "como em Deir Yassin, que seja em todo lugar [...]. Oh, Deus, oh, Deus, você nos escolheu para o conflito".[60] Esse tipo de violência não era incomum e visava aterrorizar os palestinos para que eles fugissem de suas terras. A ação obteve o efeito desejado, com mais de 700 mil palestinos tornando-se refugiados quando Israel foi estabelecido em 1948. Esse período da história foi tão traumático que os palestinos o chamam de *Nakba*, que literalmente se traduz como "a catástrofe".

A violência usada para limpar o terreno para o Estado de Israel evoca sinistramente as campanhas genocidas de fronteira para estabelecer os Estados Unidos. Isso não escapou à percepção do maior aliado israelense. Com o Estado judaico sofrendo ameaças dos árabes por todos os lados, em 1967 o adido da Casa Branca John Roche traçou a analogia perfeita, explicando, "confesso, vejo os israelenses como texanos", criando paralelos com aqueles que desbravaram as fronteiras dos Estados Unidos e superaram a ameaça dos mexicanos.[61] O apoio obstinado dos Estados Unidos a Israel é em grande parte o reconhecimento da situação de uma colônia que, tal qual eles mesmos, precisou reunir todas as forças para se defender da ameaça existencial das hordas de nativos.

O apoio dos Estados Unidos a Israel tem sido questionado por motivos estratégicos. O volume da ajuda financeira cria um fardo por si só, mas Israel é prejudicial aos interesses estadunidenses de outras formas. Por exemplo, as ações de Israel, sem dúvida, têm impacto negativo na imagem mundial dos Estados Unidos. Como colônia, Israel é um dos poucos exemplos remanescentes da brutalidade irrestrita da era colonial anterior. Embora alimente a pretensão de orientar-se pelo princípio de etnicidade, Israel é um estado judaico cuja cidadania baseia-se em direito de sangue.[62] As minorias são brutalmente oprimidas e excluídas da possibilidade de participação completa no Estado: para se estabelecer, Israel cometeu abusos em série contra direitos dos palestinos. O Estado desrespeita constantemente tanto a lei internacional quanto os conselhos dos Estados Unidos, atacando civis e construindo assentamentos ilegais na Cisjordânia. A situação é tão terrível que comparações com a África do Sul do apartheid não só são comuns, mas apropriadas. O envolvimento dos Estados Unidos com Israel faz com que eles constantemente defendam ações abomináveis para proteger seu aliado, particularmente impedindo a comunidade internacional da ONU de empreender qualquer ação contra o que é, em muitos sentidos, um Estado pária. O dano na reputação não é só de imagem, mas tem consequências para os

Estados Unidos. O tratamento que Israel vem há tempos dando aos palestinos é um fator motivador do extremismo islâmico e, por ser uma extensão de Israel, os Estados Unidos são um dos principais alvos de terroristas.

Israel tem uma relação terrível não apenas com os palestinos, mas também com os Estados árabes vizinhos, em um currículo que conta com o envolvimento em múltiplas guerras e com a anexação de territórios da Síria, da Jordânia e do Líbano. A política militar de Israel frequentemente consiste em "ações agressivas unilaterais" que desestabilizam a região e podem comprometer o acesso dos Estados Unidos a sua mercadoria mais valiosa, o petróleo.[63] Sem falar que Israel é a potência nuclear com maior probabilidade de desencadear o Apocalipse. A crise existencial de Israel está enraizada em sua posição precária de colônia incapaz de cumprir sua lógica genocida. A colonização europeia nas Américas e na Austrália foi garantida pelo extermínio quase completo da ameaça nativa. Israel nunca vai conquistar segurança como essa rodeado por Estados árabes hostis, e é por isso que sua reação às ameaças é tão extrema e desproporcional. Com certeza não é muito difícil de imaginar Israel apertando o botão nuclear em um ataque de genocídio colonizador. Essa brutalidade assassina se encaixaria perfeitamente na lógica do imperialismo ocidental. É por causa desse terror existencial que Israel está propenso a morder a mão que o alimenta, espionando os Estados Unidos com frequência, passando informação e conspirando com os inimigos de seu benfeitor.[64]

Para entender o apoio fiel dos Estados Unidos a Israel, precisamos colocá-lo no contexto da nova era do império. Embora o Ocidente tenha se unido a favor do sionismo depois da Segunda Guerra Mundial, os Estados Unidos só começaram a apoiar de fato Israel em 1956, e essa transição só se completou em 1967. Foi então que o novo país foi visto como um ativo estratégico essencial para barrar a influência soviética no Oriente Médio.[65] Israel foi capaz de envergonhar o presidente egípcio Nasser, que era apoiado pelos soviéticos, com uma rápida vitória na Guerra dos Seis Dias em 1967, e desde então serve para forçar a entrada do *soft power* dos Estados Unidos na região.

O petróleo foi a mercadoria-chave para sustentar a transição para a nova era imperialista e os Estados Unidos precisavam controlar a área de maior produção mundial. Israel é um lembrete de que, por mais que as coisas tenham mudado, continuam iguais nessa versão do império. A ajuda pode ser uma cenoura, mas é possível agitar o porrete a qualquer momento. Terceirizando sua violência para Israel, os Estados Unidos podem manter uma fachada de benevolência em assuntos internacionais. O extremismo islâmico é o novo bicho-papão usado para justificar o papel israelense no Oriente Médio. É o contrapeso para o Irã e o último bastião que impede o estabelecimento de um califado islâmico. Claro, isso é uma bobagem: apesar de todos os protestos contra o choque de civilizações entre o cristianismo e o islamismo, e a moralização a respeito dos direitos humanos na região, o outro principal parceiro dos Estados Unidos ali é a Arábia Saudita. Esse país *é* um Estado islâmico que impõe sua leitura da lei da Sharia. Israel é útil para os Estados Unidos porque pode atropelar os direitos dos nativos racializados e manter o imperialismo ocidental.

Israel é um caso singular por permitir que as velhas formas de brutalidade imperial continuem sendo usadas diante de todos na nova era do império. Como abandonamos a raça, o Estado judaico é defendido como um mecanismo de autodeterminação étnica e, portanto, Israel tem o "direito de existir", sem importar as consequências para a região ou para os palestinos. Na verdade, por causa dos horrores do Holocausto, questionar Israel, o sionismo ou seus passos de defesa é correr o risco de ser chamado de antissemita. Segundo a definição de antissemitismo da Aliança

Internacional para a Memória do Holocausto, amplamente adotada, é proibido afirmar que "a existência do Estado de Israel é uma iniciativa racista". Mas a que outra conclusão podemos chegar ao olhar para o registro histórico? Isso não tem nada a ver com ser antissemita: os Estados Unidos, a Austrália, a Argentina, o Brasil e qualquer outra colônia são todas "iniciativas racistas". Mais importante, pode-se dizer a mesma coisa a respeito da existência de qualquer país africano, com suas fronteiras desenhadas por administradores coloniais; ou a Índia e o Paquistão depois dos horrores da divisão. Mas na nova ordem pós-racial isentamos Israel do escrutínio adequado e, ao fazer isso, legitimamos a continuação do imperialismo ocidental, e o papel brutal e indispensável que Israel desempenha nele.

O imperialismo ocidental não acabou depois da Segunda Guerra Mundial, apenas evoluiu. Os horrores do Holocausto acabaram com a noção de raça, que foi simplesmente substituída por uma versão de etnicidade que permitia a continuidade da lógica colonial. Israel é um lembrete da brutalidade da velha ordem que está por trás da nova. A ONU, o FMI e o Banco Mundial posam de amigos do mundo subdesenvolvido enquanto criam uma estrutura que permite que o Ocidente sugue o resto. Vivemos numa época definida pelos sonhos do Iluminismo, valores universais que gravaram na pedra uma ordem racial injusta. Ajuda econômica é oferecida como um modo de absolver o Ocidente de seus pecados, mas, em realidade, trabalha para oprimir ainda mais o mundo subdesenvolvido e enriquecer o próprio Ocidente. Mas estamos tão dispostos a acreditar em nosso progresso que ignoramos a dura verdade diante de nossos olhos. As crianças famintas exibidas em imagens perturbadoras na tela de nossa TV estão em uma pobreza horrenda *por causa* de nossa riqueza excessiva. Não importa quão grande seja sua contribuição direta para qualquer instituição de caridade que toque seu coração, isso não pode mudar o fato de que você só pode doar porque aquelas crianças não têm comida. Mas podemos todos nos consolar com ilusões de que estamos caminhando para um mundo melhor, mais iluminado.

A nova era do império é tão completa e perversa que permitiu que a face da dominação ocidental se tornasse cada vez mais diversa. Para manter sua fachada, é essencial que os únicos convivas no cocho do império não sejam mais apenas brancos. Sempre existiram pessoas no mundo subdesenvolvido que conspiraram com o sistema opressor para enriquecer. Uma das características mais desalentadoras da nova era é que há uma classe crescente de rostos racializados lucrando com a lógica da opressão racial e que estão, conscientemente ou não, sendo usados para vender a justiça do sistema.

6. O Ocidente não branco

Em 2018, o presidente dos Estados Unidos Donald Trump lançou uma guerra comercial contra a China. Em sua mídia favorita, o Twitter, ralhava contra os "bilhões de dólares" perdidos para o país todo ano em comércio desequilibrado. Numa choradeira particularmente preocupante até para Trump, naquela rede social, em 23 de agosto de 2019, ele declarou que

> A enorme quantidade de dinheiro ganhado e roubado dos Estados Unidos pela China, ano após ano, por décadas, deve e irá PARAR. Nossas grandes empresas estadunidenses doravante recebem a ordem de começar imediatamente a procurar por uma alternativa à China, incluindo trazer as empresas para CASA e produzir seus produtos nos Estados Unidos.

Tentar reafirmar o protecionismo econômico estadunidense é uma coisa, mas acreditar que ele tinha o poder de dar ordens para empresas privadas demonstrou uma espetacular falta de compreensão do capital global e de seu próprio papel. A preocupação de Trump com a China era o déficit comercial substancial entre os dois países. Em 2018, os Estados Unidos exportaram 120 bilhões de dólares em produtos, mas *importaram* mais de 539 bilhões de dólares, com uma perda de quase 420 bilhões de dólares em termos de comércio.[1] Para se contrapor a isso, a essência da guerra comercial de Trump foi aumentar as tarifas sobre as importações chinesas para que as empresas fossem desincentivadas a fazer negócios nos país. A China retaliou impondo suas próprias tarifas sobre as importações estadunidenses, com os dois países usando suas ações para alavancar um novo acordo de comércio.

A guerra comercial de Trump se iniciou por medos maiores do que o da globalização estar criando desvantagens para o Ocidente e, em particular, para as comunidades operárias que viram seus empregos desaparecerem além-mar. O motivo para o desequilíbrio comercial é a China ser agora a oficina do mundo, a líder em bens manufaturados à venda no Ocidente, incluindo os Estados Unidos. Por todo o Ocidente, vários países passaram pelo tipo de desindustrialização que viu as fábricas serem realocadas para o mundo subdesenvolvido e grandes faixas de população perderem o emprego. Trump foi eleito principalmente porque ganhou no "cinturão da ferrugem" estadunidense, estados do meio-oeste cuja população perdeu o emprego quando a manufatura se mudou para outros continentes. A guerra comercial foi parte essencial de seu apelo "*Make America Great Again*", enfrentando países estrangeiros que estão atacando o poder dos Estados Unidos e reafirmando o nacionalismo econômico. Nessa versão da nova ordem mundial, as verdadeiras vítimas da nova era são a antiga classe trabalhadora branca, abandonada por um sistema mundial que agora privilegia países estrangeiros.

É inegável que a colonização pós-guerra gerou algumas consequências interessantes, e provavelmente não intencionais, na forma de operar do imperialismo ocidental. A manufatura antes era domínio do Ocidente. Produzir bens para vender a mercados recém-descobertos por todo o mundo era um dos principais objetivos do império. A indústria têxtil indiana foi destruída de propósito para que a Inglaterra pudesse ser líder na manufatura. A situação foi agora completamente revertida. Junto com a China, a Índia é uma das economias que cresce mais rápido, e há sensação verdadeira de que os centros de poder estão mudando para o mundo subdesenvolvido. A China atualmente é vista como a principal ameaça ao Ocidente e há projeções de que em algum momento ela se tornará a maior economia do mundo. Ela tem déficits comerciais positivos com todos os principais países e trilhões de dólares em reservas em moeda estrangeira.[2] A nova ordem política e econômica criada depois da Segunda Guerra Mundial abriu caminho para o crescimento da China e de outros países subdesenvolvidos, mas, se imaginamos que o desenvolvimento de nações não ocidentais e não brancas é prova de que a lógica racial do império mudou substancialmente de forma, estamos redondamente enganados. O crescimento chinês é instrutivo quando consideramos que sua dominância global prevista existe por causa da lógica do imperialismo ocidental, e não apesar dela.

Depois do estabelecimento da República Popular da China em 1949, o país foi parte essencial do desafio comunista ao status quo capitalista. O apoio chinês foi central para a derrota das forças estadunidenses na Coreia e no Vietnã, e a China também apoiou várias lutas de libertação africanas que ameaçavam a dominância ocidental naquele continente.[3] Mas a China que emergiu hoje não é o Estado comunista revolucionário que tencionava reformular a ordem econômica. Na verdade, é o oposto. Para conquistar seu status atual, a China teve que perceber que a "ordem ocidental é difícil de derrubar e fácil de participar".[4]

O crescimento econômico chinês só começou depois da morte de Mao Tsé-Tung em 1976 e o subsequente repúdio de suas políticas. Naquele momento, a China era um país extremamente pobre que na década anterior havia passado por uma das piores crises de fome da história humana. A partir de 1978, o país aceitou o capitalismo, passando por uma série de reformas de mercado, recebendo investimento estrangeiro direto e fazendo das exportações a base de sua economia.[5] Isso resultou numa abertura chinesa para o restante do mundo e num envolvimento completo com o sistema financeiro mundial; foi uma abordagem extremamente bem-sucedida: o país tirou 600 milhões de cidadãos da extrema pobreza entre 1978 e 2010. O sucesso da China poderia ser encarado como prova de que o novo sistema econômico não é inerentemente racista, visto que um país subdesenvolvido pode fazer avanços como esses. Mas, como sempre, não devemos nos adiantar.

O crescimento da China aconteceu pela mesma razão que fez Trump começar sua guerra comercial: o domínio da manufatura mundial. "*Made in China*" tornou-se tão comum que é quase uma surpresa quando um item é produzido em outro lugar. Mas isso aconteceu porque o custo do trabalho lá é muito baixo em relação ao Ocidente. É o mesmo problema que discuti em relação ao milagre econômico da Índia. Embora haja muita riqueza na China, e muitos bilionários novos, há também uma abundância de pobreza. O país pode ter a segunda maior economia do mundo, mas a medida importante é o PIB per capita: a quantidade de riqueza produzida por pessoa. Por ele, a China está em 65º lugar, demonstrando que muita gente não tem acesso aos benefícios da economia crescente. A China é extremamente desigual e as estatísticas de governo classificam qualquer pessoa que ganhe 295 dólares por mês como classe média, apesar das queixas de quem vive com essa quantia sobre não conseguir se sustentar.[6] Como a posição da China depende de ser o principal exportador do mundo, é necessário haver pobreza em massa para sustentar seu crescimento econômico. Assim como na Índia, se o padrão de vida aumentar, também aumentam os salários e os custos de produção. Logo, a China se veria na mesma posição que o Ocidente, externalizando o trabalho nas fábricas para um país mais pobre. O que Trump entendeu absolutamente errado em sua guerra comercial é que, mesmo se os custos aumentados pelas tarifas sobre mercadorias chinesas incentivassem os produtores a se mudarem, eles simplesmente transfeririam a produção para outro país com custos de mão de obra desumanamente baixos. Só há uma fonte no Ocidente que pode competir com os salários no mundo subdesenvolvido e é o trabalho carcerário, o que sem dúvida explica por que Trump apoia maior privatização do setor.

Para se estabelecer, a China contou com centenas de milhões de seus próprios cidadãos vivendo em condições e recebendo salários que seriam inaceitáveis no Ocidente. É um dos princípios-chave do imperialismo ocidental: a vida de pessoas racializadas vale menos e, portanto, é legítimo explorá-las. Mas não foi só explorando os próprios cidadãos que a China aderiu à lógica do império. A supremacia branca se baseia numa hierarquia que vai de brancos até negros, sendo que a antinegritude é uma característica específica do sistema. Para criar uma base segura, ou para subir na escada da supremacia, existe um longo histórico de outros grupos racializados usando populações negras como trampolim. A China não é diferente, como demonstra um exame do crescente papel do país na África.

A CORRIDA CHINESA PELA ÁFRICA

A China mantém laços com a África há séculos, ao menos desde a dinastia Han em 202 a.C. (a ideia de que Europa deu início ao comércio e à conexão globais é uma das muitas ficções da história intelectual embranquecida). A República Popular Comunista da China tinha fortes laços com a África e com os movimentos de libertação para acabar com o colonialismo. Na luta global contra o capital, Mao apoiava a luta armada em lugares como Moçambique e Angola. A China teve um papel crucial na Conferência Afro-Asiática de Bandung em 1955, que buscava criar uma frente unida não alinhada para combater o poder global tanto do Ocidente quanto do bloco soviético. As credenciais da China na África foram bem forjadas e incluíam construir uma ferrovia ligando a Zâmbia à Tanzânia no começo dos anos 1970. Em troca do apoio, os países africanos apoiaram o reconhecimento da China revolucionária e apoiaram a ascensão do país à proeminência na cena mundial.[7]

A China teve grande influência na imaginação radical negra e era vista por muitos como "a terra onde é possível haver verdadeira liberdade".[8] O partido dos Panteras Negras inicialmente começou a arrecadar fundos vendendo cópias do *O livro vermelho*, de Mao, para estudantes universitários,[9] e o cofundador Huey P. Newton evocou Mao em seu livro *Revolutionary Suicide* [Suicídio revolucionário] quando argumentou que o compromisso revolucionário foi o "grande salto adiante" dos Panteras Negras.[10] Inúmeros panteras visitaram a China, incluindo Elaine Brown, que se tornaria a presidente do partido. Dada a história progressista da China com a África e a política negra, sua crescente influência sobre o continente africano foi bem recebida por muitos. Realmente, a China joga com sua relação histórica, pintando a si mesma como um país subdesenvolvido que busca ter uma relação mutuamente benéfica com um amigo que está passando por necessidades.

Embora os laços da China com a África não sejam novos, seu papel econômico no continente mudou drasticamente desde o começo do novo milênio. De 2000 a 2012, o comércio entre a China e a África cresceu vinte vezes e chegou a 200 bilhões de dólares.[11] Entre 2001 e 2010, o banco de exportação e importação da China forneceu 67,2 bilhões de dólares em empréstimos para os assim chamados países africanos subsaarianos, 12,5 bilhões de dólares a mais do que o Banco Mundial.[12] O Ocidente tem receio da rápida expansão da China na África pela crescente competição por recursos na região, e também porque o dinheiro chinês oferece uma alternativa para os empréstimos condicionais impostos pelo temido Consenso de Washington.[13] A China não pede ajustes estruturais para oferecer seus empréstimos, prefere ficar fora de questões de Estado e se ater às finanças. A ajuda chinesa deu aos países africanos o poder de recusar os pactos diabólicos com o FMI e o Banco Mundial.

Enquanto o Ocidente pilhou recursos e interferiu em sistemas políticos e econômicos, a China estava ocupada construindo estradas, barragens, edifícios e ferrovias de que a África precisava de forma tão dolorosa. Não só isso, a China também investiu no setor manufatureiro, na quantia de mais de 3 bilhões de dólares no fim de 2012.[14] Com seu histórico de camaradagem, o investimento massivo e o fato de que ela representa uma alternativa aos odiados FMI e Banco Mundial, não é difícil entender por que há certo otimismo e uma visão de que "os chineses são nossos amigos" entre muitos no continente.[15] Mas é preciso lembrar que a China que possui ligação revolucionária com a África ficou no passado. Desde as reformas econômicas chinesas, o país adotou a mesma ordem política e econômica que oprime a África e em muitos sentidos legitimou o neocolonialismo posando como amiga.[16]

Para entender o papel neocolonial da China na África basta ver, em primeiro lugar, o motivo de seu crescente envolvimento. Depois que a China adotou a ordem global capitalista e sua economia cresceu com base na produção, o país precisava encontrar novas fontes de matéria-prima. Não se pode fabricar produtos para o mundo sem os ingredientes. A entrada da China na África foi impulsionada pela necessidade de adquirir recursos como petróleo e minerais para garantir lugar na economia global. A expansão na África também ocorreu principalmente depois que a China entrou para a OMC em 2001 e, portanto, opera firmemente dentro do consenso econômico global que é responsável por grande parte do contínuo subdesenvolvimento da África. Embora o dinheiro chinês não venha com exigências de ajuste estrutural, é mentira dizer que não se pede nada em troca. Para a China, as finanças estão atreladas à extração de recursos naturais, e não a um controle político. Os juros da China costumam ser mais altos do que os das instituições financeiras ocidentais, e ela geralmente aceita pagamento na forma de direitos de mineração em vez de dinheiro. Portanto, a grande maioria de empréstimos chineses vai para países africanos ricos em minerais.

Em lugares como o Congo, Angola e a Zâmbia, a China oferece dinheiro para infraestrutura enquanto depena os recursos naturais dos países. Um exemplo clássico desse arranjo, no que foi chamado de "negócio do século" ao ser assinado entre a China e a República Democrática do Congo em 2007, foi um empréstimo de 9 bilhões de dólares que estabelecia que a China se comprometeria a construir estradas, hospitais e outros projetos de infraestrutura vital em troca de um quase monopólio da mineração de cobalto e cobre.[17] Pode parecer um bom negócio para o Congo, mas leve-se em conta que os minerais em questão têm valor estimado de 87 bilhões de dólares e rapidamente fica óbvio que a China está extraindo recursos do Congo por uma fração do que eles valem.[18] O FMI foi contra o empréstimo porque queria oferecer seu próprio pacote financeiro com as condições de sempre. Mas, ao evitar as instituições ocidentais, a República Democrática do Congo pulou da panela para a frigideira.

Por todo o continente africano, os países estão fazendo os

mesmos tipos de acordo com a China, vendendo seus recursos mais valiosos a preço de banana para construir ao menos um pouco de infraestrutura. Não é difícil ver o motivo, já que a África tem necessidade extrema desse tipo de gasto, com estimativa de que o continente precise de bem mais do que os 22 bilhões de dólares gastos anualmente para resolver esse tipo de demanda.[19] Mas esses recursos são preciosos para o futuro da África, que por direito deveria ser o lugar mais rico da Terra, dada a abundância de riquezas naturais. Com essas injeções de capital, o continente está destruindo seu futuro. Recursos naturais são finitos, e para que a África seja próspera deveria estar maximizando a riqueza produzida para de fato transformar o continente. A tecnologia verde será o próximo boom industrial, e a África possui fartura dos minerais necessários à mudança para a energia sustentável. A China, por sua vez, apenas acelerou a exploração dos recursos africanos.

Pior, o modelo usado para construir essa infraestrutura traz mais benefícios à China do que à África. Quando assina acordos como o "negócio do século", a China insiste em fornecer a maior parte do equipamento e mão de obra (em geral, 70%).[20] De fato, a grande maioria da "ajuda" dada ao país é gasta comprando mercadorias da China e pagando empresas e trabalhadores chineses para reconstruir a África. A China basicamente oferece estímulo à sua própria economia disfarçado de ajuda internacional. Não apenas o país que recebe precisa pagar esse empréstimo com juros, mas a China também recebe um enorme lucro de seu acesso preferencial a preciosos recursos minerais. Esse modelo tem toda a "loucura estilo *Alice no País das Maravilhas*" que Kwame Nkrumah descreveu no neocolonialismo ocidental.[21] Mesmo o apoio da China para gastos com infraestrutura não é tão benevolente quanto parece.

Os colonizadores europeus gastavam enormes quantias em

estradas, ferrovias e afins porque elas eram necessárias para extrair a riqueza do continente. Quando os chineses se oferecem para construir estradas que conectam uma mina inexplorada ao mar, não estão fazendo isso porque querem melhorar as circunstâncias econômicas da África. A China também construiu 44 estádios de esportes na África, levantando sérios questionamentos a respeito da natureza e utilidade desse gasto em infraestrutura.[22] Esses projetos frequentemente acabam como elefantes brancos, algo que os governantes podem usar para exibir, mas que não tem impacto benéfico a longo prazo para a economia.

Está muito claro que o envolvimento da China com infraestrutura não rompe com a lógica do Império Ocidental. Pode ser um modelo diferente, mas que sustenta os princípios e o funcionamento do sistema atual. Afinal, os chineses estão extraindo esses recursos para fabricar produtos que serão vendidos, em grande parte, ao Ocidente. A presença da China na África também não está sempre em desacordo com os interesses ocidentais. Há inúmeras colaborações diretas entre empresas chinesas e ocidentais na África, que, afinal de contas, estão todas na região pelos mesmos motivos. A companhia francesa Total estabeleceu uma parceria com uma petroleira chinesa para extrair petróleo do leito marítimo da Nigéria.[23] As empresas chinesas também ficam ricas ao dar lances em licitações de contratos financiados por agências ocidentais, como o Banco Mundial. O Aeroporto Internacional de Bamako, no Mali, passou por uma reforma de 181 milhões de dólares entre 2007 e 2012 financiada pela Millennium Challenge Corporation, uma agência de assistência estadunidense. Independentemente do fato de que a China e os Estados Unidos talvez estejam em disputa pelo domínio global, esse contrato do governo estadunidense foi executado por trabalhadores chineses.[24]

A importação de trabalhadores imigrantes à África para reconstruir o continente criou um tipo de tensão específica. Estima-se que haja agora mais de 1 milhão de chineses vivendo na África, atraídos para o continente pelas oportunidades que existem ali. Não surpreende que os nativos do continente mais pobre do mundo estejam receosos. Os imigrantes chineses têm melhores salários e condições de trabalho. Isso marca uma inversão do uso de chineses como mão de obra baixa e discriminada para construir a versão original do Império Ocidental. Agora, a China manda pessoas da fronteira em busca de novas oportunidades. Também não é difícil notar atitudes evocativas dos antigos colonizadores europeus, que iam para a África fazer fortuna. No livro *China's Second Continent* [Segundo continente da China], do jornalista Howard W. French, o autor explica como o racismo do colonialismo era comum entre os imigrantes chineses com quem ele conversou por toda a África. Sua discussão com Hao, um imigrante chinês que vive em Moçambique, se destaca. Hao havia migrado com pouco, não havia aprendido a língua local e ainda assim conseguira adquirir 2 mil hectares de terra, para a insatisfação dos nativos, e planejava cultivá-los e vender a colheita para países ocidentais. Ele explicou sua decisão de tentar a sorte em Moçambique da seguinte maneira:

> Você imagina se eu tivesse ido para os Estados Unidos ou para a Alemanha primeiro? As pessoas na porra desses lugares são espertas demais. Eu não teria conseguido nada. Acho que eu não teria conseguido ganhar delas. Então a gente precisa encontrar países atrasados, países pobres, onde a gente pode exercer liderança.[25]

Atitudes da era colonial também podem ser observadas entre chineses que lideram projetos de assistencialismo. Li Jinjun, diretora do Instituto Central de Pesquisa Agrícola da Libéria, explicou que os chineses só tocariam o projeto por tempo limitado para que os nativos "aprendessem a se sustentar". Numa linguagem clássica de missão civilizatória, o Instituto estava orgulhoso porque "pouco a pouco podia mudá-los dessa forma".[26] Claro, não podemos generalizar essas atitudes para toda a população de imigrantes chineses na África, mas também não devemos nos surpreender se elas forem predominantes. Elas só são importantes na medida em que demonstram a dinâmica de poder mais ampla da relação neocolonial chinesa com a África.

As objeções à migração chinesa não se reduzem a suas ações coloniais nem ao fato de negar aos nativos oportunidade de trabalhar em projetos de infraestrutura, mas estabelecem relações com a outra grande área na qual a China continuou o trabalho do imperialismo ocidental no continente. Tão anunciado quanto o aumento do comércio entre a China e a África, essa relação representa aquela clássica entre colonizador e colônia. As importações que a China faz da África são compostas, bem mais de 90%, de petróleo e outros recursos naturais. Ao mesmo tempo, 90% das importações chinesas para a África são produtos manufaturados prontos. A África exporta seus recursos bem abaixo do valor para a China, que fabrica produtos e os vende de volta para a África, ficando com todo o lucro. Como resultado, a China consegue produzir mercadoria barata e inundar os mercados africanos com preços impossíveis de competir pelos produtores locais. O resultado é uma desindustrialização da África, pois os fabricantes nacionais são obrigados a sair do negócio.

Em 2008, a manufatura foi responsável por 12,8% do PIB da África, e apenas oito anos mais tarde esse número havia caído para 10,5%. Entre 1980 e 2008, a fatia africana da manufatura global foi de 1,2% para 0,9%.[27] Na Nigéria, a consequência das importações de têxteis chineses foi devastadora para a produção local. Nos anos 1980, havia 175 fábricas têxteis no país, mas em 25 anos esse número caiu para apenas 25. Embora os têxteis importados sejam ilegais, constituem mais de 85% do mercado e são avaliados em 2,2 bilhões de dólares anualmente, contra apenas 40 milhões de dólares para os produtos nacionais.[28] O impacto sobre os empregos foi catastrófico, com o número de trabalhadores na indústria têxtil nigeriana caindo para 20 mil em 2015, dos 600 mil nos anos 1990.[29] O resultado foi tensão e até mesmo greves no Senegal por causa da presença dos chineses nos mercados locais: e esse cenário se tornou comum com a inundação de importados. Não há dúvida de que os chineses que estão fazendo comércio com a África estejam lucrando com o estado subdesenvolvido do continente e se aproveitando da situação criada pelo imperialismo ocidental. Esse tipo de oportunismo vindo daqueles cuja pele não é branca não é novo na África. Comerciantes libaneses eram predominantes como intermediários entre os franceses e suas colônias africanas, e havia relação similar entre comunidades sul-asiáticas e os ingleses na África Oriental.

A única real diferença com os chineses é que eles não estão fazendo o papel de intermediários para os colonizadores europeus; em vez disso, representam uma das potências neocoloniais emergentes mais robustas. Não há invasão, violência e dominação de questões políticas. Mas, como sabemos, não é assim que funciona a nova era do império. Embora os antigos mestres coloniais possam ter ligações e vantagens históricas em países específicos (principalmente em relação à língua), economias subdesenvolvidas estão abertas à exploração de qualquer país ou corporação que tenha o capital. Não há metrópole nem país-mãe, apenas um sistema político e econômico racializado que permite essa exploração.

FABRICANDO O IMPÉRIO

A China não está sozinha ao seguir a lógica colonial ocidental para construir sua fortuna. O novo arranjo da África inclui toda uma série de países subdesenvolvidos em disputa para tirar o máximo de proveito da posição de devastação em que o continente foi colocado. Quando países subdesenvolvidos começam a ter mais riqueza, há comemoração do progresso feito. Isso aconteceu em particular nos anos recentes com a ascensão dos assim chamados Brics: Brasil, Rússia, Índia, China e África do Sul, cujos níveis velozes de crescimento os distinguiram como novas forças econômicas numa suposta reformulação da ordem global. Na verdade, falar de Brics é falso porque a África do Sul está numa situação muito, muito diferente do restante do que se vê como um bloco. Se tirarmos a África do Sul, os países do grupo aumentaram seu investimento externo direto de menos de 10 bilhões de dólares nos anos 1990 para 147 bilhões em 2008.[30] Boa parte desse "investimento" foi para a África com a mesma relação de exploração que os investimentos da China.

Apesar de toda a tensão da Guerra Fria entre os capitalistas e os soviéticos, a URSS não existe mais e a Rússia voltou firmemente a seu lugar histórico como parte do bloco ocidental. A Rússia de Putin pode parecer uma ameaça, mas vamos lembrar que sempre houve discórdia entre as várias potências ocidentais. Na questão fundamental da ordem econômica mundial, a Rússia está no mesmo passo que o Ocidente. Não devemos ficar chocados ao descobrir que a lógica do império está firme e forte na Mãe Rússia. Mas o Brasil e a Índia adotaram a mesma abordagem da China para impulsionar o crescimento econômico, usando a África como escada.

Junto com a China, a Índia era um dos principais participantes da Conferência Afro-Asiática de Bandung em 1955, e se comprometeu com a solidariedade afro-asiática. A Índia também tem a experiência de colonialismo em comum com a África, e foi parte do mesmo Império Britânico que ocupava grandes fatias do continente. Essa história compartilhada faz com que a Índia tenha presença na África, com cerca de um décimo da diáspora indiana morando lá, e tenha tentado partir dessa proximidade para criar parcerias. Assim como a China, a Índia precisa de recursos, e o comércio com a África quase triplicou entre 2007 e 2013.[31] A Índia também tem se envolvido com projetos de infraestrutura, e exporta produtos acabados para a África, mas sua economia se baseia mais em serviços do que na manufatura estilo chinesa.

Um exemplo de como a Índia oferece ajuda para a África é o projeto de telemedicina que foi testado na Etiópia e depois desenvolvido em 53 países. A Índia forneceu financiamento para que os africanos tivessem acesso a médicos indianos por um software de videoconferência para combater a escassez de médicos no continente. Levando em conta que a Etiópia tem 0,1 médico para cada mil pessoas, em comparação ao 0,9 da Índia e ao 2,8 da Inglaterra, a escassez de médicos é um problema sério.[32] Oferecer acesso ao sistema de saúde indiano a curto prazo pode ser essencial, mas não resolve o problema a longo prazo. A África precisa de mais médicos, e exportar a assistência médica para lugares como a Índia só torna a escassez mais aguda. De maneira tipicamente colonial, há dependência incorporada, pois os africanos acabam contando com uma assistência fornecida pela internet em vez de gerar os próprios recursos. Na Inglaterra, fazemos um escândalo quando nossas ligações para o banco são transferidas para a Índia, e só imagino a indignação se nossas consultas com o clínico geral fossem transferidas para uma teleconferência com um médico em Mumbai. Mas isso é visto como aceitável para a África porque os africanos têm menos valor. Projetos de teleconferência também são considerados auxílio, e a Índia está seguindo o exemplo do Ocidente ao gastar o dinheiro de desenvolvimento com projetos que beneficiam a si mesma.

Médicos e técnicos indianos são pagos com o financiamento para o desenvolvimento do país, da mesma forma que parte significativa da assistência da China é gasta em mão de obra chinesa. Em muitos sentidos, esses projetos são ferramentas para oferecer oportunidades de emprego para as duas maiores forças de trabalho do mundo. Também é necessário construir a infraestrutura para sustentar as teleconferências, uma área em que as empresas indianas se destacam. Por toda a África, companhias indianas constroem (e possuem) as telecomunicações que são tão cruciais para o século XXI. Vendo o lado positivo, isso faz o continente africano estar conectado ao mundo, e mais de 80% das pessoas na "África propriamente dita" têm celular (provavelmente importado a baixo custo da China).[33] Mas a infraestrutura e o acesso necessários são de propriedade estrangeira, o que deixa a África não apenas dependente de interesses externos, mas também excluída da riqueza criada por essas indústrias.

O Brasil tem uma relação complicada com a África. Ao menos 38% dos escravizados roubados do continente foram levados ao Brasil, e o país tem uma população de origem africana maior do que a de todos os outros países, com exceção da Nigéria. Durante a presidência mais progressista de Luiz Inácio (Lula) da Silva entre 2003 e 2010, o Brasil abraçou retoricamente suas raízes africanas, aumentando o comércio com a África de 4 bilhões de dólares em 2002 para 27 bilhões em 2012.[34] Mas o Brasil também é um estudo de caso perfeito sobre como está equivocada nossa compreensão da natureza racial do capital mundial. Na verdade, não há nenhum motivo para presumir que o Brasil possa ter alguma afinidade com a África para além da lógica colonial que construiu o país. O Brasil é mais parecido com os Estados Unidos do que com qualquer país africano. Ele foi uma colônia europeia na qual os indígenas foram quase todos exterminados e onde se usou trabalho escravo africano para construir a economia. Pode haver uma grande população de descendentes de africanos, mas o Brasil é um dos países mais racialmente desiguais do mundo, cuja população negra está sujeita a intensa discriminação. Num país onde metade da população é negra, a indicação de quatro ministros de ascendência africana por parte do presidente Lula foi vista como um divisor de águas, mas isso só aconteceu em 2009. Lula foi uma exceção e não a regra, e o ex-presidente fascista, Jair Bolsonaro, é muito mais representativo da política racial do país.

Depois da independência em 1822, o Brasil não teve problemas em continuar escravizando africanos legalmente até 1888, mais de cinquenta anos depois de a Inglaterra implementar sua assim chamada abolição, e mais de vinte anos depois de os Estados Unidos terem tornado crime essa desumanidade. O Brasil também foi o único país subdesenvolvido que votou contra as resoluções da ONU condenando os regimes coloniais bárbaros de Portugal na África, e manteve o comércio com a África do Sul do apartheid durante o embargo.[35] O Brasil é um bom representante da América Latina, que é uma coleção de Etnoestados colonizados por europeus em que a supremacia branca existe em sua forma mais virulenta. É apenas pela pobreza da filosofia política ocidental que imaginamos a América Latina como um bastião das "pessoas racializadas" que pode desafiar a ordem ocidental.

Não se engane: há milhões de sujeitos coloniais racializados na região, mas eles são vítimas de seus vários Estados, em vez de serem representados por eles. A América Latina tem nível de pobreza e más condições que não aceitaríamos no Ocidente, e as instituições financeiras ocidentais, particularmente o FMI, devastaram suas economias emergentes por meio do ajuste estrutural. A relação de dependência colonial que discutimos em relação à África também se aplica a grande parte da América Latina. Assim, a região definitivamente não está (ainda) *no* Ocidente, mas é *parte dele* e está avançada nos degraus da supremacia branca global em geral; é por isso que um país como o Brasil tem recursos para investir na África. Mas, assim como muitas pessoas *no*

Ocidente não são *parte* dele, o mesmo se aplica à América Latina e seus milhões de sujeitos neocoloniais. Não é muito diferente da época da escravidão, quando a população brasileira tinha milhões de africanos escravizados, supervisionados por uma elite colonial europeia. O Brasil foi tecnicamente uma colônia, então não está *no* Ocidente, embora os colonizadores portugueses fossem *do* Ocidente, e os escravizados e indígenas fossem as vítimas do sistema. A mesma relação continua nas terríveis desigualdades que existem hoje.

O Brasil pode ter parte da população mais pobre do mundo, mas dezenas de milhares de portugueses migraram para o território brasileiro seguindo a crise financeira mundial a fim de aproveitar sua economia em crescimento.[36] Como foi demonstrado pelas hordas quase exclusivamente brancas na Copa do Mundo de 2014 no Brasil, os descendentes dos colonizadores brancos habitam um país diferente dos que estão na base da hierarquia racial. Faz todo o sentido que a relação do Brasil com a África siga a mesma lógica exploradora do imperialismo ocidental.

A corporação brasileira Companhia Vale do Rio Doce (Vale) é uma das maiores mineradoras do mundo e tem presença na Guiné, na Zâmbia, no Congo, em Angola, no Gabão e na África do Sul. Por extrair grande variedade de recursos, também está envolvida na clássica relação colonial de financiar projetos de infraestrutura. Para pôr em perspectiva o tamanho da empresa, sua receita de 34 bilhões de dólares faria dela a 15ª economia na África, com um PIB maior do que quase todos os países de onde ela extrai recursos. As empresas brasileiras também firmaram parcerias parecidas com as da China na África e têm tendência de usar o trabalho de imigrantes. Uma área em que o Brasil é líder mundial é a produção de biocombustíveis, e ele viu a África como potencial fonte dos cultivos necessários. Além da riqueza mineral, a África tem 60% da terra arável não cultivada no planeta.[37] No novo arranjo africano, essa abundância de terra fértil é uma das principais mercadorias.

A corrida por terra cultivável não acontece apenas na África. Em 2020, estima-se que investidores tenham gastado na compra de terra mais de "100 bilhões de dólares por mais de 40 milhões de hectares da Etiópia à Indonésia".[38] Como demonstra o exemplo do Brasil, isso é causado pelo aumento da demanda por comida pela população em crescimento, e também para outras commodities, como biocombustíveis. O óleo de palma é um insumo-chave, usado em vários produtos, de sabão a plástico. Tornou-se tão popular que, em 2040, uma área adicional do tamanho da Alemanha pode ser necessária para cultivar o suficiente para suprir a demanda.[39] Os incêndios na Floresta Amazônica em 2019 são um exemplo do que as pessoas estão dispostas a fazer para criar mais terra cultivável. Com seus muitos hectares não cultivados, a África é um centro mundial de aquisição de terra.

Além do Ocidente, Arábia Saudita, Coreia do Sul, Catar e China vêm sendo atores fundamentais da corrida por terras na África. Estima-se que, entre 2004 e 2009, 2,5 milhões de hectares de terra de boa qualidade foram alocados para entidades estrangeiras na Etiópia, em Gana, em Madagascar, em Mali e no Sudão.[40] Em 2007, a China adquiriu o direito a 2,7 milhões de hectares só na República Democrática do Congo.[41] Como em todos os outros exemplos, o investimento que vem com o capital estrangeiro é bem-vindo, mas sem dúvida vender todas as riquezas do continente para estrangeiros por muito menos do que elas valem é obviamente uma prática nociva. E uma prova da loucura da corrida de terras é que os países que mais sofrem com a fome também são os que estão vendendo suas terras cultiváveis.[42] Burundi, Chade, Etiópia e Congo são alguns dos países que vivem essa contradição de forma mais aguda. A África está mais uma vez sendo dilapidada por atores internacionais para alimentar a versão atualizada do imperialismo ocidental. A única diferença agora é que muitos dos países à frente dessa empreitada não são governados por pessoas brancas. Não à toa, ao longo deste livro, venho ressaltando o papel do conluio com não brancos na construção do imperialismo ocidental.

Sem o comércio escravista árabe, que durou muito mais do que o sistema transatlântico, não se sabe se a escravização de africanos teria ocorrido. Os acadêmicos muçulmanos foram os primeiros a codificar o racismo antinegro, algo que depois foi retomado pelos europeus, e criaram as redes de comércio de escravos que a Europa usou. Para conseguir acesso aos tesouros do Oriente, o Ocidente usou a riqueza obtida com a escravização de africanos. Quando os portugueses e os espanhóis começaram a minerar metais preciosos no assim chamado Novo Mundo, a riqueza gerada se dispersou por toda a Europa, com países como França, Inglaterra e Holanda usando as mercadorias para enriquecer. Naquele momento, o Ocidente não era particularmente avançado, mas o acesso ao ouro e à prata nas Américas permitiu que mercadores europeus "relativamente atrasados" tivessem acesso a mercados asiáticos e acabassem monopolizando-os, criando condições sob as quais o Ocidente viria a governar.[43] Foi a demanda de prata pela China que tornou lucrativas as plantações iniciais com escravos na América. O Taj Mahal foi construído com ouro minerado pelo trabalho escravo, já que os impérios no Oriente estavam mais que satisfeitos em aceitar a riqueza produzida pelo racismo. Na nova era do império, essa é a mesma relação que sobrevive hoje, com as economias da Ásia e da América Latina sendo impulsionadas pelo saque da África. Não há nada de realmente novo nesse sistema, apenas manifestações da velha ordem atualizadas.

Um indicador de como a Índia, a China e o Brasil estão incorporados na nova ordem global, além de recursos da África, terra cultivável e mercados, também querem ganhar a influência do continente na ONU. A China conquistou seu reconhecimento na ONU principalmente por meio dos votos africanos. O Brasil e a Índia buscam assento permanente no Conselho de Segurança, e o continente com maior número de países não é um mau lugar para granjear influência.

Se é ilusória a ideia de que a emergência dos países do Bric representa uma mudança sistêmica, então o conceito de que a África, conduzida pela África do Sul, está conquistando algum tipo de renascimento é uma miragem. Embora certamente tenha havido algumas melhorias em termos de saúde, alfabetização, pobreza e taxas de crescimento econômico, a África continua firme na base da hierarquia racial mundial.

A ilusão do Renascimento africano está baseada em seus níveis de crescimento do PIB, que de 2000 a 2015 variaram entre 3% e 6% anualmente, embora estejam diminuindo desde então.[44] A África do Sul era vista como líder do continente em crescimento e desenvolvimento econômico, daí sua inclusão no grupo Brics. O boom econômico da África do Sul nos anos 2000 também foi acompanhado por uma queda gradual em sua taxa de desemprego. Depois de subir até 33% em 2000, a porcentagem de pessoas desempregadas caiu para 22% em 2008. Num lembrete de como as economias africanas estão conectadas ao Ocidente, a crise financeira causada pelo *subprime* na Europa e nos Estados Unidos teve efeito devastador sobre o continente. Desde 2008, a taxa de desemprego vem subindo e, em 2019, estava em 28,5%.[45] Depois do fim do apartheid havia otimismo a respeito do futuro do país, mas a África do Sul continua tendo uma das sociedades mais desiguais do mundo e, embora a economia tenha crescido nos últimos vinte anos, a taxa de pobreza também cresceu.[46] O mesmo padrão é replicado por todo o continente. Na Nigéria, entre 2005 e 2011, a economia cresceu em 5% ao ano, mas o desemprego aumentou de 15% a 20%, com 60% dos jovens sem trabalho.[47] Nenhum desses números deveria ser chocante em face de tudo o que aprendemos até agora sobre o tal desenvolvimento africano.

O crescimento econômico é um foco completamente errado se queremos entender o progresso. Os números africanos do PIB são inflados pelo aumento no investimento estrangeiro e o comércio com o antigo mundo subdesenvolvido que acelerou a extração de recursos do continente. Todas essas vendas de minerais a preço reduzido aumentam o PIB, mas prejudicam o progresso na África. Os bilhões de dólares em empréstimos dos chineses para pagar empresas e trabalhadores chineses, para que construam infraestrutura, podem inflar a planilha econômica, mas oferecem pouco trabalho e pouca capacitação para o povo africano. Grande parte do suposto crescimento na África na verdade é apenas a indicação do aumento da extração de riqueza.

Outra falácia do crescimento é sobre ser inevitável que as economias africanas crescerão, já que a população está aumentando rapidamente. Nos próximos trinta anos, estima-se que a maior parte do crescimento populacional do mundo acontecerá na África, com o número de pessoas que vivem no continente dobrando em 2050.[48] Em 2100, é possível que a população tenha triplicado para 3,5 bilhões e haverá mais gente na África do que na Índia e na China juntas.[49] Quando a população cresce, a economia cresce também, mas desde 2015 o crescimento do PIB vem sendo menor do que deveria ser, dado o aumento da população.[50] Em outras palavras, economias que já estão com dificuldade de cuidar de sua população ficam ainda mais para trás com esse aumento. Para contextualizar os números do crescimento, a Califórnia tem um PIB maior do que *toda* a África, e, no entanto, parece que deveríamos estar comemorando o crescimento do continente.

É realmente aterrorizante imaginar a África com o triplo de sua população atual, haja vista o caminho de subdesenvolvimento em que ela está firmemente plantada. Em 2100, a maior parte de seus recursos naturais terá sido dilapidada por interesses estrangeiros e sua terra cultivável terá sido exaurida ou estará nas mãos de investidores externos. Em sua trajetória atual, é impossível imaginar um futuro que não envolva o mesmo tipo de dependência colonial característica da relação da África com o Império Ocidental. O fato de que alguns países que não são predominantemente brancos terão entrado com firmeza nesse sistema não faz diferença.

UM SISTEMA CORRUPTO

Até aqui pintei um quadro muito sombrio da vida na África, mas devemos evitar cair na armadilha de ver o continente pelos olhos do Live Aid.* Muita gente foi capaz de encontrar sucesso, criar negócios e prosperar. Não é incomum ouvir falar de pessoas que viviam no Ocidente que estão migrando de volta para a África a fim de investir e buscar oportunidades que são um sonho distante para negros morando em suas antigas metrópoles. Há também muitos africanos abastados que viajam frequentemente, se estabelecem e estudam no Ocidente, que têm um tipo de riqueza mítico para a maioria das pessoas brancas do mundo. Mas, assim como não devemos deixar que a imagem apelativa da caridade distorça nossa compreensão da vida no continente, não devemos permitir que as pessoas que conquistaram riqueza nos façam acreditar na mentira de que o progresso está sendo alcançado.

Com efeito, a proporção de pessoas na classe média na África caiu desde 1980 para apenas 13,4%.[51] A realidade é que a maioria

---

* Festival de música que aconteceu em 13 de julho de 1985 em Londres e na Filadélfia, reunindo grandes artistas com o objetivo de arrecadar fundos para combater a fome na Etiópia. (N. E.)

dos africanos não tem a barriga inchada e não está coberta de moscas, mas também não possui dinheiro para mandar os filhos às escolas particulares britânicas. Há um grande índice de desigualdade, e infelizmente a maior parte das pessoas na África está no pior lado. Como todas as características da nova ordem, não há nada de novo num índice de desigualdade negra. Sempre existiram aqueles que de alguma forma estavam melhor no sistema.

Estudando a situação da África, fica claro que nem todos os seus problemas se encontram nos interesses estrangeiros que devastaram o continente. Nada que viemos discutindo até aqui seria possível sem a colaboração sistêmica com o imperialismo ocidental por parte dos que têm o poder para governar o continente. Na linguagem do desenvolvimento ocidental, um dos principais problemas da África é a falta de "boa governança", que é um jeito mais educado de dizer que a doença da corrupção está matando o continente. Muitas das condições estabelecidas para a assistência de desenvolvimento ocidental têm relação com criar maior transparência em questões políticas, na esperança de que, ao lançar a luz da democracia sobre a África, isso possa acabar com as práticas corruptas e permitir que o continente seja bem-sucedido. Novamente, podemos ver a influência dos ideais iluministas — que, se as partes selvagens do mundo adotassem os valores ocidentais, poderiam ser tiradas da barbárie. Além disso, bilhões de dólares foram gastos nas então chamadas iniciativas de boa governança, e há até o "Índice de Percepção da Corrupção", que faz um ranking dos países.[52] Não é necessário dizer que os Estados africanos estão em posições baixas, assim como a maior parte do mundo subdesenvolvido.

O site da Transparência Internacional, a empresa alemã que faz o índice, representa a corrupção num mapa mundial com uma cor atribuída a cada país com base na sua posição. Quanto mais forte o vermelho, mais corrupto, quanto mais claro o amarelo, menos.

Podia muito bem ser o mapa do Ocidente contra o Resto, já que as únicas áreas em amarelo são Europa Ocidental, América do Norte, Austrália e Japão. Os dois países mais corruptos, segundo essa medida, são Somália (número um) e, em seguida, Sudão do Sul. A mensagem absolutamente clara é de que o problema da corrupção foi resolvido no Ocidente, mas é algo que segue atrasando o resto do mundo.

É evidente que há um problema com a corrupção no mundo subdesenvolvido, e principalmente na África. Entre 1970 e 2015, trinta países africanos perderam 1,8 trilhão de dólares para a fuga de capital — ou seja, o dinheiro que saiu daqueles países —, um número que torna pequenos os 497 bilhões de dólares que esses países deviam em dívida externa e que representa 65% de seu PIB coletivo em 2015.[53] Todo ano o continente tem mais de 148 bilhões em fuga de capitais, com ao menos 60% disso por causa de "erro no preço dos recursos" ou, em outras palavras, fraude.[54] Não há outro termo para descrever o que muitas das elites estão fazendo na África além de saque.

Vamos pegar o caso de Angola, onde, entre 2007 e 2010, 32 bilhões de dólares desapareceram da conta do país, o que na época era um número maior do que o PIB de 43 países africanos.[55] Isabel dos Santos é celebrada como a mulher mais rica da África, com posses avaliadas em 2 bilhões de dólares, mas, levando em conta que ela é filha do ex-presidente angolano José Eduardo dos Santos, não devemos nos impressionar com essa fortuna. Santos governou o país por 38 anos e, durante esse tempo, teve participação pessoal nos recursos do Estado e presidiu o saque de bilhões de dólares. Depois do vazamento de 700 mil documentos sobre a forma como Isabel construiu seu império de negócios, agora ela está sendo investigada em Angola. Os documentos eram condenatórios e mostravam que diversos interesses ocidentais haviam possibilitado que ela desviasse uma fortuna de sua própria participação na companhia estatal de petróleo Sonangol.[56] Angola é o modelo perfeito de como funciona a corrupção na África. Além de enriquecer pessoalmente, ditadores como Santos usam o dinheiro de investidores estrangeiros para sustentar seus regimes. Um dos países mais pobres do mundo, Angola "gastou 1,4 vezes mais em defesa do que em saúde e escolas juntos" em 2013.[57] O acesso a grandes quantidades de dinheiro também ajuda a ganhar eleições; quando acontecem.

Angola não está sozinha. Sem dúvida, há uma elite política que tem participação ativa no subdesenvolvimento contínuo da África, para que possa se apropriar dos seus recursos e acumular fortuna pessoal. Em troca, ela abre seus países para serem explorados por interesses estrangeiros com termos e taxas de impostos absolutamente favoráveis. O resultado é aterrador: por exemplo, o tesouro público da Zâmbia e do Congo receberam apenas 2,4% e 2,5% de receita por sua matéria-prima importada durante o boom no preço das commodities no começo dos anos 2000.[58] Para dizer de forma relativamente clara: a corrupção na África é o problema que precisa ser resolvido. Mas não há nada de africano nessa corrupção.

Mesmo um olhar mais rápido sobre essa situação demonstra que é um problema vindo de fora. Da corrupção que atravessa fronteiras, entre "1995 e 2014, praticamente todos os casos (99,5%) envolviam empresas não africanas" e todo esse dinheiro, que está sendo usado para comprar líderes africanos, vem de interesses estrangeiros.[59] Num caso de corrupção francamente impressionante na corte italiana, as empresas de petróleo Shell e Eni foram acusadas de pagar uma propina de 1,1 bilhão de dólares para o presidente da Nigéria Goodluck Jonathan e outros funcionários do governo em troca de acesso aos direitos de extração de petróleo.[60] Pior ainda, esse dinheiro não foi um presente das empresas, mas veio da fatia da Nigéria na futura extração do petróleo. Ou seja, quando esse 1,1 bilhão de dólares foi levado para o exterior, os líderes estavam roubando dinheiro diretamente do país. Empresas ocidentais como a Shell tiveram que admitir ou foram condenadas por vários esquemas de propina, alguns tão ridículos que seriam engraçados se não fossem suas consequências. A parcela de um suborno de 5 milhões de dólares da Kellogg, Brown e Root (KBR) na Nigéria ocupou tanto espaço quando foi convertido para nairas nigerianos que precisou ser entregue em caminhões.[61] Governantes africanos estão sendo corrompidos pelo investimento estrangeiro e inundados de dinheiro para que o sistema global possa continuar a sangrar o continente.

O colonialismo era uma forma de corrupção, e o que estamos vendo hoje é apenas uma versão atualizada. Quando as potências europeias partiram, deixaram para trás uma elite local que assumiu o lugar dos administradores coloniais, mas cujo poder continuava limitado.[62] Contanto que a elite que ficou seguisse as regras deixadas pelos que partiram, poderiam sobreviver, senão seriam depostas.

Quando líderes como Patrice Lumumba surgiram no Congo, jurando acabar com o domínio ocidental sobre os recursos da África, foram exterminados. Como já mencionado, Lumumba, o primeiro primeiro-ministro eleito depois da independência, foi assassinado em 1961 com ajuda dos belgas e da CIA para abrir caminho para um regime mais maleável.[63] O Ocidente não hesitou em apoiar a ditadura militar brutal de Mobutu Sese Seko de 1965 até 1997. Durante seu reinado, Mobutu acumulou uma fortuna pessoal de mais de 5 bilhões de dólares que usou, em parte, para construir um palácio de 400 milhões de dólares, onde recebeu luminares como o papa, o rei da Bélgica e o diretor da CIA.[64] Como outros cleptocratas africanos, gastava abundantemente em lojas de departamento europeias e tinha predileção por voar de Concorde. Ao ser expulso do cargo, Mobutu foi substituído por Laurent-

-Désiré Kabila, igualmente dócil com o Ocidente e cujo filho, Joseph, herdou a presidência quando o pai foi assassinado. Caso tenham pensado que os Kabila possam ter recusado os métodos coloniais para governar o país, estima-se que Kabila Jr. tenha recebido 4 milhões de dólares por semana de mineradoras durante seu mandato. Ele também reprimiu brutalmente uma rebelião em Kilwa, matando mais de cem manifestantes pacíficos em 2004.[65] No entanto, recebeu apoio total do Ocidente até que ameaçou ultrapassar o limite do prazo como presidente no país e defendeu ilegalmente uma reeleição depois do fim do seu mandato em 2016.

A estrutura estabelecida pela nova era do império é clara. Líderes que aceitam a ordem existente são apoiados e recebem grandes somas de dinheiro para continuar no poder e construir uma impressionante fortuna pessoal. Se ainda estão questionando a cumplicidade do Ocidente nesse sistema, examinem para onde vai toda essa fortuna que está saindo da África. É enviada para o exterior, para os mesmos bancos usados por administradores de fundos hedge e corporações que buscam sonegar impostos em seus países. Ela é esbanjada em lojas de departamento ocidentais e investida em propriedades em locais como Londres. Nada dessa assim chamada corrupção africana seria possível se não fosse facilitada por interesses ocidentais. Como o antigo líder do partido de oposição União Nacional para a Independência Total de Angola (Unita) Isaías Samakuva afirmou sobre os governantes africanos corruptos, "a única explicação que podemos encontrar é que eles têm a bênção da comunidade internacional".[66]

Países subdesenvolvidos que entram no bonde do investimento direto estrangeiro no melhor dos casos tornam o problema mais agudo. Embora, muito por pressão da mídia e do ativismo, os governos e as agências ocidentais tenham ficado mais receosos ao apoiar regimes abusivos, a China vem evitando julgamentos morais. Durante a crise em Darfur, o secretário-geral da ONU avisou a respeito dos riscos de genocídio e o Ocidente quis isolar o regime, mas a China aumentou o investimento dado, chegando a 5,6 bilhões de dólares em 2006.[67] O Ocidente abandonou o ditador militar da Guiné, capitão Moussa Dadis Camara, depois de suas tropas assassinarem 156 manifestantes e estuprarem coletivamente dezenas de mulheres em público em 2009. A China, no entanto, continuou com um pacote de investimento de 7 bilhões de dólares, e Dadis usou parte do dinheiro para comprar armas e fortalecer seu poder. Foi só a traição por parte daquele que era seu braço direito, ao tentar matá-lo com um tiro na cabeça, que acabou com o reino de terror de Dadis.[68]

Dar poder às elites das antigas colônias também é a continuação da lógica colonial. Para controlar a África, os europeus governavam com um sistema de chefes tribais. Onde esses líderes não existiam, eram criados pela Europa para governar o povo.[69] Cada chefe tinha apenas um superior, o europeu que o aconselhava.[70] Os chefes coletavam os impostos e impunham o trabalho, cumprindo as ordens de seus senhores coloniais. A dura verdade é que a Europa simplesmente não poderia ter governado suas colônias sem o uso dos colaboradores nativos. Em seus vários impérios, os europeus estabeleceram sistemas de domínio indireto para administrar o colonialismo. Por exemplo, em 1893, dos 4849 oficiais que governavam a Índia, apenas 898 eram ingleses. Em 1885, os 78 mil integrantes das tropas britânicas na colônia eram minoria na proporção de dois para um em relação aos 154 mil indianos.[71] Hoje, esses líderes que estão vendendo a África para os interesses do capital mundial estão simplesmente assumindo o lugar de seus predecessores.

Pensemos em Omar Bongo Ondimba, que governou o Gabão de 1967 até 2009 (seu filho assumiu depois dele e, atualmente, leva adiante a dinastia familiar). Bongo serviu no exército francês durante o colonialismo e os franceses arquitetaram sua ascensão no Gabão depois da independência. Ele admirava tanto De Gaulle que chorou durante o funeral do ex-presidente e há registros de que tenha declarado "sua gratidão aos franceses pelo apoio no desenvolvimento de seu país".[72] Embora seja rico em petróleo e minerais, há uma pobreza generalizada no Estado. Na verdade, o Gabão tem um dos maiores PIBs per capita da África, mas um terço da população vive abaixo da linha da pobreza e 20% das pessoas estão desempregadas, incluindo 35% dos jovens.[73] O governo de Bongo facilitou o controle estrangeiro da economia e dos recursos do Gabão exatamente como se espera de um chefe nativo cumprindo ordens de um agente colonial europeu. É o sistema que é corrupto na África. A única diferença agora é que há muito mais negros ficando incrivelmente ricos com essa exploração.

Não há lugar onde isso apareça mais do que no queridinho econômico do continente, a África do Sul. O fim do apartheid devia anunciar o nascimento de uma democracia não racial que podia oferecer justiça e igualdade para todos os cidadãos do país. Ocorrem eleições livres e justas desde 1994, e a África do Sul não foi assolada pelos abusos de poder gritantes que vimos em outros países. Em termos de transparência, a democracia sul-africana devia abrir o caminho para o futuro do continente. Mas, apesar de toda a promessa do Estado novato, desde o advento da assim chamada democracia, uma elite negra foi criada, mas inúmeros escândalos de corrupção abalaram a fé do povo nos novos políticos. A corrupção é tão desenfreada que mesmo o ex-presidente Jacob Zuma será julgado por aceitar suborno relacionado à venda de armas enquanto estava no cargo, e ninguém acredita que esse seja seu único crime.

Haja vista como a corrupção tornou-se profundamente enraizada na África do Sul, hoje é comum falar sobre "captura do Estado" por forças corruptas. Há até uma comissão judiciária de inquérito oficial sobre alegações de captura do Estado. As audiências públicas da comissão começaram a ser feitas em agosto de 2018. Boa parte dessa corrupção está ligada ao nobre desejo de impulsionar o assim chamado empoderamento econômico negro, garantindo que sul-africanos negros tenham acesso a contratos lucrativos. O sistema está aberto para o abuso e borrou as fronteiras entre política, negócios e corrupção. O caso dos irmãos Watson, dois heróis antiapartheid brancos, demonstra que não são apenas os africanos negros que conseguiram burlar o sistema. Bosasa, a empresa comandada por eles, era supostamente uma empresa cujos donos eram majoritariamente negros que recebeu contratos do governo para tocar várias operações estatais privatizadas, inclusive a de alimentação nas prisões e tecnologia da informação, e valia até 140 milhões de dólares entre 2000 e 2016.[74] A alegação é de que a posse por parte dos negros era uma fachada para os irmãos Watson ganharem dinheiro, usando seus contatos no governo, funcionalismo público e até os tribunais para angariar riqueza por meio de suborno.

Uma fachada negra para a corrupção branca é a metáfora perfeita para a captura do Estado na África do Sul. Como demonstra o caso Bosasa, o empoderamento econômico negro baseia-se na imposição do neoliberalismo sobre a economia pós-apartheid. Se não é ganhando dinheiro com contratos do governo, é ganhando em negócios com multinacionais envolvidas na mesma relação colonial do restante do continente. A elite da África do Sul não é um sinal de progresso, especialmente quando mais da metade de todos os sul-africanos negros vive abaixo de uma linha da pobreza que nunca poderíamos imaginar no Ocidente.[75]

Antes, a África do Sul era um farol da política radical no continente, com a luta antiapartheid comprometida com uma reforma agrária que colocaria a riqueza do país nas mãos do povo. Mas, como na maior parte da África, para acabar com o apartheid, os governantes da África do Sul cederam, aceitando a estrutura política e econômica básica que já estava ali. A ameaça de violência foi um dos principais motivos para isso, e o Estado do apartheid é um dos lembretes mais viscerais da brutalidade do Ocidente. Todavia, as garras do Ocidente estavam tão fundas no país que mesmo se uma luta revolucionária tivesse sucesso, teria sido difícil sobreviver sem apoio externo. A maior limitação dos movimentos revolucionários na África era que cada um deles se estabeleceu numa luta nacional, conquistando o controle das engrenagens do poder já existentes. Mas isso estava fadado ao fracasso porque o verdadeiro poder no sistema está no Ocidente, e a maioria dos controles na África é apenas fingimento. O apartheid era *um* dos problemas na África do Sul, mas não *o* problema. Simplesmente mudar a cor de alguns dos que estão no leme do navio, ou sentados nos deques de cima, nunca poderia ser suficiente para mudar o curso, pois trata-se de uma embarcação que funciona por controle remoto.

A lógica do império sempre dependeu de uma elite racializada para administrar a dominação Ocidental por todo o planeta. Assim, não devíamos nos surpreender com uma classe emergente enchendo a barriga com a miséria dos pobres no mundo subdesenvolvido. O crescimento da China e de outros países, alguns degraus acima na escada da supremacia branca, só causa alvoroço pela má compreensão da dinâmica racial do sistema. O racismo antinegro foi o pivô no estabelecimento do domínio mundial do Ocidente, usando os lucros do sistema atlântico para financiar a exploração do Oriente. Fazendo da África seu trampolim, países como a China estão empregando os mesmos códigos da lógica colonial, incorporados no sistema em funcionamento. A riqueza dessas economias emergentes também se baseia na exploração brutal de seus próprios pobres, cujos corpos são sacrificados no altar do progresso. O Ocidente continua a enriquecer sugando pessoas racializadas, mas agora pode se esconder por trás dos governantes de suas antigas colônias.

O surgimento de uma elite não branca no mundo subdesenvolvido, colaborando com o imperialismo ocidental, poderia ser encarado como incentivo à adesão a uma política mundial de solidariedade de classe. A elite pode ser vista como o problema, independentemente de sua cor, e certamente não há poucos estudiosos e ativistas (a maioria no Ocidente) ansiando por uma política que una o proletariado global contra as classes dominantes burguesas. Infelizmente, a esquerda sempre foi incapaz de aceitar tanto a centralidade do racismo em relação a sua posição no Ocidente como até que ponto a lógica do imperialismo ocidental se irradia para sua própria política.

7. Democracia imperial

Sentado num avião para São Paulo não é o jeito menos culpado de assistir a uma palestra sobre os perigos da mudança climática. Mas as poucas opções de filmes me levaram à sessão de documentários, em que esbarrei com *A terceira revolução industrial*, a filmagem de uma palestra dada pelo economista Jeremy Rifkin. As imagens apocalípticas de enchentes e fenômenos climáticos extremos me abalaram tanto que fiquei acordado e me senti mal por minha pegada de carbono, porém não culpado suficiente para rever minha próxima viagem. A mensagem de Rifkin era clara: o mundo está à beira da aniquilação, será a sexta extinção em massa por causa de nossa poluição da atmosfera, e é essencial encontrar uma nova alternativa radical para salvá-lo. Para a sorte de todos nós, ele entregou o plano para resgatar a humanidade, encarnado no que chamava de terceira revolução industrial.

De acordo com a palestra, a existência chegou ao limite por causa das duas revoluções industriais anteriores. Primeiro, a engenhosidade britânica no século XVIII criou a tecnologia que se tornou o motor por trás do rápido progresso industrial, da organização e do trabalho na fábrica. No começo do século xx, foi a vez dos Estados Unidos de ser o fulcro por trás do progresso com uma segunda revolução industrial baseada na exploração da eletricidade, do petróleo e do motor. Embora ambas as revoluções tenham trazido desenvolvimento sem precedentes, também criaram a crise climática ao poluir o ar. Mas não temam, estamos no limite de uma terceira revolução industrial que não apenas promete trazer recompensas ainda maiores do que as duas primeiras, mas também diz que fará isso de forma totalmente neutra em carbono, tirando a humanidade da beira do abismo.

A terceira revolução industrial baseia-se na transformação da "internet das coisas", abrindo possibilidades que podem transformar o mundo. Para Rifkin, a chave é o "custo marginal zero" de produção de inovação que o novo mundo interconectado cria. Ele argumenta que no futuro seremos capazes de sustentar nossas necessidades energéticas com relativamente pouco. O exemplo que faz mais sentido é a eletricidade por energia solar. O custo de produzir essa energia vem caindo rapidamente há anos e em breve será mais barato do que a de combustíveis fósseis. Se casas e edifícios fossem equipados com painéis solares, poderiam produzir a própria energia e, conectadas a uma rede, devolver o excedente para o sistema. Conectando a uma rede digital que conseguiria gerenciar o fluxo de eletricidade, poderíamos criar uma fonte de energia gratuita para todos. Imagine a rede alimentando o sistema de trens ou aplicativos de carros elétricos sem motorista e você está começando a alimentar o sonho que é a terceira revolução industrial. Uma economia digital, verde e interligada, que oferece eficiência inédita e, portanto, riqueza para todos. Como estava no avião, achei que eu tivesse adormecido, mas não, Rifkin fizera a versão tecnológica do discurso "Eu tenho um sonho", de Martin Luther King. Estava pleno da mesma esperança e promessa, mas também havia as limitações básicas presentes sempre que alguém imagina uma fantasia, se não uma ilusão completa. Rifkin não é o único a oferecer uma miragem tão revolucionária. O sistema doméstico, ou *putting-out*, desenvolveu-se imaginando a salvação na forma da evolução tecnológica ocidental, e a palestra de Rifkin continha todos os ingredientes principais.

ILUMINISMO 2.0

Muito parecida com as ideias de Rifkin é a concepção de que atualmente estamos embarcando em uma quarta revolução industrial, que transformará tanto a esfera política quanto a própria base da economia.[1] Nessa narrativa, a Inglaterra e o motor a vapor ainda estão na fundação da indústria, mas a segunda revolução teria acontecido entre 1867 e 1914, com maiores avanços científicos e progresso na manufatura. A computação é considerada o marco da terceira grande mudança, depois da Segunda Guerra Mundial. Klaus Schwab, fundador do Fórum Econômico Mundial, é um de seus principais proponentes, e argumenta que essa quarta revolução industrial trará "uma mudança profunda e sistêmica" nas relações de poder mundiais.[2] Zero custo marginal quer dizer que, em teoria, todos com conexão à internet poderão se conectar e ter os benefícios da nova economia. Na verdade, Rifkin argumenta que o mundo subdesenvolvido está em vantagem por sua falta de desenvolvimento estrutural. Enquanto o Ocidente foi projetado para um sistema de produção anterior e precisa ser modernizado, a falta de infraestrututra nos países em desenvolvimento deixará mais barato simplesmente equipá-los com o equipamento necessário para explorar a próxima revolução industrial. Tenho certeza de que quem vive na miséria absoluta até ficou mais tranquilo agora.

Tanto a terceira quanto a quarta revoluções industriais são

ideias geradas a partir de centros políticos relativamente hegemônicos. Rifkin cita sua experiência no trabalho com governos como a Alemanha e a China, e empresas como a gigante de energia EDF e Daimler; e a quarta revolução industrial foi escolhida pelos que fazem as políticas públicas no mundo e pela ONU.[3] São as narrativas iluministas de progresso clássicas: mais ciência, razão e tecnologia levarão a um mundo mais justo e legítimo.

Mas podemos ver ideias muito parecidas a respeito de salvar o mundo vindo de vozes mais novas, de esquerda. Salvar o planeta da catástrofe climática iminente tornou-se, com razão, uma questão central na política progressista. Se uma atitude drástica para reduzir as emissões não for tomada em breve, é bem capaz que sobre pouco do mundo para salvar. A mudança climática também está dizimando países no mundo subdesenvolvido, com fenômenos climáticos extremos que podem criar milhões de refugiados climáticos cujas pátrias estarão inabitáveis.[4] Parece que mesmo o clima adotou a lógica da supremacia branca, punindo os que estão no Resto pelos excessos do Ocidente.

Ativistas de todo o mundo estão protestando, e uma das mobilizações mais notáveis é o movimento pela greve climática liderado por crianças e jovens. Em 2019, a terceira greve se espalhou por 150 países, com uma estimativa de mais de 4 milhões de participantes. Por mais valioso que seja esse ativismo de base, ele continua existindo estritamente dentro da estrutura imperialista. A greve foi planejada para coincidir com a Cúpula do Clima da ONU, e, por mais potentes que sejam figuras como a manifestante climática Greta Thunberg, os ativistas gastam tempo apelando para os chefes de Estados nacionais. Quando localizamos que o sistema é o problema, deveria ser claro que, não importa quantos manifestantes do Extinction Rebellion façam protestos nus no Parlamento britânico, eles não vão desmantelar a lógica colonial da ordem mundial. A preocupação com o mundo subdesenvolvido se encaixa firmemente na estrutura dos assim chamados direitos universais como foram desenvolvidos no Iluminismo. Claro, eles têm o direito de não serem inundados, queimados ou expulsos de casa pela fome, mas esse continua sendo o limite de sua humanidade.

Para ser justo, trata-se de tentativas de formular o debate climático segundo a necessidade de uma agenda política transformadora. Naomi Klein foi chamada de "madrinha intelectual" da pressão pelo Green New Deal, uma agenda de políticas públicas ambiciosa para reduzir a zero a emissão de carbono e reformar o capitalismo.[5] Klein deixa mais do que claro que reduzir as emissões não é o suficiente, e associa a luta climática a seu trabalho anterior, expondo as condições dos *sweatshops* no mundo subdesenvolvido. As metas climáticas só podem ser alcançadas com o fim de uma economia que visa ao crescimento constante e ao luxo, e nessa busca explora trabalhadores nas partes mais pobres do mundo.[6] O Sunrise Movement, que vem fazendo campanha pela realização do Green New Deal, resume sua visão como "parar a mudança climática, alcançar a sustentabilidade ambiental, criar milhões de bons empregos e concretizar a prosperidade econômica para todos".[7]

As campanhas tiveram tanto sucesso que o Green New Deal abriu caminho à força no debate político. Bernie Sanders pôs as propostas no centro de sua campanha presidencial e Alexandria Ocasio-Cortez, estrela em ascensão do Partido Democrata, apresentou uma resolução do Congresso para apoiar essa agenda de política pública. Ocasio-Cortez representa a lista de candidatos mais jovem, mais diversa e mais progressista nos Estados Unidos, determinados a mudar a agenda de políticas públicas. Como parte da campanha pelo Green New Deal, ela deu voz a um vídeo com o jornal *The Intercept* e Naomi Klein chamado "Uma mensagem do futuro", em que se imagina olhando para o mundo criado depois de conquistar o Green New Deal. É uma utopia lindamente concretizada, na qual a economia verde criou empregos, mudou o debate a respeito do serviço de saúde universal e inspirou mais mulheres e minorias a entrar na política e se elegerem. Infelizmente, ele contém muito da miopia a que já devíamos estar acostumados.

O Green New Deal recebe esse nome por causa do pacote de Franklin D. Roosevelt para combater a Grande Depressão dos anos 1930. Por mais importantes que tenham sido essas reformas, que ofereceram casa, empregos e assistência social para milhões de estadunidenses, elas não enfrentaram os problemas do racismo nos Estados Unidos. Na verdade, o New Deal foi racialmente injusto em sua aplicação, particularmente em relação ao boom habitacional extremamente segregado que foi induzido por ele.[8] Klein admite que a metáfora do Green New Deal é um pouco limitada por seu predecessor, e que oferecer justiça climática "não é uma cura mágica para o racismo, a misoginia, a homofobia ou a transfobia".[9] O problema é que não há na agenda nenhuma tentativa real de abordar essas questões. Elas continuam nas margens, na forma clássica de acreditar que a economia de alguma forma está separada das questões identitárias. Muito da plataforma de Sanders parece um apelo direto às classes brancas trabalhadoras que estão padecendo no cinturão da ferrugem do meio-oeste, as supostas verdadeiras vítimas da globalização, com promessas de empregos estadunidenses "com benefícios robustos, um salário digno, capacitação [...]. E proteção ao direito de todos os trabalhadores de formar um sindicato".[10] Esses objetivos são todos nobres, mas não tratariam do racismo nos Estados Unidos e, o que é crucial para entender as implicações da nova era do império, eles dependem da exploração do mundo subdesenvolvido.

Propostas de taxar os ricos parecem progressistas, mas os ricos ganham dinheiro com um sistema que explora brutalmente corpos racializados. Usar essa riqueza para recauchutar o Ocidente e oferecer empregos de alta qualidade e acesso à saúde depende da mesma lógica colonial. A esquerda na Inglaterra não é diferente: o partido trabalhista de Jeremy Corbyn representou o ressurgimento da esquerda e adotou a política do Green New Deal. Na promessa dessas novas iniciativas está implícita a de igualdade para todos e a libertação da sociedade pela tecnologia. Mas é revelador que em nenhum dos dois lados do Atlântico haja esforço de fato para abordar os problemas da desigualdade global. Quando se mantém a lógica colonial, "igualdade para todos", na verdade, significa melhorar a vida dos que estão no Ocidente, que continua sendo a preocupação central na última versão do Império Ocidental. A realidade desconfortável é que a nova esquerda intelectual está fazendo fila para recauchutar o Iluminismo para os dias de hoje.

O historiador holandês Rutger Bregman viralizou ao atacar milionários por não pagarem impostos no Fórum Econômico Mundial em Davos, em janeiro de 2019. Ele diagnosticou o problema da desigualdade como "impostos, impostos, impostos. Todo o resto é bobagem na minha opinião", para a decepção dos sonegadores de impostos ali reunidos. No entanto, em sua obra *Utopia para realistas*, Bregman traça uma visão tão imersa no pensamento iluminista que argumenta que só precisamos "recuperar a linguagem do progresso" para "hastear novamente as velas!" para um futuro mais promissor. A ideia de recuperar um bastão perdido só é possível porque de alguma forma ele acredita que "historicamente, a política era território da esquerda".[11] Como vimos neste livro, a verdade é diametralmente oposta, ao menos no que se refere ao Ocidente. Se concebemos a esquerda de forma ampla como política redistributiva e luta pelo direito dos trabalhadores, então o único período que de fato foi território da esquerda trata-se da era social-democrata depois da Segunda Guerra Mundial. Mas esse acordo já derreteu na Inglaterra e nos

Estados Unidos, e está se desgastando até nas partes mais progressistas da Europa. Mesmo durante os dias emocionantes do Estado de bem-estar social, o período ainda se caracterizava pela supremacia branca. Racismo, sexismo e exploração do trabalho, na verdade, é que são o território da política ocidental.

O argumento de Bregman consegue ficar ainda mais absurdo quando ele cita as figuras históricas em que devemos nos inspirar. Rasga-se em elogios ao padre do século XVI Bartolomeu de las Casas por defender a igualdade entre os mestres coloniais e os povos indígenas das Américas, e por tentar fundar uma colônia na qual todos receberiam uma vida confortável. O nome Las Casas talvez soe familiar: no capítulo 2, discuti que sua determinação de que os nativos tinham alma também serviu como justificativa para a escravização dos africanos, que eram considerados incapazes de serem salvos. John Stuart Mill também recebe um salve por sua crença na igualdade das mulheres. É o mesmo Mill que encontramos mais cedo justificando "o despotismo" na tentativa de melhorar os "bárbaros" nas colônias. Para Bregman, sem esses "sonhadores de olhos abertos ainda seríamos todos pobres, famintos, assustados, burros e feios".[12] Isso é apenas uma versão mais palatável de elogiar Hitler por construir estradas. Só para começar, Bregman foi convidado para o Fórum Econômico Mundial, então talvez seja injusto depositar muita fé em suas credenciais progressistas, ainda que vejamos esse mesmo tipo de pensamento por todo o espectro político.

A Novara Media tornou-se uma importante fonte alternativa de notícias para a esquerda na Inglaterra, com enorme presença on-line. Seu cofundador, Aaron Bastani, tornou-se figura central na esquerda, mas oferece o mesmo modelo básico do progresso tecnológico que liberta a humanidade. Em vez de ver três ou quatro revoluções industriais, reconhece apenas duas, chamadas "perturbações" anteriores. Primeiro, a emergência do *Homo sapiens*, que começou o desenvolvimento agrário e, segundo, a sacrossanta Revolução Industrial comandada pelos ingleses no século XVIII. Estamos supostamente no meio de uma terceira perturbação que promete toda a fartura de que já falamos. No melhor dos casos, Bastani é ainda mais otimista, imaginando que sob um "comunismo de luxo totalmente automatizado vamos ver mais do mundo do que em qualquer outra época anterior, comer tipos de comida de que nunca ouvimos falar e levar vidas equivalentes — se assim quisermos — às dos bilionários de hoje". Como se estivesse pressentindo o ceticismo do leitor, ele declara que "nossas ambições devem ser prometeicas porque nossa tecnologia já fez de nós deuses — então podemos muito bem usar isso".[13] Essa húbris não é apenas saudosa do pensamento iluminista, mas está bem no coração do projeto intelectual eurocêntrico.

A maior mentira que sustenta o Iluminismo está incorporada em seu nome. O conhecimento não se espalhou a partir da Europa para levar luz às partes não civilizadas do mundo. Na verdade, foi exatamente o oposto: a Europa pegou o conhecimento produzido por todo o planeta e o embranqueceu, fingindo que era dela. A ciência certamente contribuiu muito para o mundo, mas fingir que ela é propriedade do Ocidente só é possível por causa da presunção da branquitude. Um paralelo em todas as várias narrativas de progresso é que elas imaginam que o mundo moderno só começa com a Revolução Industrial na Inglaterra no século XVIII. Acho que devemos dar algum crédito a Bastani por situar sua primeira perturbação fora do Ocidente com o surgimento do *Homo sapiens* na África. Mas depois o desenvolvimento aparentemente fica congelado no tempo até James Watt aparecer em cena com seu motor a vapor. Descartar os milhares de anos de história e desenvolvimento por todo o mundo que lançaram a base para a Revolução Industrial ocidental não é apenas míope, mas profundamente ofensivo. Pior ainda é a completa falta de reconhecimento do lado negro do surgimento da indústria ocidental.

O objetivo principal deste livro é se contrapor à mitologia dominante no Ocidente progressista. A esta altura, espero que você esteja convencido de que genocídio, escravidão e colonialismo foram tão importantes, se não mais, quanto o surgimento da ciência e da indústria para tudo o que temos hoje. É simplesmente impossível ter os avanços tecnológicos sem a violência que os sustenta. A leitura dos assim chamados radicais é apenas um lembrete de que a mitologia do progressismo hoje é endêmica, mesmo nos círculos de esquerda. Em nenhum dos relatos anteriores sobre a história as atrocidades do Ocidente são sequer mencionadas, que dirá recebem lugar estratégico de direito. Se europeus colonizando o mundo praticamente inteiro para explorar trabalho e recursos não cruza o limiar de uma perturbação, então temos extrema necessidade de uma nova medida.

Não surpreende nem um pouco que os supostos novos radicais estejam reproduzindo as discussões intelectuais do Iluminismo; foi assim que eles foram criados. Há um motivo para que, em 2015, os estudantes da Inglaterra tenham lançado a campanha #WhyIsMyCurriculumWhite [Por que meu currículo é branco]. O pensamento ocidental ainda é dominado pelo conceito de que o conhecimento vem da base estabelecida pelos supostos pais fundadores a quem nos mandam reverenciar. Para mim, pode ser irritante ler o conjunto de trabalhos escritos no século XXI que citam quase exclusivamente homens brancos, mas é apenas a moeda corrente para quem produz ideias hoje.

Acabamos esperando muito da esquerda porque deixamos de entender que sua herança intelectual está tão enraizada nas narrativas de progresso quanto a do neoliberalismo. Marx continua no centro do pensamento ocidental radical, mas ele é tão produto do Iluminismo quanto Kant. Marx via o capitalismo como um mal que precisava ser superado, mas necessário para produzir o comunismo (mesmo sua versão automatizada de luxo). Assim como vemos com os argumentos hoje, Marx achava que o progresso tecnológico gerado pelo capitalismo era essencial para oferecer a abundância necessária para a libertação humana. As ideias da supremacia branca e do progresso científico conduzido pelo Ocidente são parte absolutamente integral do marxismo e continuam sendo sua grande limitação. A incapacidade de Marx em entender que o mundo subdesenvolvido era habitado por pessoas plenamente humanas e capazes de lutar o levou a identificar a classe revolucionária de forma totalmente errada. Ele não conseguia ver além do trabalhador industrial ocidental criado pelas contradições do capital e do trabalho, e teorizou que era dali que o proletariado se levantaria para derrubar o sistema injusto. Mas a história demonstrou que aqueles que adotaram o marxismo e conseguiram se comprometer com a revolução residiam quase exclusivamente no mundo subdesenvolvido. Em Cuba, China, Coreia do Norte, Guiné, Granada, Moçambique, Angola, Vietnã do Norte e até na amada Mãe Rússia a revolução foi em grande parte liderada pelo campesinato, e não pelos operários.[14]

A principal falha de Marx foi ter imaginado "que o proletariado industrial era o herói do capitalismo e havia inventado uma história cuja narrativa justificava isso".[15] Foram suas raízes no Iluminismo que o levaram a essa conclusão. Se o conhecimento e o progresso se disseminaram a partir da Europa, então a revolução também deve fazer o mesmo. Em vez de representar um rompimento com a supremacia branca intelectual, o marxismo é apenas o outro lado da moeda dessa lógica. É um paradoxo do marxismo que o operário industrial ocidental nunca tenha conseguido fazer uma revolução comunista, enquanto por todo o mundo subdesenvolvido Marx tenha inspirado a derrubada do Estado, de Cuba à China, via Guiné-Bissau e com muitas paradas no meio.[16] Marx estava tão cego pela supremacia branca que era (e muitos de seus discípulos ainda são) incapaz de entender que a classe mais oprimida e verdadeiramente revolucionária estava fora do Ocidente por causa da natureza racista do capitalismo. Os tais novos radicais hoje não são diferentes e apresentam visões alternativas do futuro oculto pela branquitude.

DE QUEM É A ECONOMIA, ALIÁS?

A fé no progresso tecnológico se destaca das várias concepções alternativas do mundo devido à típica resistência da esquerda à mecanização ao considerar seu impacto na força de trabalho. Desde o começo da automação, trabalhadores têm um medo inerente de serem substituídos por máquinas. A palavra "ludita", usada para se referir a alguém cético em relação à tecnologia, vem dos seguidores de Ned Ludd, que quebravam o maquinário fabril no começo do século XIX na Inglaterra. Uma das narrativas mais fortes que dá forma à política social atual é a ideia de que trabalhadores (brancos) no Ocidente estão ficando para trás por causa do desaparecimento de trabalho nas fábricas, seja porque elas estão indo para além-mar, seja em função da "ascensão dos robôs", que soa tão sinistra. Não há dúvida de que a economia está mudando. Mundialmente, as fábricas empregaram 163 milhões de pessoas em 2003, mas esse número provavelmente vai minguar para "alguns milhões" num futuro próximo.[17]

No Ocidente, a dizimação da base de manufatura teve papel nada pequeno na eleição de Donald Trump, embora ele tenha posto a culpa na externalização dos assim chamados empregos "americanos" para estrangeiros. A robótica e a inteligência artificial estão substituindo o trabalho humano numa rapidez alarmante. Mas é possível unir esses opostos com a promessa de abundância que vem com a terceira/quarta revolução industrial, supostamente mais eficiente e que, portanto, pode oferecer maiores níveis de riqueza para ser distribuída na economia. Na verdade, a produção industrial aumentou 60% entre 1997 e 2005, embora 4 milhões de funções tenham desaparecido do setor.[18] É a promessa de abundância que sustenta a narrativa do progresso.

O imenso desenvolvimento de infraestrutura demandado para terminar a revolução tecnológica, quando a sociedade se comprometer a executá-la, dependerá da capacitação e do pagamento de milhões de trabalhadores para liderar a investida para a nova era. Não há robôs equipados para instalar painéis solares, cabos e todo o equipamento necessário para criar a rede da internet das coisas. Essa promessa de emprego é um dos principais apelos do Green New Deal, que contratará trabalhadores para as muitas novas indústrias essenciais para descarbonizar o mundo. Não é que o trabalho desaparecerá, ele apenas se transformará. Na utopia progressista, por causa da quantidade de riqueza e eficiência, o trabalho em si se tornará obsoleto, pois os robôs farão todo o serviço sujo, enquanto nós, humanos, ficaremos livres para nos dedicarmos a nosso lazer. Bregman tem toda uma seção a respeito da busca pelo lazer, citando o desejo de Marx de ser livre para "caçar de manhã, pescar de tarde, cuidar do gado à noite, fazer crítica depois do jantar".[19] Esse desejo por tempo de lazer é central na nova esquerda inglesa, sustentando o programa político do corbynismo, expresso na demanda de encurtar a semana de trabalho.

Tamanha fé no desenvolvimento tecnológico é uma característica crucial da narrativa do progresso: a ciência criará a abundância que libertará a todos. Há uma infinidade de problemas com a ideia de criar uma sociedade automatizada em que estaremos livres do que é mundano. Por exemplo, a distopia da série *O exterminador do futuro* baseia-se nisso, em que a rede de inteligência artificial criada para melhorar o mundo decide eliminar a raça humana quando é ligada. Criar um mundo comandado por máquinas inteligentes pode na verdade ser a versão suprema de construir nossos próprios coveiros. Há uma antiga lenda sul-africana sobre o terrível Za-hu-Rrellel, que criou as criaturas da Terra e fazia tudo pelo povo, inclusive transferir comida para a barriga delas. A população ficou tão acostumada a ter tudo na mão que ficou gorda e se esqueceu de como andar e falar, permitindo que Za-hu-Rrellel tomasse o território.[20] Apesar do clima de pesadelo dessas visões do futuro, ambas oferecem avisos. *O exterminador do futuro* fala sobre as consequências não intencionais de tentar dominar a tecnologia. A fábula moral de Za-hu-Rrellel, a respeito de como a tecnologia pode ser usada pelos poderosos com objetivos escusos. Trata-se de uma das principais limitações à ideia de utopia por meio da tecnologia.

Embora pioneiros como Rifkin gostem de apontar os produtos gratuitos da internet das coisas, como a Wikipédia e o software de código aberto, eles trabalham com governos e corporações. O equipamento para as redes que estão construindo no futuro não pode ser criado de graça, ou por startups corajosas. Governos e corporações estão à frente da investida, e a China é uma das principais forças no desenvolvimento da terceira/quarta revolução industrial. A iniciativa chinesa "cinturão e rota" visa trazer as velhas rotas de comércio para a nova era, construindo equipamento digital e capacitação por boa parte da Ásia, da África e da Europa.[21] Embora o país possa se vestir com o vermelho do comunismo e preservar as boas lembranças de Mao, é solidamente capitalista. O único aspecto do comunismo à moda antiga que sobrou é um Estado autoritário e muito grande. Um dos principais mecanismos para manter o poder do Estado chinês é a mesma internet das coisas de que Rifkin tem tanto orgulho. Por exemplo, as minorias muçulmanas chinesas estão sob constante ataque e vigilância. Desde 2017, mais de 1 milhão de pessoas foram mandadas para centros de detenção por serem consideradas "perigosas". Ao monitorar o uso do smartphone, as autoridades criaram algoritmos para detectar comportamentos "não chineses" e marcar muçulmanos usando sua Plataforma Integrada de Operações Conjuntas. A China criou uma "rede de vigilância" com câmeras de reconhecimento facial e rastreamento de telefone celular que registra o movimento de sua população etnicamente muçulmana.[22] A internet das coisas criou uma prisão virtual para muçulmanos na China.

A tecnologia sempre foi usada no Ocidente para reprimir a população, tanto quanto para libertá-la. Por meio de escuta telefônica e atividades mais conhecidas, como o uso de espiões, o plano de vigilância empreendido pelo programa de contrainteligência do FBI (Cointelpro) foi capaz de desfazer grupos, como os Panteras Negras, nos anos 1960 e 1970. É aterrorizante imaginar o que pode ser a versão moderna desse programa, com todo o acesso a nossa vida que a tecnologia permite aos poderosos. Telefone, computador, caixa de som digital, carro inteligente, TV, internet, as câmeras em todo lugar, tudo isso pode ser usado contra nós para restringir nossa liberdade. Os mecanismos dessa suposta liberdade tornam-se, facilmente, as armas da opressão. Acusações menos violentas, mas igualmente sinistras, já são feitas contra o uso dessa tecnologia, desde algoritmos ajustados especialmente para fazer comprar produtos inúteis ao direcionamento de fake news convencendo a apoiar um partido político prejudicial.

Em relação a emprego, a perspectiva é igualmente sombria. Apesar de toda a conversa sobre transformar a natureza do trabalho, a realidade é que há profunda divisão de classes que se beneficia da automatização. As profissões de classe média, menos fáceis de mecanizar, prosperaram, enquanto o desemprego atingiu milhões daqueles com pouca ou nenhuma capacitação, que antes podiam trabalhar na indústria. A digitalização também levou a uma piora das condições para trabalhadores de baixa remuneração, que estão sujeitos a monitoramento e metas.

Numa outra viagem de avião (alerta da pegada de carbono!), estava assistindo a um documentário da Vice, *The future of work* [O futuro do trabalho], que tinha um trecho inteiro sobre o papel da automação em depósitos (vamos evitar chamá-los de "centros de operação"). A empresa estava orgulhosa de suas ações para sincronizar o trabalho de humanos e máquinas. No entanto, os trabalhadores estavam menos entusiasmados porque as demandas envolviam manter o ritmo do cronograma automatizado. Em vez de libertar os trabalhadores, o resultado da automação em grande medida era para cortar a força de trabalho, assim como salários e condições de trabalho, enquanto aumentava a vigilância e permitia que uma minoria cada vez menor acumulasse uma riqueza inestimável.[23] A Amazon representa a encarnação de tudo isso, com seus trabalhadores de depósito vigiados a todo instante, a ponto de ter medo de fazer pausas para ir ao banheiro enquanto trabalham arduamente a fim de manter as metas exigidas por um algoritmo.[24] Enquanto isso, o fundador Jeff Bezos está a caminho de se tornar o primeiro trilionário do mundo, ganhando aproximadamente 2489 dólares a cada segundo, mais do que o dobro do que ganha o trabalhador médio nos Estados Unidos em uma semana.[25] Bezos e sua laia são os imperadores da nova era do imperialismo e as corporações são seus feudos. Para quem espera o impacto libertador da tecnologia, um aviso: são essas corporações que estão estabelecendo a base para a terceira/quarta revolução industrial. Não há motivo para acreditar que o novo sistema será diferente do velho, na verdade devemos esperar mais do mesmo.

Por causa da liberação do controle do Estado-nação sobre o capital, os governos nacionais acham quase impossível regular as corporações globais, pelo motivo óbvio de que elas simplesmente não têm a jurisdição. Certamente seria possível fazer mais, mas as companhias despejam sua riqueza em políticos justamente para influenciar a inação. Veja-se a dificuldade em fazer o Facebook parar de compartilhar fake news. Em 2019, a Microsoft superou a Apple num contrato de 10 bilhões de dólares para hospedar a nuvem do Departamento de Defesa dos Estados Unidos. Boa sorte para regular uma empresa que armazena os documentos confidenciais do seu país.

A maior falha no argumento de que a abundância vai nos salvar é que já vivemos num mundo de fartura. Apenas 62 pessoas detêm a riqueza de todo um terço do mundo. Há comida mais do que o suficiente para alimentar todos e, no entanto, anualmente milhões de pessoas morrem enquanto toneladas de comida apodrecem no Ocidente. O problema não é escassez, é a desigualdade, e se o novo sistema for construído pelas mesmas pessoas que lucram com o antigo, é uma loucura esperar que uma tecnologia mais avançada liberte os pobres. É particularmente delirante pensar que a desigualdade global, ou a supremacia branca vivida na carne, pode ser remediada por uma nova versão das narrativas iluministas de progresso.

O endereço tem maior influência sobre as oportunidades a que uma pessoa terá acesso na vida do que todo o resto. A expectativa de vida de quem mora em uma área entre as 10% mais ricas da Inglaterra pode ser dez anos maior do que a daqueles que estão presos numa das regiões mais carentes.[26] Enquanto isso, uma criança nascida hoje na Somália tem uma chance em cinco de morrer antes do aniversário de cinco anos, mais do que a possibilidade que um soldado tinha de morrer na Guerra de Secessão nos Estados Unidos, na Segunda Guerra Mundial, na Guerra do Vietnã ou em qualquer outro grande conflito dos últimos dois séculos.[27] Enquanto reclamamos das nossas conexões de wi-fi instáveis, a maior parte da população mundial não tem banheiro dentro de casa. Literalmente, não há nenhum paralelo entre nossa vida no Ocidente e a da maioria das pessoas mundo afora. Em média, a linha de pobreza é dezessete vezes mais alta no Ocidente do que no mundo subdesenvolvido. Essa é a maior presunção dos novos pensadores supostamente radicais. Ao ignorar o lado negro da história que criou o mundo moderno, também deixaram de ver qualquer análise séria de como consertar o estrago. A ciência e a tecnologia nunca poderão ser a solução para o problema do racismo.

A questão sobre como o Ocidente consegue dinheiro e os recursos necessários para desenvolver a próxima revolução industrial está ausente de qualquer análise da ordem social nas alternativas apresentadas. A escravidão e o colonialismo geraram as primeiras duas/três revoluções. Agora há uma nova competição pelos recursos da África, que estão sendo saqueados para a revolução verde. A África é o continente mais rico em minerais, abriga a matéria-prima essencial para os painéis solares e as baterias eficientes que devem gerar energia para o mundo. Como vimos, o Ocidente tem riqueza para roubar esses recursos e desenvolvê-los por causa dos desequilíbrios de poder raciais mundiais. Se é altamente improvável que os pobres no Ocidente terão algum benefício com a inovação tecnológica, é inimaginável que isso aconteça no mundo subdesenvolvido, e na África em particular. Bastani fantasia com a possibilidade de minerar asteroides para conseguir a fartura necessária para recauchutar o mundo. Enquanto isso, a riqueza da África está sendo depenada, e, se um dia for possível banquetear-se com as estrelas, ainda não vimos como o continente vai poder aproveitar.

Para que todos possam ganhar da terra da fartura, Bregman propõe derrubar os portões de ferro que marcam fronteiras nacionais e permitir que as pessoas do mundo subdesenvolvido viajem livremente para o Jardim do Éden que é o Ocidente. Aparentemente, a liberdade de movimentação mundial faria a economia crescer entre 67% e 147%, trazendo enormes benefícios para o mundo subdesenvolvido. Ele argumenta que "se todos os países desenvolvidos deixassem apenas 3% a mais de imigrantes entrarem, os pobres do mundo teriam 305 bilhões de dólares a mais para gastar".[28] Pelo menos Bregman reconhece que a maior parte do mundo está excluída dos frutos do progresso ocidental e propõe um mecanismo para compartilhar os dividendos. Só é uma pena que apresente uma solução tão míope.

Liberdade de circulação para todos certamente geraria mais dinheiro para o mundo subdesenvolvido. A Jamaica é o exemplo perfeito do poder da migração, já que o país se manteve em dia com a realidade de que há mais jamaicanos na diáspora do que na ilha. Uma população reduzida resulta em menos bocas para alimentar, mas a principal vantagem é o dinheiro recebido por quem está na diáspora, em lugares como Inglaterra, Estados Unidos e Canadá. As remessas, o dinheiro mandado de volta para a Jamaica ou reivindicado em pensões estrangeiras, representam 15% de todo o PIB do país, número que, de alguma forma, consegue mascarar a dependência da Jamaica por pagamentos estrangeiros.[29] Quando se considera a quantidade de dinheiro que de fato permanece no Estado (mais de 60% dos dólares de turismo imediatamente desaparecem nas entidades estrangeiras que são donas dos resorts), as remessas são a maior fonte de renda estrangeira no país.[30] Mas, depois de todos esses anos de remessas, a Jamaica ainda continua extremamente pobre, incapaz de superar o legado colonial. Embora o fechamento das rotas de migração para a Inglaterra e os Estados Unidos faça o futuro parecer ainda mais sombrio, se elas reabrissem, a situação deplorável do jamaicano médio não melhoraria muito.

Para começar, mesmo que a liberdade de circulação pareça libertadora em princípio, só quem pode pagar uma viagem, e suas famílias, tem alguma vantagem. Os mais pobres continuarão exatamente onde estavam e, ainda pior, a migração encoraja a assim chamada "fuga de cérebros", na qual quem é graduado abandona um país subdesenvolvido para aproveitar as oportunidades do Ocidente.[31] O impacto sobre a economia é óbvio, particularmente sobre aqueles que vivem onde já falta infraestrutura e serviços. Migração como solução também sugere que o ônus deva ser dos pobres, que precisarão migrar para os países do Ocidente para ter uma vida melhor. Ninguém deveria *querer* vir para a Inglaterra com esse clima horrível, essa infraestrutura falha e essa desigualdade brutal. Deveríamos estar tentando fazer os lugares de onde as pessoas migram seguros e ricos o suficiente para que não haja o desespero de fugir. Mas o maior problema com a ideia de fronteiras abertas como salvação é a arrogância intelectual da narrativa de progresso.

Apenas fingindo que a abundância no Ocidente é gerada por meios legítimos é que alguém pode sugerir convidar os que estão nas antigas colônias para se regalar. O cardápio do jantar para o qual os estamos convidando é derivado da exploração de seus países natais. Para devolver mesmo que um pouco dessa riqueza, o sistema racista que os explora *precisa* ficar intacto. É por isso que a Jamaica continuou pobre mesmo depois de mandar metade da população para fora a fim de fazer fortuna. Na verdade, os jamaicanos estão canibalizando sua própria riqueza quando enviam uma remessa. Não é diferente em muitos dos outros países dependentes disso para a sobrevivência. Uma política "sem fronteiras" apenas manteria os países subdesenvolvidos dependentes das forças do neocolonialismo.

Usar o PIB como medida do progresso não faz sentido de toda forma. O PIB só mede algumas contribuições para a economia e deixa de fora outras, como o trabalho doméstico, enquanto ressalta aspectos como o endividamento.[32] Abordei essa miragem na discussão sobre a ilusão de que a África vai prosperar com empréstimos de fontes estrangeiras. Mais dinheiro certamente não quer dizer mais igualdade: geralmente é o oposto. Por exemplo, desde o thatcherismo, nos anos 1980, a Inglaterra ficou muito mais rica, mas a diferença entre ricos e pobres transformou-se num abismo. Aumentar o PIB mundial não quer dizer nada se não levarmos em conta onde a riqueza vai parar. Considerando tanto o passado quanto o presente de como a abundância no Ocidente foi produzida, agora deveria estar absolutamente óbvio que o espólio nunca poderá ser dividido igualmente com o mundo subdesenvolvido.

Por mais problemática que seja a ideia de abolir as fronteiras como solução, ao menos ela tenta incluir os que estão no mundo subdesenvolvido. Isso raramente acontece quando se imaginam novas utopias. Como resposta à crise do trabalho e ao aumento dos robôs, uma das ideias mais em voga é a renda básica universal. Em vez de implementar Estados de bem-estar social baseados em vários direitos, o conceito nesse caso é que o Estado ofereça a cada cidadão determinado nível de renda garantida. Há várias propostas de quanto deveria ser, mas para funcionar precisaria ser uma quantia significativa, pensada para garantir a subsistência.[33] Oferecer o suficiente para sobreviver resolve o declínio do trabalho disponível e também aumenta o tempo de lazer que todos buscamos. E não se trata de a renda básica substituir o trabalho, mas apenas erradicar a pobreza, garantindo que todos possam viver.

O contra-argumento de aversão de quem faz políticas públicas à renda básica universal é de que ela deixará as pessoas preguiçosas e sem vontade de trabalhar. No entanto, quando a prática é testada, o resultado normalmente é que os indivíduos gastam dinheiro de forma sensata e trabalham mais, melhorando muito a vida e a economia deles. Muitos dos projetos-piloto foram aplicados como programas de desenvolvimento e com a sugestão de que dar o auxílio diretamente para a população fosse melhor do que encaminhá-lo por agências ocidentais. Todavia, é no mundo subdesenvolvido que podemos notar profundas limitações ao projeto.

O Ocidente está inchado com riqueza suficiente para financiar uma renda básica generosa. Um dos bastiões da democracia progressista de esquerda, a Finlândia, lançou um experimento de renda básica de dois anos em 2017, com pagamentos de aproximadamente 590 dólares por mês a 2 mil desempregados selecionados aleatoriamente, para pesquisar o impacto sobre suas rendas e participação na força de trabalho. Esse experimento pode contrastar com outro similar no Quênia, onde a instituição de caridade estadunidense GiveDirectly selecionou 44 vilas para receber uma renda de 23 dólares por mês a cada adulto, ao longo de doze anos, para estudar os efeitos. O enorme abismo entre as quantias nos dá uma pista da dimensão da desigualdade racial mundial e de como a renda básica não faz absolutamente nada para resolvê-la.[34] Oferecer dinheiro suficiente para permitir que as pessoas sobrevivam no Quênia é útil, mas nunca vai superar as profundas desigualdades globais a que o país está sujeito.

Erradicar a pobreza absoluta pode ser bom, mas a renda básica universal na verdade reforçaria a lógica do império. Lembrem-se: o Ocidente só tem essa quantidade tão desproporcional de riqueza *por causa* da pobreza em lugares como o Quênia. Um mundo onde exista uma renda básica universal paga sem fronteiras, no qual pessoas racializadas pobres possam ganhar dinheiro com trabalhos mal pagos de imigrante no Ocidente, é a definição de distopia. Talvez todos possam comer, mas o sistema político e econômico estaria congelado na imagem da supremacia branca, com o mundo subdesenvolvido incapaz de alcançar o Ocidente. O problema de lugares como o Quênia é o sistema econômico mundial que os explora, sugando seus recursos para que o padrão de vida seja tão baixo que uma agência de caridade ocidental possa pagar a subsistência de 4966 habitantes de vilas por doze anos.

Embora isso talvez faça as pessoas do Ocidente se sentirem melhor, o fato de que as instituições de caridade tenham recursos para fazer experimentos de renda básica universal como a melhor maneira de gastar sua benevolência *é o problema*.

A renda básica universal não é uma ideia nova nem radical: um de seus defensores é o economista arquineoliberal Milton Friedman. Existe um mundo onde a renda básica universal é um "thatcherismo bombado", em que o Estado de bem-estar social é substituído por pagamentos aos indivíduos que constituem o mito da sociedade.[35] Dada a desigualdade das sociedades no Ocidente, o gasto com assistência social é grande parte de todos os orçamentos ocidentais. Além dos custos adicionais causados pela pobreza em áreas como justiça penal e serviço de saúde, a renda básica universal na verdade pode se apresentar como maneira muito mais eficiente de oferecer um Estado de bem-estar social.

Contando com polícia, tribunais e prisões, só a justiça penal custa em média 182 bilhões de dólares por ano nos Estados Unidos.[36] Isso não inclui o impacto do crime na economia, apenas o preço de lidar com o problema. Esse número desaparece em comparação com as estimativas de quanto custa a pobreza geral para a economia estadunidense. Só a pobreza infantil tem custo estimado de 1,03 trilhão de dólares por ano.[37] Toda a pobreza pode custar 4 trilhões de dólares para a economia, o que é mais do que os 3,8 trilhões de dólares que demandaria um programa de renda básica universal de mil dólares por mês.[38] É de imaginar que a direita possa aproveitar a oportunidade para acabar com o Estado de bem-estar social introduzindo um sistema de pagamento individualizado, especialmente porque isso já aconteceu.

Em 1968, Richard Nixon quase aprovou renda básica para famílias pobres, que teria sido, em valores de hoje, o equivalente a 10 mil dólares para uma família de quatro pessoas. Foram gastos milhões de dólares em experimentos que envolviam milhares de famílias, com resultados que mostravam benefícios e nenhum grande declínio nas horas trabalhadas. O plano de Nixon foi em algum momento desmantelado pelo zelo ideológico dos neoconservadores que rezavam no altar de Ayn Rand e o livre mercado, relegando o sonho da renda básica universal à lata de lixo da história.[39] Mas o fato de que Nixon estava a favor dela nos dá um bom motivo para pensar duas vezes a respeito da ideia. A renda básica universal é basicamente uma conversa sobre como dividir o espólio do império e mitigar a extrema desigualdade criada pelo capitalismo.

DEMOCRACIA IMPERIAL

Em última instância, o que minou o Iluminismo foi a reivindicação ao universal quando suas teorias são baseadas no individual. A branquitude está no coração do pensamento iluminista, e isso não é diferente nas novas abordagens supostamente radicais. Todas são fundamentalmente incapazes até de nomear o racismo, que é a base do sistema político e econômico mundial, que dirá oferecer alguma solução de fato. Podemos notar essa atitude nas narrativas distorcidas de progresso iluminista que sustentam as novas utopias, assim como nos mitos de gênese e criação de movimentos sociais que deram forma à teoria.

A faísca que acendeu muitos dos novos movimentos sociais foram as crises financeiras em 2008, a eleição de Trump e o voto pelo Brexit, que deixaram, nas palavras de Bregman, "mais e mais pessoas sedentas por um verdadeiro antídoto radical, tanto para a xenofobia quanto para a desigualdade por uma nova fonte de esperança".[40] O ponto zero dessa narrativa é o nascimento do neoliberalismo, conduzido pelo thatcherismo e pela *reagonomics* dos anos 1980. Desmantelar o acordo social democrático deu rédeas livres para as forças do capital e plantou a semente para o colapso econômico em 2008. O desemprego, a insegurança e a austeridade que vieram a seguir levaram ao inevitável crescimento da nova direita quando as pessoas foram procurar pelas causas de sua pobreza. Também expôs as contradições inerentes do capital e atiçou as chamas de protesto ao revelar a opressão aos oprimidos. Uma das primeiras e mais famosas respostas a essa crise foi o movimento Occupy, que tomou o mundo.

Em 17 de setembro de 2011, manifestantes ocuparam o parque Zuccotti, no centro de Manhattan, perto do distrito financeiro, para protestar contra a causa da crise financeira. O movimento cresceu rapidamente, espalhando-se para mil cidades e acumulando 6500 detenções nos primeiros seis meses.[41] A ocupação foi estimulada pela revista canadense anticapitalista *Adbusters*, que "lançou uma chamada à ação para uma 'revolução', uma 'revolta popular no Ocidente'" em reposta à crise do capitalismo.[42] O Occupy se inspirou em movimentos anteriores, como os Indignados na Espanha, que haviam ocupado o espaço público em resposta ao crescente desemprego, austeridade e outros ajustes estruturais aplicados por instituições financeiras externas.[43] A Primavera Árabe, que ganhou os holofotes com a ocupação da praça Tahrir no Egito, em 2011, teve grande influência sobre o Occupy quando as imagens da ocupação em massa do espaço público tomaram imaginações. Milhares de pessoas ocuparam o parque Zuccotti por quase dois meses, até que a polícia fez uma incursão e debelou o protesto em 15 de novembro.

O alcance do Occupy foi tão grande que o presidente Obama deu sua aprovação ao movimento na campanha à reeleição em 2012. Ao se concentrar na crise econômica, o Occupy mudou a linguagem política, e "desigualdade de renda" tornou-se a "crise do momento", algo sobre o que todos os candidatos presidenciais em 2016 precisaram ao menos falar.[44] O poder da mensagem econômica era sua simplicidade. Os integrantes do Occupy declararam que eram os 99% que se opunham ao 1% malvado que acumulava riqueza. O único problema é que essa ideia não passa de uma fantasia delirante, continuação da universalização da particularidade branca que vimos tanto na esquerda quanto na direita.

A desigualdade mundial é tão aterradora que os que vivem na linha de pobreza nos Estados Unidos estão nos 14% dos que mais ganham dinheiro em todo o mundo. O salário médio estadunidense põe uma pessoa nos 4% que mais ganham. Simplesmente não há comparação entre as condições encaradas pelos mais pobres do mundo e os que estão na base nos Estados Unidos, ou no restante do Ocidente. A retórica dos 99% só faz sentido se concentrada numa análise nacional. Quando analisamos suas reivindicações, ou ao menos a articulação do problema, fica absolutamente claro que o Occupy estava focado no Ocidente, e não nas vítimas dele.

A *Declaração de Ocupação da Cidade de Nova York*, coletivamente produzida pelos ocupantes, é uma lista de reivindicações relativas a serviços de saúde, emprego e dívida estudantil. A linha mais reveladora é a reclamação de que o 1% "consistentemente externalizou os empregos e usou essa externalização para cortar a assistência à saúde e o salário de trabalhadores".[45] E não é difícil imaginar de quais "trabalhadores" estão falando. Presume-se que devolver esses empregos e empobrecer mais o mundo subdesenvolvido seja aceitável desde que os verdadeiros "trabalhadores" tenham acesso a trabalho não especializado e bem pago. A declaração de fato inclui uma linha que condena a elite porque "ela perpetua o colonialismo no país e no exterior". Mas isso é tão vago e contraditório com o restante da declaração que transforma em zombaria o apelo para "o povo do mundo" juntar-se à luta. No mesmo espírito dos pensadores iluministas, o centro do mundo do Occupy era o Ocidente, porque é ali que estão os trabalhadores plenamente formados, os que movem a história.

Além disso, mesmo no Ocidente o movimento foi criticado por sua tendência a "excluir vozes minoritárias"[46] e por sérias questões de misoginia.[47] Também havia diferenças de classe escancaradas, com pessoas que dormiam no parque Zuccotti e esbarravam nas que já moravam ali por causa da pobreza. Essas diferenças também se espalharam para as táticas. O Occupy Seattle irritou os trabalhadores de classe baixa das docas ao fechar o porto em protesto contra o comercialismo; sua postura de princípios fez com que as pessoas por quem eles supostamente lutavam, os "trabalhadores", perdessem uma renda valiosa. O Occupy se orgulhava de ter um método de tomada de decisão democrático, mas foi "limitado por uma incapacidade de construir alianças para além daquelas implícitas dentro de sua comunidade interna".[48] A democracia é bem pouco importante se seu eleitorado é altamente exclusivo, uma lição que a esquerda precisa desesperadamente aprender.

Pode ser tentador ver o Occupy como "um movimento mundial (inspirado pela Primavera Árabe)", mas a verdade é que ele se localizava numa longa tradição de movimentos sociais ocidentais que começou nos Estados Unidos e se espalhou para a Europa e o resto do mundo.[49] Ao reivindicar a representação dos 99%, o Occupy, talvez inconscientemente, seguiu o caminho do universalismo iluminista, falando por todos por meio das lentes estreitas do privilégio ocidental.

Dizem que a outra principal conquista do Occupy é seu compromisso com uma organização horizontal e sem líderes, além de um estilo democrático de tomada de decisões. É louvável que, embora o próprio Occupy seja extremamente memorável, o nome dos seus líderes não venha à mente de forma imediata. Isso aconteceu de propósito, com um esforço minucioso para construir consensos. Durante os discursos, o restante dos manifestantes podia responder com sinais manuais e interjeições para manifestar seus argumentos. Originalmente por falta de tecnologia, usavam o "jogral" para se comunicar. Nessa prática, a plateia mais próxima repete, gritando, o que foi dito para que os de trás possam ouvir, e assim por diante. A declaração gerada pelos ocupantes do parque Zucotti é frustrantemente vaga, mas, dadas as circunstâncias, é até um milagre que tenham conseguido gerar qualquer coisa. A imprecisão dos seus objetivos políticos era uma das forças do Occupy, mas também sua fraqueza principal. Por causa dos objetivos fartamente divulgados, o movimento tinha amplo apoio de figuras "que incluíam Noam Chomsky, Michael Moore, Kanye West, Russell Simmons, Alec Baldwin e Susan Sarandon".[50] Mas um guarda-chuva tão grande nunca poderia articular uma plataforma coerente.

Houve tentativas de apresentar uma agenda mais definida, particularmente pela *Adbusters*, que havia lançado o chamado à ação. Micah White e Kalle Lasn, ambos da revista, tentaram montar um manifesto para mandar a Obama três dias depois do começo da ocupação, incluindo a ameaça de "ficar aqui no nosso acampamento na Liberty Plaza" até que suas reivindicações fossem atendidas.[51] O único problema é que, naquele momento, estavam a milhares de quilômetros de distância, no Canadá. Para dar crédito ao Occupy, embora grande parte de seu sucesso tenha acontecido em redes digitais, dependia da união das pessoas no local para formar laços e consenso. Dada a ampla diversidade de pessoas, ideias e motivações envolvidas, não surpreende que essa coalizão livre tenha acabado se fragmentando, mas muitos dos manifestantes argumentariam que, embora a ocupação tenha acabado, ela conquistou muito do que pretendia.

Seria um erro julgar o movimento por métricas convencionais, porque seu objetivo era subvertê-las. A maneira mais óbvia em que o Occupy foi efetivo foi na condição de um "sucesso de comunicação", utilizando as mídias sociais para espalhar suas mensagens a todos e criando laços verdadeiramente mundiais.[52] O uso dessas redes para unir as pessoas durante as ocupações permitiu aos reunidos que refletissem sobre como tratar problemas sociais e se dedicar a uma "política faça você mesmo".[53] Durante as ocupações, surgiram universidades de acampamento oferecendo seminários e oficinas, entregou-se comida para quem tinha fome, ofereceu-se atendimento médico e houve conquistas no pagamento de dívidas. Para ver de verdade o poder do Occupy, é preciso enxergá-lo por lentes diferentes:

> Não é um objeto de mídia ou uma marcha. É, primeiro e antes de mais nada, uma igreja do dissenso, um espaço que uma comunidade tornou sagrado. Mas, como as igrejas medievais, agora também é o centro físico daquela comunidade. O movimento tornou-se várias coisas. Praça pública. Parque de diversões. Lugar de receber as notícias. Creche. Posto de saúde. Espaço de shows. Biblioteca. Espaço de apresentações. Escola.[54]

De muitas maneiras, o Occupy era "o momento idealista, mais a performance do que a permanência".[55] No parque Zuccotti, ou em suas centenas de outras localidades mundo afora, estavam realizando uma performance do ideal. Occupy era uma arte de performance, uma grande obra de "teatro utópico", dramatizando o outro mundo que, de resto, está fora de alcance.[56]

Nele vemos a esquerda branca em sua faceta mais nauseante. Quando lemos algumas das reflexões comovidas a respeito do movimento, temos a impressão de estar com um diário de férias romântico. Embora nada tenha mudado e o movimento tenha desabado, não temam, sempre teremos o parque Zuccotti. A organização horizontal do Occupy envolvia tanto um profundo narcisismo — com lemas como "somos nossas reivindicações" — e uma maneira de construir uma comunidade baseada na "formação rápida de conexões livres", o que se encaixa perfeitamente nos tempos atuais.[57] Era o "arraste para a direita" dos movimentos sociais, sem nenhum compromisso ideológico profundo, conexões rasas e a possibilidade de encontrar diversão em outro lugar sem culpa. A performance em vez da permanência só é uma opção para quem tem emprego na terra da fartura, ou ao menos um Estado de bem-estar social para servir de apoio.

O que fazia o movimento da praça Tahrir totalmente diferente é que os manifestantes tinham uma reivindicação clara, uma questão de vida ou morte, e se recusaram a sair até que ela fosse atendida. Podemos debater a respeito de qual foi a diferença do resultado quando os militares derrubaram o presidente Mubarak no Egito, mas não o compromisso orgânico das pessoas com sua luta, nem que arriscaram a vida por sua causa. O risco no Ocidente é de uma natureza diferente, e, portanto, a política também.

A democracia como princípio perpassa a agenda da nova esquerda. Na Inglaterra, essa nova esquerda está fazendo pressão para que a economia seja mais inclusiva, uma semelhança com as reivindicações do Occupy. O neoliberalismo é diagnosticado como a fonte dos males da sociedade, e os ricos levam uma fatia grande demais do bolo da economia. Recebemos a promessa de que, por uma "revolução democrática", podemos transformar as instituições da governança e da sociedade como um todo.[58] Não é apenas uma luta por renda, mas também pela redução da distância social entre as pessoas em nossa sociedade para que "todos possam compartilhar uma vida comum como cidadãos".[59] O Partido Trabalhista sob a liderança de Jeremy Corbyn adotou esses ideais quando ele inesperadamente foi eleito líder em 2015. Antes disso, o Partido Trabalhista havia passado por um período de imitação da política econômica conservadora, adotando por completo o neoliberalismo com a ideia de que o espólio poderia ser compartilhado por toda a sociedade. Depois do surpreendente sucesso do Partido Trabalhista (mas não a vitória) na eleição geral de 2017, Corbyn lançou o que ele chamou de manifesto "radical e ambicioso" para a eleição de 2019, prometendo transformar tanto a sociedade como a economia.[60] Os planos do Partido Trabalhista espelhavam boa parte das recomendações da New Economic Foundation para a reforma de políticas públicas (a NEF é um dos principais *think tanks* [laboratório de ideias] da nova esquerda).

A NEF aborda todos os temas principais visando construir uma sociedade na qual toda a população "receba um bom salário, tenha mais tempo livre para passar com sua família, tenha acesso à moradia a preço razoável, saiba que há boa rede de segurança se for preciso e receba alto nível de cuidado por toda a vida".[61] Para fazer isso, a fundação propõe uma semana de trabalho de quatro dias, um salário suficiente para viver, o aumento de filiação a sindicatos e a organização de um "Estado de bem-estar" em que os objetivos não sejam apenas econômicos, mas relacionados à saúde física e mental do país. A NEF quase chegou a uma renda básica universal, sugerindo em vez disso uma mesada nacional bem mais modesta no valor de cinquenta libras semanais que conta no cálculo do direito a benefícios. Mas a fundação é a favor de serviços básicos universais, da nacionalização de indústrias importantes e da oferta de creches gratuitas para apoiar as famílias. O Green New Deal, claro, é adotado como motor tanto na salvação do mundo quanto na criação de empregos. Além disso, visa a "participação popular na tomada de decisões" tanto na criação de políticas públicas como nos negócios.[62] Um dos principais focos do NEF e do trabalhismo é estabelecer cooperativas de trabalhadores como modelo para a distribuição de riqueza.

Preston, uma cidadezinha no norte da Inglaterra, tem importância desproporcional na nova economia, já que se tornou modelo para cooperativas geridas pelo governo local. A decisão do conselho de gerar trabalhos num âmbito mais local e criar cooperativas na cidade tanto aumentou a renda quanto dispersou o dinheiro extra de forma mais justa. Outros grandes empregadores, como a universidade, seguiram o modelo usando fornecedores locais, e a cidade está prosperando. Mas devemos ter cuidado ao comemorar essa nova aurora radical.[63] Para começo de conversa, não é nada de novo, e reformas democráticas são parte da imaginação da esquerda há "pelo menos um século". Governos trabalhistas e conselhos tentaram projetos como esse antes que o neoliberalismo assumisse o controle na era Thatcher.[64] John McDonnell, arquiteto da política econômica de Corbyn, fez seu aprendizado político nos anos 1980 com Tony Benn, que desenvolveu uma série de projetos cooperativos.

A principal falha desses conceitos de participação é quem está incluído e quem permanece firmemente do lado de fora. Apesar de toda a conversa a respeito de participação, há pouca consideração com o fato de que a população do mundo subdesenvolvido também é parte interessada na vida econômica do Ocidente. Uma das cooperativas tão elogiadas em Preston é um café, e embora comemoremos os benefícios para o trabalhador na Inglaterra o sucesso da loja só é possível por causa da exploração racial da população pobre cultivando os grãos usados por ela a preço quase nulo (talvez seja uma surpresa, mas não se planta café no norte da Inglaterra). É o Cadbury World de novo, mas numa escala de toda a sociedade. A riqueza que a esquerda quer distribuir entre a população de seus países é derivada em grande parte da exploração global e racial. O que a nova esquerda está oferecendo é apenas uma versão modificada da social-democracia. Um retorno aos dias dos impostos altos, moradia social, desigualdade reduzida e a garantia de um salário decente... porém apenas no Ocidente. Na verdade, o que ela anseia não é uma social-democracia, mas uma imperial-democracia.

Minha avó veio para a Inglaterra durante os maravilhosos

dias da social-democracia e encontrou um país ainda mais abertamente racista do que aquele em que cresci sob o neoliberalismo. Malcolm X visitou Birmingham em 1965 e sua viagem para Smethwick é lembrada por seus comentários a respeito da situação racial da cidade, que, segundo ele escutara, era similar ao "tratamento dado aos judeus por Hitler".[65] Isso aconteceu em grande parte porque ele fez a visita um ano depois do que foi chamada de a eleição mais racista da história da Inglaterra, quando o candidato do Partido Conservador Peter Griffith ganhou com o slogan não oficial "se quer um crioulo por perto, nos trabalhistas é voto certo". Mas as pessoas muitas vezes esquecem que o clube dos trabalhistas naquela área era só para brancos; e há uma longa tradição de sindicatos que impedem a associação de pessoas racializadas.[66] A imperial-democracia não consegue lidar com o problema do racismo porque limita o coletivo aos cidadãos do Ocidente, permitindo que participem das decisões econômicas e aumentem seu acesso à fartura roubada de não brancos. Foi preciso ocorrer a crise financeira de 2008 para desencadear esse tal novo radicalismo, e a verdade desconfortável é que, se uma parte da riqueza gerada na nova era do império fosse distribuída de forma justa o suficiente para oferecer estabilidade e conforto a todos no Ocidente, o chamado pela transformação da sociedade acabaria rapidamente.

A versão renovada do imperialismo ocidental atualizou a lógica colonial contida na esquerda progressista. Sem dúvida, a inclusão de ativistas racializados no Ocidente trouxe mais consciência para as questões de justiça racial. Sempre nos organizamos, resistimos e garantimos que se desse atenção para a supremacia branca. Mas, se formos honestos, o ativismo em grande parte continua sendo um dos espaços sociais mais segregados. Questões de ecologia sempre fizeram parte do ativismo dos racializados no Ocidente e no Resto porque temos maior probabilidade de sentir o impacto. Mas, embora o Green New Deal ao menos ofereça uma visão a respeito da justiça racial, ela é parcial e dispersa. Resolver a crise climática é uma prioridade existencial, mas fazer isso não vai acabar com a lógica do império.

As narrativas iluministas a respeito da ciência e do progresso como solução para os males do mundo ainda estão na base dos vários ramos da esquerda. Um foco fechado em humanidade plena para os trabalhadores do Ocidente e um mero direito à vida para quem está no Resto impede um reconhecimento sério da dimensão da injustiça sobre a qual as disparidades sociais são construídas. Bernie ou Trump, Corbyn ou Boris são decisões importantes, mas o método que eles adotam para acabar com o imperialismo ocidental é o mesmo. Cara, o Ocidente ganha; coroa, o Resto perde. Nós que temos a sorte de estar na terra da fartura vamos nos beneficiar com o retorno aos valores da social-democracia. Mas nada além de uma revolução que derrube as próprias fundações do império pode resolver o problema do racismo.

8. O feitiço se volta contra o feiticeiro

A Inglaterra e os Estados Unidos estavam no topo dos gráficos que indicavam as mortes por covid-19 em 2020, numa desagradável demonstração de sua tão falada "relação especial". Levando em conta sua história, há uma ironia sombria no fato de que um vírus está arrasando os centros, do passado e do presente, do imperialismo ocidental. Ao contrário do genocídio nas Américas e no Caribe, essa doença nunca foi uma ameaça existencial, mas o número de mortes faz lembrar que o imperialismo tem consequências não previstas. A Inglaterra e os Estados Unidos não foram duramente atingidos apenas por causa de um carma histórico, mas porque estão no estágio mais avançado de desenvolvimento da nova era do império: o neoliberalismo. A prescrição mortal de austeridade, privatização e capital privado e restrito para o mundo subdesenvolvido agora está sendo firmemente implantada no Ocidente, com a Inglaterra e os Estados Unidos na liderança. Os Estados Unidos têm um sistema de saúde privado desastroso, que não consegue dar conta do movimento normal, então não é de surpreender que a pandemia tenha sido tão catastrófica. A Inglaterra tem o tão querido National Health Service [Serviço de Saúde Nacional], mas décadas de privatização e cortes resultaram num serviço incapaz de se mobilizar de forma efetiva contra o vírus. Dar prioridade ao lucro e ao indivíduo em detrimento dos serviços da sociedade já é mortal em bons tempos, mas absolutamente catastrófico durante uma pandemia.

O feitiço dos regimes financeiros infligidos ao Resto se voltando contra o feiticeiro no Ocidente era um resultado provável, mas não inevitável, da nova era do império. Quando o Estado-nação perdeu a relevância na coordenação do império, e as empresas ficaram livres para explorar sem restrições, era só uma questão de tempo até que as forças neoliberais tentassem derrubar a porta. A social-democracia foi um elemento vital na reconstrução do Ocidente depois da devastação causada pela Segunda Guerra Mundial. O acordo pós-guerra dividiu o espólio do saque colonial de forma mais justa no Ocidente, abrandando a desigualdade interna e amarrando firmemente sua maioria branca ao projeto imperial. Impostos altos, propriedade pública e restrições ao mercado financeiro eram o status quo até os anos 1980. Para que os portões do neoliberalismo se abrissem, as pessoas tiveram que ser convencidas a votar numa agenda que reduziria sua qualidade de vida. Acima de qualquer outra coisa, foi a lógica racista do império que abriu os portões para imposição do Consenso de Washington no Ocidente.

O Brexit soltou os cães raivosos do neoliberalismo, determinados a maximizar seus lucros liberando o Reino Unido da regulamentação (ou proteção) da União Europeia. O grupo ironicamente chamado de European Research Group, formado por parte dos membros conservadores do Parlamento, impossibilitou a negociação de um acordo, forçando de fato a renúncia da primeira-ministra Theresa May em 2019. Vamos ser objetivos: May fez parte de um dos governos britânicos mais racistas dos últimos tempos, criando um "ambiente hostil" para imigrantes ilegais, que incluía vans com as palavras "vá para casa" aos imigrantes ilegais dirigindo pela capital, voos de deportação em massa e a retirada do apoio das missões de busca e resgate para imigrantes, predominantemente africanos, que tentavam cruzar o mar Mediterrâneo para chegar à Europa. Como se não bastasse, também foi a arquiteta do "Windrush Scandal", deixando milhares de pessoas que tinham todo o direito legal e histórico de viver na Inglaterra sujeitas a perder o emprego e à deportação se não conseguissem providenciar uma documentação para provar que haviam migrado antes de 1973, quando os cidadãos da Commonwealth tinham legalmente o direito de entrar. É preciso levar em conta que na época não havia necessidade de documentação e a única prova oficial de entrada que o governo tinha foi destruída em 2010 porque ficaram sem espaço. Milhares de pessoas incentivadas a migrar para a Inglaterra por falta de mão de obra, e que haviam crescido lá, foram chamadas de ilegais e submetidas à deportação para países a que, em muitos casos, nunca haviam retornado.[1] A resposta de May para a tragédia de Grenfell Tower, em que morreram mais de setenta pessoas, a maioria delas racializada, foi tão vergonhosa e desumana que depois ela admitiu que "sempre se arrependeria" por não ter se encontrado com as famílias logo depois.[2]

Eu tinha tanto desprezo pela sua política que argumentei que ela era "mais perigosa do que Donald Trump".[3] May era mais problemática porque representava o que Malcolm X chamava de as "raposas do norte" do racismo, que "arreganham os dentes para os negros e fingem que estão sorrindo".[4] May se cobria com uma fachada de justiça social, dando todos os sinais corretos a respeito da discriminação racial e da polícia, encomendando relatórios sobre desigualdade sem fazer nenhuma mudança e dando continuidade às políticas de austeridade que pioraram tudo. Trump é o "lobo de dentes ensanguentados do sul" de Malcolm X, um dos que "mostram os dentes num rosnado" sendo abertamente racistas tanto em palavras quanto em atos.[5]

A partida de Theresa May abriu a porta para o Trump da Inglaterra, Boris Johnson, que no passado se referiu a jovens negros como "piccaninnies" com "sorrisos de melancia",* disse que Obama tinha "desprezo ancestral pelos Estados Unidos porque ele é metade queniano"[6] e comparou mulheres muçulmanas de véu a "caixas de correio".[7] As comparações com o Agente Laranja — desculpem, digo, o presidente Trump — não param por aí. Ele também é um branco medíocre que nasceu numa família rica, com todo o senso de direito proporcionado por uma criação em berço de ouro. As mentiras saem da boca de ambos com tanta facilidade que parecem sentir que não precisam seguir as mesmas regras dos pobres maltrapilhos. Criam sua própria realidade, incluindo aquela em que representam a vontade do povo. Nunca fui fã de May, mas comemorar a queda dela foi prematuro. Seu substituto não é apenas um palhaço abertamente racista e alérgico à verdade, mas também um torcedor das forças do neoliberalismo irrestrito que devem ser despejadas na Inglaterra.

A nova realidade que Johnson e os defensores entusiastas do Brexit criaram foi que as pessoas votaram por um Brexit duro, por um corte seco da União Europeia. Embora mesmo os mais extremos na defesa da saída, incluindo o terrível Nigel Farage (outro queridinho de Trump), tenham garantido aos eleitores na campanha do referendo que haveria um acordo que manteria importantes laços com a União Europeia, depois fingiram que sair sem acordo era o que a população de fato queria. Nenhum econo-

---

* Estereótipos racistas estadunidenses. Enquanto "piccaninnies" é uma forma pejorativa de se referir a crianças negras, a melancia remete à ideia difundida no período escravocrata de que pessoas negras seriam tolas e se davam por satisfeitas de receber apenas a fruta e um pouco de descanso. (N. E.)

mista ou político sensato acredita que sair da União Europeia sem acordo é uma estratégia prática. As consequências são tão desastrosas que provavelmente provocariam falta de comida, o fim de indústrias inteiras que dependem do livre-comércio com a União Europeia, e, de acordo com o órgão de monitoração do próprio governo, o Office for Budget Responsibility, pode custar ao Reino Unido 30 bilhões de libras por ano.[8] A verdade é que ninguém sabe o impacto potencial, mas as perspectivas são tão sombrias que o governo alocou mais de 6 bilhões de libras para se preparar para o desastre que viria se o Reino Unido saísse sem um acordo.[9] Nada disso era importante para os entusiastas do Brexit, que estavam absolutamente satisfeitos em arriscar o bem-estar dos outros para criar um tipo de sociedade em que podem maximizar seus lucros. Talvez até façam fortuna com o caos. Há muita gente com dinheiro lucrando com a especulação contra a libra, cujo valor desceu a níveis históricos por causa do tumulto do Brexit.

O Brexit de Johnson promete acabar com as regulações e os direitos dos trabalhadores e abrir a economia para ainda mais privatização, além das que já definem a Inglaterra de hoje. Alguns dos maiores medos despertados durante a assim chamada "eleição do Brexit", em dezembro de 2019, foram a ameaça do impacto de um acordo de comércio com os Estados Unidos que permitiria queda nos padrões e nas proteções da comida. Sob um "Brexit de Trump", como chamou o líder da oposição, podemos esperar ser inundados com frango clorado, atualmente banido pelas regulamentações da União Europeia por causa de seu processo anti-higiênico. Pior ainda, o tão amado National Health Service, que oferece assistência gratuita para a população, está na mesa de negociação para ser retalhado por empresas estadunidenses de assistência à saúde. O Reino Unido sempre foi muito mais próximo dos Estados Unidos do que a maior parte da Europa em sua política econômica, e o medo é de que o Brexit empurre mais o país para os extremos neoliberais da vida do outro lado do Atlântico. Se, e quando, a Inglaterra cair por completo no abismo neoliberal, vai ser o resultado do "feitiço se voltando contra o feiticeiro", a conclusão inevitável na qual a lógica do imperialismo retorna para provocar a destruição em sua própria terra.

O SALÁRIO DA BRANQUITUDE

O ponto zero da emergência da nova esquerda foi a destruição que Thatcher e Reagan causaram na assistência social nos anos 1980. Destruir o acordo social-democrata do pós-guerra levou à cobiça sem restrições dos banqueiros, que resultou na crise financeira de 2008 e na penúria da austeridade que se seguiu. Quedas profundas no padrão de vida, a precarização do trabalho e comunidades inteiras sendo "deixadas para trás" na nova economia provocaram um crescimento do populismo que elegeu Trump e deu aos charlatães dos partidários do Brexit oportunidade para argumentar que a União Europeia era a culpada pelos males da sociedade.

Nem o presidente Trump nem o primeiro-ministro Johnson ou o Brexit seriam possíveis sem o apoio de milhões de pobres (brancos) a agendas que são diametralmente opostas aos seus interesses. Não há como entender esse fenômeno separado do racismo que sustenta a sociedade. Não é uma questão de consciência de classe, mas os delírios da branquitude permitiram que anunciadores do apocalipse neoliberal chegassem ao poder.

O intelectual afro-estadunidense W. E. B. Du Bois teorizou que mesmo os brancos mais pobres dos Estados Unidos durante o período da reconstrução depois da Guerra de Secessão receberam um "salário público e psicológico" por sua branquitude.[10] Embora estivessem sendo explorados pelas mesmas pessoas que os afro-estadunidenses, seu status de brancos dava a eles um privilégio limitado, ao qual se apegavam. Para Du Bois, esse foi o principal motivo pelo qual trabalhadores negros e brancos não se uniram contra o inimigo comum e derrubaram o capitalismo estadunidense. Vemos argumentos parecidos por toda a literatura crítica sobre branquitude, e o historiador Noel Ignatiev argumenta que "brancos precisam cometer suicídio como brancos para viver como trabalhadores, ou jovens, ou mulheres".[11] Essa é uma ideia classicamente marxista, de que a raça (branquitude) é uma identidade não autêntica posta em prática pela classe dominante para dividir os trabalhadores. Como espero que agora já esteja evidente, não é tão simples. A branquitude não é uma miragem, existem benefícios reais de estar nessa categoria pela qual os trabalhadores brancos lutaram muito, e continuam lutando. Ainda assim, a branquitude é uma ferramenta usada pelos que estão no poder para controlar os brancos pobres, para amarrá-los ao projeto do imperialismo. O crescimento do neoliberalismo é o estudo de caso perfeito.

A social-democracia distribuiu riqueza, ao menos em países como a Inglaterra e os Estados Unidos, reduzindo a desigualdade entre pobres e ricos. As condições dos pobres no começo do século xx eram terríveis e quase não havia formas de alcançar uma ascensão social. Oferecer moradia, infraestrutura, transporte, benefícios sociais, serviços de saúde e educação melhorou muito a vida dos pobres. Nunca devemos nos esquecer que a riqueza usada para fazer isso foi obtida por meio da exploração colonial, mas ao menos dentro da bolha do Ocidente a social--democracia transformou as condições sociais. O único problema do modelo de economias protecionistas e estatizantes é que elas representavam o modelo político e econômico ultrapassado da versão original do Império Ocidental. No novo mundo "globalizado", o Estado tem menos poder e não possui soberania sobre as corporações que gerenciam o novo imperialismo. Quando o capital é liberado das restrições nacionais, torna-se impossível para os governos dos Estados-nação controlá-lo. Altos impostos sobre indivíduos e corporações não funcionam, porque o capital é móvel — muitas vezes guardado e registrado em offshores. Já não existem corporações inglesas ou estadunidenses, porque agora todas são entidades globais espalhadas por diferentes regimes de tributação.

Para impor os regimes neoliberais internamente, as massas brancas, incluindo os pobres e trabalhadores, precisavam ser convencidas de que isso era de seu interesse, para que votassem neles. A crise do petróleo nos anos 1970 desestabilizou o Ocidente e ofereceu a oportunidade perfeita. Antes de arruinar economias subdesenvolvidas, o FMI era usado basicamente para apoiar o Ocidente. A economia inglesa foi tão prejudicada pela crise que não apenas buscou ajuda no fundo em 1976, mas também aceitou algumas das condições que vêm sendo verdadeiras pragas no restante do mundo, cortando parte de seus programas mais à esquerda.[12]

A crise do petróleo foi resultado do estabelecimento dos Estados Unidos como central no coração do império. Em 1971, Nixon quebrou o acordo de Bretton Woods tirando o dólar do padrão ouro, que sustentava o comércio global. O resultado foi uma perda de receita devastadora para os países do Oriente Médio ricos em petróleo, que fizeram embargo na venda de sua mercadoria mais valiosa para os Estados Unidos.[13] Houve uma recessão global que tornou os custos da social-democracia do Ocidente excessivamente difíceis de serem mantidos e forçou a Inglaterra a pedir um empréstimo condicionado ao FMI. A crise econômica do país provocou congelamento de salários no setor público e um confronto com os sindicatos, que organizaram uma série de greves, inclusive de garis e coveiros. O caos ficou marcado na imaginação política como o "inverno do descontentamento" de 1978-9 e deu todo o ímpeto necessário para a tomada thatcherista na eleição de 1979. A social-democracia foi feita de bode expiatório e tratada como cara demais para a crise financeira; ineficiente; e algo que deu muito poder para os sindicatos que podiam fazer o país parar. Privatização, individualismo e um Estado pequeno eram as soluções óbvias para o antigo modelo estatista. Mas lembrem-se de que esse contexto econômico existia em grande parte porque os Estados Unidos estavam criando as fundações da nova era do império. Eles acabaram ganhando a batalha contra o Oriente Médio e a liberação do padrão ouro permitiu uma rápida expansão do capitalismo financeiro, o boom de Wall Street e posteriormente a crise financeira de 2008.

Não foi apenas a economia que permitiu a ascensão do neoliberalismo. Na Inglaterra, Margaret Thatcher subiu rapidamente ao poder em 1979 em grande parte porque foi capaz de garantir o apoio de alguns eleitores da classe trabalhadora, tradicionalmente trabalhistas, cuja aversão ao partido tóri estava profundamente arraigada. Uma área que Thatcher conseguiu explorar foi a questão da imigração. Por causa da falta de trabalho, a Inglaterra pós-guerra havia aberto as portas para a imigração das colônias. Milhões de pessoas do Caribe, do sul da Ásia e da África haviam se estabelecido no Reino Unido na época da importante eleição de 1979. Minha família foi parte dessa imigração e é por isso que estou escrevendo este livro na Inglaterra. Também houve milhões de imigrantes da Europa Oriental e da antiga Commonwealth (Australásia, Canadá, sul-africanos brancos), mas eles não preocupavam Thatcher, que falava abertamente das "4 milhões de pessoas da nova Commonwealth ou do Paquistão" inundando a Inglaterra, numa entrevista na tv em rede nacional.[14] Ela argumentou que

> as pessoas têm muito medo de que este país seja inundado por gente com culturas diferentes, sabe, o caráter inglês fez muito pela

democracia, pela lei e fez tanta coisa pelo mundo que, se há algum medo de que ele seja inundado, as pessoas vão reagir e ser muito hostis com os que estão chegando.

Não foi nem de longe a primeira vez que os conservadores usaram uma linguagem política tão racista. Thatcher estava mobilizando uma versão mais educada da tática de Peter Griffiths "Se quer um crioulo por perto, nos trabalhistas é voto certo". "Inundado" é importante porque sugere que há escurinhos demais e que temos influência corruptora sobre as instituições e os valores ingleses.

A social-democracia só funciona se a sociedade sente que todos *devem* participar da distribuição de riqueza. A ideia de que estrangeiros, e negros ainda por cima, devem pular a fila de moradia ou atendimento médico mina a proposta de oferta universal de serviços. A ideia de "ser deixado para trás" está intrinsecamente ligada a isso. Trabalhadores brancos supostamente estão sendo ludibriados pelo multiculturalismo, que privilegia os escurinhos que estão inundando o país e exigindo proteção especial sob uma legislação antirracista. A adoção do individualismo pela Inglaterra foi em grande parte movida pela rejeição à diversidade.

Não pode existir "nós" se isso inclui os estrangeiros não convidados que estão destruindo o tal modo de vida britânico. A famosa declaração de Thatcher de que "não existe sociedade" deve ser vista nesse contexto. Ela continuou, "existem homens e mulheres individuais e existem famílias [...]. É nosso dever cuidar de nós mesmos e depois também cuidar dos nossos vizinhos".[15] Dado o contexto da profunda segregação racial na questão da moradia, fica claro a que vizinhos ela se refere. Nessa lógica, a imigração em massa rasgou o tecido do que antes eram os valores britânicos compartilhados que seguravam o país. Conceitos antigos de comunidade, nação e classe foram desfeitos com a ideia de que o caráter único da Inglaterra está sendo perdido e o indivíduo neoliberal está livre para existir, defendendo-se das hordas de estrangeiros que estão inundando o país.

A retórica anti-imigração de Thatcher foi essencial para seu apelo e para a manutenção de um governo conservador pelos dezoito anos seguintes. Nesse período, impostos foram cortados, empresas de serviços públicos foram privatizadas, e a moradia social foi vendida para os indivíduos que tinham dinheiro para conseguir comprá-la. O capital financeiro também foi liberado para dominar a economia, e o neoliberalismo floresceu na Inglaterra. Claro, a desigualdade disparou e os serviços públicos foram reduzidos por falta de investimento, enquanto os ricos continuavam ficando cada vez mais podres de ricos.

Vimos o mesmo uso da lógica racista na campanha pelo Brexit. A expansão da União Europeia em 2007 para incluir os países da Europa Oriental fez com que a liberdade de movimento dentro dos Estados-membros fosse aberta aos cidadãos mais pobres do antigo bloco comunista. Como resultado, inúmeros imigrantes começaram a vir trabalhar na Inglaterra, o que se tornou crescente fonte de descontentamento para muitos. Racistas de direita como Nigel Farage ganharam proeminência com seu United Kingdom Independence Party (Ukip), concentrado na única questão de sair da União Europeia, com medo de uma imigração descontrolada como a principal pauta em discussão. Farage deixou claro os limites do sonho social-democrata com a declaração durante um debate de que o amado NHS era "nosso Serviço Nacional de Saúde, e não um Serviço Internacional de Saúde".[16] Ampliar as proteções do Estado de bem-estar social para uns malditos estrangeiros não é o propósito da população trabalhadora britânica de bem.

Temendo que o crescimento do Ukip, que foi muito bem nas eleições da União Europeia, pudesse ser perigoso para o seu partido, o primeiro-ministro David Cameron tentou vencê-lo na Europa oferecendo o referendo a respeito da participação na União

Europeia. Funcionou para reduzir o voto ao Ukip na eleição geral de 2015, mas depois ficou a perspectiva de ter que cumprir sua promessa. Foi um enorme erro de cálculo presumir que a população não "votaria para ficar mais pobre porque não gosta de ter vizinhos poloneses",[17] mas, quando votou nos conservadores por ainda mais austeridade, era exatamente isso o que grande parcela do eleitorado britânico já havia feito.

A aposta de Cameron no Brexit sem dúvida foi parcialmente influenciada pela história da política racial e da imigração. Como discutimos anteriormente, a imigração do Leste Europeu não é um fenômeno novo na Inglaterra. Na verdade, o adversário de Cameron no Partido Trabalhista em 2015, Ed Miliband, era filho de imigrantes judeus poloneses.[18] Certamente houve cobertura questionável por parte da imprensa de direita, em geral moralmente deficiente, a respeito de sua incapacidade de comer um sanduíche de bacon e de que seu pai marxista refugiado odiava a Inglaterra.[19] Mas sua origem não recebeu o alarde, para o bem ou para o mal, que teria se seus pais tivessem imigrado da Jamaica. Imigrantes brancos ainda são brancos e seus filhos se mesclam à população de maneira que nós nunca poderemos. Em vários sentidos, a liberdade de movimentação na Europa era apenas a continuação da antiga política de imigração para encorajar a entrada branca e desencorajar os povos racializados. Mas o ritmo e a escala de migração tiveram impacto no debate.

Entre 2004 e 2017, a proporção da população do Reino Unido que vinha da Europa, exceto pela Irlanda, cresceu de 1,5% para 5%. Não é grande surpresa que a repercussão contra os imigrantes da União Europeia tenha coincidido com a crise financeira e a austeridade. Quando a população está em dificuldade, é mais fácil pôr a culpa nos recém-chegados, mesmo quando eles estão fugindo de condições piores. Mas Cameron deveria ter visto que os prenúncios eram desfavoráveis, porque ele foi um participante ativo do processo.

Farage vem sendo ridicularizado por botar a culpa de tudo nos imigrantes, inclusive do excesso de trânsito,[20] mas o governo de Cameron foi apenas uma versão mais sofisticada da propaganda do Ukip. Durante a eleição geral de 2015, a campanha de Cameron dizia que um governo trabalhista aumentaria em muito a imigração. Seu ministro de imigração, James Brokenshire, declarou que "uma imigração em massa descontrolada dificulta a manutenção da coesão social, pressiona os serviços públicos e força queda nos salários".[21] Tirar a culpa pela pobreza e pela falta de investimento de sua causa original, o neoliberalismo, e pôr nos imigrantes vem sendo essencial para o sucesso eleitoral dos conservadores. Milhões de pessoas foram ludibriadas para acreditar que o problema são as pessoas pobres de outros países procurando uma vida melhor, e não os ricos e políticos roubando as oportunidades da população de ter uma vida bem-sucedida.

Mesmo quando a imigração não tem a ver com raça, ela tem. Os imigrantes da União Europeia são, na grande maioria, brancos, mas isso não impediu que quem estava fazendo campanha para deixar a União Europeia durante o referendo do Brexit invocasse a raça. Farage evocava constantemente o fantasma da entrada da Turquia na União Europeia, com seus 75 milhões de muçulmanos supostamente ameaçando invadir a Inglaterra. Isso é irônico, já que a Turquia não tem basicamente nenhuma chance de ingressar na União Europeia *porque* não é um país branco. A UE sempre foi um clube exclusivo. Farage também mostrou um famigerado pôster que exibia uma longa fila de refugiados sírios passando da Croácia para a Eslovênia com o slogan "Ponto de corte: a UE falhou conosco". A imagem era tão terrível que até Boris Johnson disse isso; ela foi denunciada para a polícia e até suscitou comparações com a propaganda nazista. Mas a mensagem estava clara: a imigração sempre é uma questão racial.

O resultado disso foi o voto a favor do Brexit e a ascensão de

Boris Johnson, que ameaça terminar de cumprir o projeto neoliberal. Não deveria haver nada mais preocupante para um britânico médio. O problema é que o país votou por tudo isso principalmente porque acreditou na política racial que sustenta o sistema.

A imigração, em si, é fruto do feitiço do imperialismo se voltando contra o feiticeiro. Quando conquistou um quarto do mundo, a Inglaterra incorporou a seu império centenas de milhões de pessoas racializadas. Apesar de todas as fantasias de que a Inglaterra é grande, a verdade é que, como uma ilha pequena e insignificante, foi o Império que estabeleceu o papel do país no mundo. Os súditos da colônia nasciam *na* Inglaterra, e não fora dela. Nosso sangue, suor e lágrimas construíram a base do Império Britânico. Depois da guerra, quando a metrópole precisava de força de trabalho para a reconstrução, dirigiu-se naturalmente à fonte que explorava havia séculos. Era seu papel fazer sua parte pela rainha e pelo país, assim como havia sido dar apoio ao esforço de guerra.

O que é muitas vezes esquecido no debate anti-imigração é que fomos convidados. Na verdade, Enoch Powell, que se tornou famoso por seu discurso racista e anti-imigração "Rios de sangue", foi um dos primeiros secretários de saúde a recorrer às colônias para conseguir enfermeiras. Mais do que qualquer outra instituição valorizada, o NHS sempre dependeu, e continua dependendo bastante, do trabalho de médicos e enfermeiras das antigas colônias para existir. A gracinha de Farage ao dizer que não era um Serviço de Saúde Internacional é ignorante e racista na mesma medida. A verdade é que o Estado de bem-estar social britânico é fortemente dependente das antigas colônias, tanto pela riqueza necessária para existir quanto pelo trabalho para mantê-lo em funcionamento. O medo de "inundar" e "perder" o país são completamente imaginários e francamente ridículos. Mas se a imigração é vista como problema e levou à adoção do indivíduo neoliberal, então esse problema foi criado pela própria Inglaterra. Como expressou o falecido intelectual Ambalavaner Sivanandan, "estamos aqui porque vocês estiveram lá".[22] Se o Ocidente não tivesse colonizado e depois subdesenvolvido o mundo, não haveria milhões de antigos súditos coloniais tentando imigrar para suas antigas metrópoles em busca de uma vida melhor. A volta do feitiço contra o feiticeiro aconteceu mais tarde na Europa por causa da natureza do império, com o domínio indireto e a escravidão no Caribe, mas os Estados Unidos precisaram lidar com essa questão desde a sua fundação.

O crescimento do neoliberalismo nos Estados Unidos não foi diferente, e foi movido pelas mesmas forças da supremacia branca. A vitória de Donald Trump foi vista como exceção porque ele é extremamente inadequado e despreparado para o papel de presidente, mas sua eleição foi urdida durante décadas. Ele é o cartaz do neoliberalismo e da elite em berço de ouro se fazendo passar por amiga do povo; e sua eleição foi movida pelos mesmos fatores básicos que vimos na Inglaterra. Brancos pobres supostamente deixados para trás pelo multiculturalismo. O medo de que os imigrantes assumam o controle. Um desejo de voltar aos dias de glória quando o racismo podia comandar as políticas públicas abertamente. A adoção do lema "lei e ordem" de Trump é a clássica linguagem racializada da direita: que as cidades negras do interior precisam de forte policiamento para manter o controle sobre os selvagens na floresta.

Depois da forma tragicômica com que tratou a explosão da covid-19, a ascensão dos protestos do Black Lives Matter infelizmente deu a Trump a oportunidade de jogar com seus pontos fortes e para sua base. Além de ameaçar usar o Exército para conter os protestos, Trump descreveu o Black Lives Matter como "símbolo do ódio"[23] e jurou defender os monumentos dos "patriotas" proprietários de escravos que ele descreveu como "heróis", e não vilões.[24] Dobrar a aposta nos apelos à branquitude foi sem dúvida a melhor opção na preparação do terreno para a eleição presidencial. Ele pode ter perdido no fim das contas, mas teve mais eleitores do que Obama em sua vitória histórica de 2008. Milhões de eleitores foram seduzidos pelo salário da branquitude, mesmo na ausência de salários de fato para sustentá-los.[25] Assim como na Inglaterra, o verdadeiro problema são os ricos e os políticos que os apoiam, enquanto a culpa pela desigualdade é passada para os imigrantes e os negros.

Du Bois declarou que a questão do "século xx era o problema da linha de cor",[26] e o assim chamado problema racial tem sido objeto de atenção, tanto bem-intencionada quanto falaciosa, desde a abolição. Ter que lidar com milhões de afro-estadunidenses é a definição de "feitiço se virando contra o feiticeiro", o resultado de corpos, vidas e trabalhos roubados. O salário da branquitude pode ser retraçado ao começo dos Estados Unidos, que teve a questão da escravização de africanos como central. Não devemos nos iludir com a mitologia de que a Guerra de Secessão buscava acabar com a escravidão. Lincoln deixou claro que se pudéssemos "salvar a União sem libertar nenhum escravo", ficaria perfeitamente satisfeito.[27] Para vencer a batalha com o Sul, o Norte terminou declarando a proclamação da emancipação para receber o apoio dos escravizados. Durante a guerra, tantos afro-estadunidenses haviam se libertado do cativeiro que, se quisesse a vitória, Lincoln não teria outra escolha senão apoiar a emancipação.

Depois da guerra, a primeira solução para o "problema" de viver com milhões de negros livres foi, na verdade, deportá-los para outro país. Foi usado o termo "colonização", mais educado, e Lincoln e seus sucessores buscaram expulsar a população negra para outro lugar, possivelmente o Haiti ou a Libéria.[28] Foi no período da Reconstrução que a locução de Du Bois, "salário da branquitude", foi aplicada à incapacidade dos trabalhadores brancos de ter solidariedade com os que haviam sido escravizados. Essa dinâmica só piorou com a imigração de milhões de europeus para o país, que se tornaram "brancos" principalmente adotando o racismo dos Estados Unidos e dirigindo seu ódio aos afro-estadunidenses.[29]

Sendo lobos abertamente racistas e segregacionistas, os políticos do Sul conseguiram manter o poder enquanto as raposas astutas do Norte faziam acenos para a igualdade racial e presidiam uma lei Jim Crow *de fato* por meio da segregação de moradia, a brutalidade policial e o racismo institucional. Em seu discurso de 1964, "A cédula ou a bala", Malcolm X declarou que ele não era "democrata nem republicano, nem mesmo estadunidense", pela forma errada com que os políticos tinham usado os votos dos negros.[30]

Quando Reagan quis introduzir o neoliberalismo, como Thatcher, sabia quem seria o bode expiatório perfeito. Durante suas duas campanhas presidenciais, e ao longo do mandato, ao tentar desmantelar o Estado de bem-estar social, invocou a história de uma mulher negra em Chicago que enganava o sistema a tal ponto que sua "renda não tributada era de 150 mil dólares por ano".[31] A história de Reagan sobre a "rainha do benefício social" acertou em cheio certos segmentos do eleitorado. Uma parasita, vivendo às custas dos trabalhadores. Era evidente que se tratava de um estereótipo construído com base na antiga ideia racista de que os negros não gostam de trabalhar. Os Estados Unidos são tão racialmente segregados que acenar para a "mulher de Chicago", uma das cidades onde o problema de segregação é mais crítico, criou uma imagem clara de quem Reagan estava falando. Assim como na Inglaterra, os princípios sociais-democratas só se sustentam se todos sentem que os outros também são parte igual do país. Afro-estadunidenses e imigrantes eram a arma perfeita para romper com o consenso do New Deal.

A reforma da assistência social foi introduzida com base no mito dos negros indignos, e a "guerra às drogas" desencadeou o encarceramento em massa como alternativa à oferta de assistência social para os afro-estadunidenses, além de expandir imensamente o papel do setor privado nas prisões. A eleição de Trump, numa maré de retórica antinegros e anti-imigração, não é uma aberração, mas a conclusão lógica do ressentimento com o neoliberalismo sendo redirecionado para os que são vistos como estranhos ao país.

Vimos o mesmo processo de ajuste estrutural neoliberal provocar o caos por toda a Inglaterra e os Estados Unidos, possibilitado pela mesma lógica colonial que segue profundamente incorporada ao cálculo político. Quando a covid-19 surgiu, com Trump de um lado do Atlântico e Johnson do outro, estávamos presos no meio.

OLHE PARA O ORIENTE

Muito se falou sobre a ascensão do Oriente como uma grande mudança no sistema político e econômico global. Não há dúvida de que "estamos vivendo no século asiático", com aumentos dramáticos tanto na riqueza quanto nos padrões de vida por todo o continente.[32] A influência da China, em particular, está sendo cada vez mais sentida no cenário mundial, e a guerra comercial com os Estados Unidos é apenas um exemplo. Sem dúvida houve mudança no equilíbrio de poder na direção do Oriente, que não foi revertida. Com o aumento do padrão de vida, veio maior influência econômica, e só a China e a Índia já possuem mais de um terço da população mundial. Na Índia, entre 1990 e 2014, o número de casas com renda de mais de 10 mil dólares disponível por ano saltou de 2 milhões para 50 milhões.[33] A China se tornou a nova oficina do mundo, e, além disso, a região também está na vanguarda da inovação em tecnologia e comunicação. Não é difícil entender por que o Ocidente está preocupado com a China ter tanto os meios de produção quanto uma base consumidora de massa. Mas a realidade é que a emergência da Ásia nem acaba com o projeto imperial ocidental nem pede uma atualização do sistema. O que estamos vendo hoje é a lógica da versão atual dele, e "o fato de o sol nascer no Oriente não significa que ele se põe no Ocidente".[34]

Para executar seu notável crescimento, o Oriente se entranhou no sistema político e econômico ocidental. Não é por coincidência que não foi a China de Mao que se posicionou para se tornar o centro do sistema político e econômico; a China tem essa posição *porque* o legado de Mao foi abandonado. O colapso do comunismo deu origem àquela declaração infame do "fim da história" de Francis Fukuyama, que teorizou "que a democracia liberal pode constituir o fim da evolução ideológica da humanidade".[35] Ninguém pode acusar a China de ser uma democracia liberal, mas sua rendição ao capitalismo de mercado é quase total. Embora certamente não seja neoliberal, para um país comunista, ela está notavelmente confortável com seus bilionários. Como a China depende do Ocidente para ter prosperidade, não há nada a ganhar com tentativas de incentivar a revolução. O argumento de Fukuyama está equivocado por estar profundamente imerso em princípios iluministas, a tal ponto que ele esquece que os atores, particularmente das antigas colônias, têm experiência. Mas ele tem razão quando reflete sobre até que ponto o modelo econômico ocidental apagou quase todas as alternativas.

Assim como o New Labour foi a maior conquista de Margaret Thatcher, a China foi o maior sucesso do Ocidente: um potencial sucessor do poder que mantém relações e exclusões do velho sistema. É uma derrota absoluta dos princípios revolucionários que fundaram o país. Na verdade, como a China ainda não adotou a democracia liberal, que dirá o neoliberalismo, talvez represente uma forma melhorada do imperialismo ocidental. Com sua população de mais de 1 bilhão comandada com firmeza pelo Estado, ela é capaz de mover e planejar sua economia com precisão militar de modo que o restante do mundo deveria invejá-la e temê-la na mesma medida.

O fato de que há rostos não brancos à frente da última versão do império não quer dizer que o sistema tenha mudado. É perfeitamente possível manter o racismo enquanto se diversifica os que estão encarregados de oferecê-lo. Foi justamente explorando os sistemas econômicos raciais políticos e econômicos que a região cresceu. O crescimento da Ásia depende da extrema pobreza de milhões de seus próprios cidadãos e da contínua evisceração da África para saquear os recursos do continente. Não há sinais de que isso mudará, e uma coleção de asiáticos extremamente ricos não muda a realidade da maioria das pessoas no continente. Um dos argumentos mais decepcionantes para o declínio do racismo é a presença de pessoas racializadas entre os ricos. Uma classe média negra não é prova de salvação racial, assim como a existência de mais brancos ricos não significa que a luta de classes tenha acabado. Sempre existiram os que eram mais abastados do que outros, mesmo sob a versão brutalmente violenta do imperialismo ocidental. A versão atual trouxe muito mais oportunidades para uma elite limitada, tanto no Ocidente quanto nas antigas colônias, de aproveitar os frutos do sistema. Mas não devemos nos iludir e acreditar que isso significa que a natureza do sistema em si mudou.

Em vez de encarar a emergência de elites racializadas como um rompimento com o imperialismo ocidental, devemos entendê-las como uma das lógicas do novo sistema. A nova era do império tem base no distanciamento do colonialismo formal, do desmantelamento do poder do Estado e da exploração racial por meio da coerção econômica, e não física. Por isso, foi concedida a suposta independência, e houve aumento da dependência das elites locais na administração de seus países. Há classes de ricos das antigas colônias que devem seu estilo de vida e sua posição ao imperialismo ocidental. Estar na elite nas antigas colônias é viver uma posição acima da maioria da população do Ocidente. Isso também tende a vir acompanhado de uma educação ocidental, contas bancárias offshore e acesso genuíno ao mundo como um cidadão global.

O 1% do Occupy certamente inclui alguns dos que não são brancos, mas seria um erro pensar que sua posição não é definida pela branquitude. Ganhar esse nível de riqueza em economias que incluem as pessoas mais pobres do planeta nos mostra a escala das desigualdades do sistema. Mesmo para aqueles entre nós que de forma alguma são ricos, mas ainda assim têm sucesso, nossa relativa prosperidade foi construída sobre a mesma lógica colonial que mantém na pobreza as massas racializadas. A consequência mais dolorosa da nova era do império é que agora nos tornamos parte do problema, com nossas mãos manchadas pelo sangue das vítimas de nosso sucesso.

Quando os arquitetos da nova era do império estavam planejando a atualização do sistema, sem dúvida não previram a emergência e a potencial tomada da China e do Oriente. A crença na supremacia branca tende a passar por cima do bom senso, e é muito provável que seus representantes achassem que o Oriente empobrecido poderia ser contido. Mas tirar a bota diretamente do pescoço do mundo subdesenvolvido abriu espaço para que as mudanças acontecessem. Um dos maiores fatores foi a terceirização como parte do projeto neoliberal. Por causa do racismo do sistema político e econômico, os salários são muito mais baixos no mundo subdesenvolvido e, portanto, quando o capital e a tecnologia ficaram livres para serem globalizados, as empresas viram sentido em levar sua produção a outros países. A China tornou-se perita em usar mão de obra barata para se tornar a oficina do mundo. O trabalho foi terceirizado exatamente por causa da riqueza do Ocidente: ficou caro demais pagar os trabalhadores daqui, e o trabalho é simples.

Consumo, tecnologia e serviços substituíram a manufatura como a base da economia ocidental. Na busca do sonho da classe média, isso faz algum sentido, mas também é um grande impulsionador da narrativa dos "deixados para trás", porque diminui a demanda por trabalhos manuais que não exigem formação. Ceder a produção para o mundo subdesenvolvido sempre teve potencial para o desenvolvimento rápido que estamos vendo. Apesar de todo o hype em torno do consumo, ele é impossível sem a produção. A China em particular, mas também a região em geral, tornou-se especialista em ganhar o máximo possível por possuir partes essenciais dos meios de produção.

Quando o centro do império se mudar para a China, ou robôs assumirem a produção, pode muito bem ser que o Ocidente passe para a próxima fase. Nada disso vai ser o fim desse sistema político e econômico racista, e na melhor das hipóteses eles só oferecerão um formato pouco mais suportável.

O FIM DO IMPÉRIO

No Ocidente, não importa quão intensamente o feitiço se volte contra o feiticeiro, ele nunca vai apagar o racismo que está no centro do sistema racista político e econômico. Como nos avisou Malcolm X, "esse sistema tem tanta capacidade de nos oferecer liberdade, justiça e igualdade quanto uma galinha é capaz de botar um ovo de pata".[36] Mas a história nos conta que todos os impérios chegam ao fim. Ou eles desabam sob suas próprias contradições ou são levados a um colapso por rebelião ou conquista. Talvez tenham nos dito que não há alternativa, mas em algum momento o imperialismo ocidental chegará ao seu fim. O Ocidente só tem o domínio verdadeiro há 250 anos, um piscar de olhos na linha do tempo da história humana. Mas, apesar de diagnosticar o racismo como uma sequência fundamental no DNA da ordem social em curso, a premissa deste livro é profundamente otimista. Não precisamos apaziguar os poderes da nova era do império limitando nossa visão à reforma de um sistema que não parou de funcionar. Brutalidade policial, desigualdade na assistência à saúde, milhares de crianças morrendo todo dia são todos sintomas da doença do racismo causada pela máquina do imperialismo ocidental. Quando reconhecermos que esse racismo é uma consequência necessária do sistema político e econômico, teremos liberdade para imaginar o que vem depois de derrotá-lo.

A revolução é possível, mas precisamos aceitar que ela não virá daqueles que se beneficiam com o imperialismo ocidental. Há tradições centenárias de política radical emergindo dos oprimidos. A maior parte da minha obra fala sobre o desenvolvimento da política do radicalismo negro, centrada na união da África e da diáspora africana para criar uma verdadeira revolução, que segue sendo a única solução para o problema do racismo.[37] Os oprimidos nunca aceitam sua condição e sempre vão lutar para derrubar o sistema que os detém. Africanos escravizados no Haiti romperam suas correntes e assumiram sua liberdade. Os movimentos Black Power mudaram as condições de possibilidades para negros na barriga da fera. Foram as revoluções por todo o Terceiro Mundo que forçaram o Ocidente a abandonar os meios brutalmente violentos de dominação colonial. Este livro é um lembrete do que está em jogo, para que alterações no status quo não sejam aceitas como alguma forma de progresso. A revolução não é apenas possível, mas absolutamente essencial se realmente quisermos liberdade.

Os protestos desencadeados pelo assassinato de George Floyd estão profundamente enraizados nas histórias da resistência negra, mas oferecem uma nova esperança em um sentido. Nos anos 1970, havia uma luta entre as agendas de revolução e reforma: derrubar o sistema ou tentar consertá-lo. A reforma ganhou na forma dos movimentos pelos direitos civis no Ocidente e na independência para os países do mundo subdesenvolvido. Foram alguns dos movimentos mais bem-sucedidos da história, e ganharam acesso ao direito ao voto, mudanças na legislação e até representação nos corredores do poder. Há cinquenta anos nos juram que estamos no caminho da liberdade, mas é mais do que simbólico que o Black Lives Matter tenha surgido com um negro na Casa Branca. Nenhuma alteração ou inclusão nesse sistema racista nos libertará, e agora temos uma geração que não deveria mais ser convencida de que estamos no caminho certo. O futuro é agora, e nele podemos assistir a um policial se ajoelhar no pescoço de um homem negro, em público, por quase nove minutos. Se isso não tirar a venda dos nossos olhos, nada tirará.

A pergunta que mais me fazem, e para a qual não tenho resposta, é "o que os brancos podem fazer?". Se você chegou ao final desta obra imaginando que haveria alguma fórmula mágica, saída rápida ou poção antirracista que pudesse criar uma aliança significativa, vai ficar decepcionado. A busca por uma aliança é mal direcionada em si. O problema é que a sociedade é construída sobre uma supremacia branca que permeia todas as instituições, estruturas intelectuais e interações dentro dela. Se você chegou até aqui e acredita que oferecer um aperto de mão sincero de amizade por parte dos brancos é a solução, não entendeu nada. Não cabe ao oprimido sugerir um papel progressista para aqueles que se beneficiam de sua opressão. Minha esperança é que a compreensão da escala do problema e os limites das soluções oferecidas possam provocar uma conversa genuína sobre como superar esse sistema perverso. Em um dos discursos mais famosos de Malcolm X, ele ofereceu um aparente ramo de oliveira para a sociedade branca hegemônica, com o argumento de que os Estados Unidos eram "o único país da história em posição de fazer uma verdadeira revolução sem sangue".[38] Eles só precisavam dar aos negros "tudo a que eles têm direito" para consertar o estrago causado em séculos. Malcolm não tinha muita esperança e estava ocupado com a organização das massas negras. Se algo pode estar claro agora, é que não podemos esperar que os aliados brancos se juntem à luta para acabar com seu privilégio sistêmico.

O lampejo de esperança por uma verdadeira transformação no Ocidente é que, se deixarmos o sistema desabar sob seu próprio peso, ele pode muito bem acabar com a existência humana. A pilha de corpos racializados que aumenta desde Colombo e os milhões morrendo todo ano de pobreza atingem uma escala inimaginável. Mas o Ocidente não hesita em praticar violência de brancos contra brancos quando disputa a liderança de seu império. Milhões de vidas europeias e estadunidenses foram perdidas nas duas Guerras Mundiais, e mais de uma vez estivemos no limite de um apocalipse durante a Guerra Fria. Uma das consequências do crescimento de uma potência não branca como a China, que ameaça assumir o controle das rédeas, é a maior probabilidade de um holocausto nuclear. Não é por acaso que os japoneses foram usados como cobaias para a bomba atômica. Corpos racializados são muito mais fáceis de apagar, na lógica do império. A violência que consome o Ocidente (e todos no processo) seria o perfeito exemplo do feitiço se voltando contra o feiticeiro, mas há uma ameaça à humanidade ainda mais provável.

O excesso de consumo está matando o planeta. A busca constante pelo crescimento a qualquer custo está poluindo a atmosfera a um ponto que o mundo pode se tornar inabitável. Se em breve não forem tomadas ações drásticas para reverter o aquecimento global, enchentes bíblicas virão não apenas para lavar os pecados do Ocidente, mas também suas vítimas. Painéis solares, carros elétricos e o plantio de árvores não são suficientes para desfazer o dano que foi causado. É a própria natureza do consumo ocidental que está provocando o derretimento das calotas polares.[39] A justiça climática não é apenas uma questão de vida e morte para pessoas racializadas; é necessário repensar radicalmente essas questões para que a humanidade continue existindo.

Pode ser que neste momento, à beira do abismo da aniquilação, olhando para o abismo causado pela assim chamada civilização ocidental, a profundidade do problema e a escala da solução possam ser compreendidas. Talvez possamos deixar de lado as ilusões de progresso baseado na visão distorcida da branquitude que nos foi incutida por lavagem cerebral. É a chance de recusar a próxima atualização do sistema do imperialismo, destruir o *hard drive* e criar uma estrutura inteiramente nova para o sistema político e econômico mundial. Mas não se enganem, seja incentivado pela revolução ou desabando pelo próprio peso, o Ocidente terá fim um dia. Malcolm estava certo quando avisou que seria "a cédula ou a bala, liberdade ou morte, liberdade para todos ou liberdade para ninguém".[40]

Agradecimentos

Sempre brinco que dar palestras é como fazer uma turnê de comédia stand-up. Podemos testar o material com o público, afiar os argumentos. Tanta gente se envolveu com as ideias deste livro que dá a sensação de um esforço coletivo, então deixo um grande obrigado para todos os comentários, as questões e os desafios. O lockdown me fez perceber quanto estive na estrada nos últimos anos, e isso só foi possível por causa do apoio de minha esposa, dra. Nicole Andrews, que precisou aguentar muita coisa e segurar a barra. Além disso, um grande agradecimento à minha família, particularmente à minha mãe e irmãs, pelo apoio.

A família de estudos negros na Universidade de Birmingham também foi uma fonte essencial de força. Não é exagero dizer que eu não poderia ter escrito o livro, ou ficado são, sem vocês. Preciso mandar um grande agradecimento à dra. Dionne Taylor, que ajudou a criar o curso de estudos negros e permanece como seu alicerce.

Agradeço ainda a Sarah Chalfant e Emma Smith da agência Wylie, que promoveram o livro e ajudaram a dar forma às ideias.

Maria Bedford, da Penguin, e Katy O'Donnell, da Bold Type, colaboraram muito no processo de edição para criar, assim, algo que me dá orgulho. Um grande agradecimento também a Kim Walker e Rik Ubhi, da Zed Books, por todo o trabalho em *Back to Black*, que possibilitou este livro.

Se você chegou até aqui, obrigado por ler. Outro mundo é possível se aceitamos a dimensão da mudança necessária para construí-lo. A revolução não é apenas possível, ela é essencial.

Notas

PREFÁCIO: O RACISMO É UMA QUESTÃO DE VIDA E MORTE [pp. 9-13]

1. Public Health England, *Disparities in the Risk and Outcomes of Covid-19*. Londres: Wellington House, 2020. M. Schwitz; L. Cook, "These N.Y.C. Neighborhoods Have the Highest Rates of Virus Deaths". *New York Times*, 18 maio 2020.

2. Office for National Statistics, "Coronavirus (COVID-19) Related Deaths by Ethnic Group, England and Wales: 2 de março de 2020 a 10 de abril de 2020". Disponível em: <www.ons.gov.uk/peoplepopulationandcommunity/birthsdeathsandmarriages/deaths/articles/coronavirusrelateddeathsbyethnicgroupenglandandwales/2march2020to10april2020>.

3. SA Stats, "Mortality and Causes of Death in South Africa: Findings from Death Notification, 2015". Disponível em: <www.statssa.gov.za/publications/P03093/P030932015.pdf>.

4. S. Boseley, "The Children Labouring in Malawi's Fields for British American Tobacco". *Guardian*, 31 out. 2019.

INTRODUÇÃO: A LÓGICA DO IMPÉRIO [pp. 15-36]

1. C. J. Robinson, *Black Marxism: The Making of the Black Radical Tradition*. Londres: Zed Books, 1983, p. 2.

2. The Sentencing Project, "Report to the United Nations Special Rapporteur on Contemporary Forms of Racism, Racial Discrimination, Xenophobia, and Related Intolerance Regarding Racial Disparities in the United States Criminal Justice System", 2018. Disponível em: <www.sentencingproject.org/publications/un-report-on-racial-disparities/>.

3. J. Melamed, "Racial Capitalism". *Critical Ethnic Studies* v. 1, n. 1, p. 77, 2015.

4. M. Alexander, *The New Jim Crow: Mass Incarceration in the Age of Colorblindness.* Nova York: The New Press, 2016.

5. T. Morrison, "Talk of the Own: Comment". *New Yorker*, 28 set. 1998.

6. M. Alexander, *The New Jim Crow.*

7. A. Campbell, "The Federal Government Markets Prison Labor to Businesses as the 'Best-Kept Secret'". *Vox*, 24 ago. 2018. Disponível em: <www.vox.com/2018/8/24/17768438/national-prison-strike-factory-labor >.

8. Prison Bureau, "Annual Determination of Average Cost of Incarceration". *Federal Register*, 30 abr. 2018. Disponível em: <www.federal register.gov/documents/2018/04/30/2018-09062/annual-determination-of-averagecost-of-incarceration>.

9. R. Gilmore, "Fatal Couplings of Power and Difference: Notes on Racism and Geography". *Professional Geographer*, v. 54, n. 1, p. 16, 2002.

10. W. Dahlgreen, "The British Empire is 'Something to Be Proud of'". *YouGov*, 26 jul. 2014. Disponível em: <yougov.co.uk/topics/politics/articles-reports/2014/07/26/britain-proud-its-empire>.

11. Malcolm X, "Black Man's History". Discurso na Muslim Mosque nº 7, em Nova York, 12 dez. 1962.

12. Malcolm X, "The Ballot or the Bullet". Discurso na Igreja Metodista Cory em Cleveland, Ohio, 3 abr. 1964.

13. N. Andrews, "Blackness in the Roundabout". Artigo no workshop *Blackness at the Intersection*, 8 jun. 2017, Rugby, UK.

14. K. Crenshaw, *On Intersectionality: Essential Writings.* Nova York: The New Press, 2021. K. Taylor, *Race for Profit: How Banks and the Real Estate Industry Undermined Black Homeownership.* Chapel Hill: UNC Press, 2019. P. Hill Collins, *Intersectionality as Critical Social Theory.* Durham, NC: Duke University Press, 2019. M. Kendall, *Hood Feminism: Notes from the Women that a Movement Forgot.* Nova York: Viking, 2020.

15. R. Perez-Pena, "Woman Linked to 1955 Emmett Till Murder Tells Historian Her Claims Were False". *New York Times*, 27 jan. 2017.

16. I. Well, *The Light of Truth: Writings of an Anti-Lynching Crusader.* Londres: Penguin, 2014.

17. A. Davis, *Mulheres, raça e classe*. São Paulo: Boitempo, 2016.

18. J. Wolfers; D. Leonhardt; K. Quealy. "1.5 Million Missing Black Men. The Upshot", *New York Times*, 20 abr. 2015. Disponível em: <www.nytimes.com/interactive/2015/04/20/upshot/missing-black-men.html?smid=pl->.

19. K. Crenshaw, "Say Her Name". Artigo no workshop *Blackness at the Intersection*, 8 jun. 2017, Rugby, UK.

20. D. Olusoga, *Black and British: A Forgotten History*. Londres: Macmillan, 2016.

21. P. Hill Collins, *Intersectionality*. Cambridge: Polity Press, 2016.

22. K. Crenshaw, "Postscript" in Lutz, H.; Herrera Vivar, M.; L. Supik (Orgs.) *Framing Intersectionality: Debates on a Multi-Faceted Conceptin Gender Studies*. Farnham: Ashgate, 2011, pp. 221-33.

23. D. Hall, *In Miserable Slavery: Thomas Thistlewood in Jamaica, 1750-86*. Houndmills: Macmillan, 1999.

24. M. Roser, "When Will We Reach 'Peak Child'?". *Our World in Data*, 2018. Disponível em: <ourworldindata.org.peak-child> .

25. P. Harris, "Martin Luther King's Spirit Is Claimed by Fox TV's Glenn Beck and Sarah Palin". *The Observer*, 29 ago. 2010.

26. K. Dolak, "Alveda King Speaks at Glenn Beck's DC Rally". *ABC News*, 28 ago. 2010. Disponível em: <abcnews.go.com/Politics/alveda-king-speaks-glenn-becks-dc-rally/story?id=11504453&page=2>.

27. Malcolm X. "Message to the Grassroots". Discurso na Negro Grass Roots Leadership Conference, Michigan, 10 nov. 1963.

28. M. King, "I Have a Dream". Discurso na March on Washington for Jobs and Freedom, Washington, DC, 28 ago. 1963.

29. K. Crenshaw et al., *Critical Race Theory: The Key Writings that Formed the Movement*. Nova York: The New Press, 1995, pp. 85-102.

30. K. Andrews, *Back to Black: Retelling Black Radicalism for the 21st Century*. Londres: Zed Books, 2018.

31. Cabinet Office. *Race Disparity Audit: Summary Findings from the Ethnicity Facts and Figures Website*. Londres: Cabinet Office, 2017.

32. L. Green, *Children in Custody 2017-8: An Analysis of 12-18 Year Olds' Perceptions of Their Experiences in Secure Training Centres and Young Offender Institutions*. Londres: HM Prison Inspectorate, 2019.

33. D. Bell, *Faces at the Bottom of the Well: The Permanence of Racism*. Nova York: Basic Books, 1992, p. 12.

1. SOU BRANCO, LOGO EXISTO [pp. 37-67]

1. T. Whyman, "Soas Students Have a Point. Philosophy Degrees Should Look Beyond White Europeans". *Guardian*, 10 jan. 2017.

2. C. Turner, "University Students Demand Philosophers Such as Plato and Kant Are Removed from Syllabus Because They Are White". *Telegraph*, 8 jan. 2017.

3. D. Collins, "UNI KANT TOUCH THIS: Barmy Soas Students Try to Ban Classical Philosophers like Plato, Aristotle and Voltaire from Their Courses... Because They Are White". *Sun*, 9 jan. 2017.

4. G. Bhambra; D. Gebrial; K. Nisancioglu, *Decolonising the University*. Londres: Pluto Press, 2018.

5. C. Turner, op. cit.

6. T. Hill; B. Boxill, "Kant and Race" in B. Boxill (Org.), *Race and Racism*. Oxford: Oxford University Press, 2001, p. 455.

7. I. Kant, "On the Different Human Races", 1777 in R. Bernasconi; T. Lott (Orgs.), *The Idea of Race*. Indianapolis: Hackett, 2000, p. 17.

8. E. Eze, "The Color of Reason: The Idea of 'Race' in Kant's *Anthropology*" in _____. (Org.), *Postcolonial African Philosophy: A Critical Reader*. Oxford: Blackwell, 1997, p. 116.

9. L. Allais, "Kant's Racism". *Philosophical Papers,* v. 45, n. 1/2, p. 2, 2016.

10. I. Kant, op. cit.

11. Ibid., p. 12.

12. E. Eze, op. cit., p. 116.

13. Ibid., p. 108.

14. I. Kant, op. cit., p. 17.

15. W. Hund, "It Must Come from Europe: The Racisms of Immanuel Kant" in W., Hund; C, Koller; M, Zimmerman (Orgs.), *Racisms Made in Germany*. Berlim: Lit Verlag, 2011, p. 81.

16. E. Eze, op. cit., p. 117.

17. I. Kant, op. cit., p. 16.

18. T. Hill; B. Boxill, op. cit., p. 452.

19. A. Rutherford, *How to Argue with a Racist: History, Science, Race and Reality*. Londres: Weidenfeld and Nicolson, 2020.

20. R. Bernasconi, "Will the Real Kant Please Stand Up: The Challenge of Enlightenment Racism to the Study of the History of Philosophy". *Radical Philosophy*, v. 117, pp. 13-22, 2003.

21. L. Allais, op. cit.

22. R. Bernasconi, "Kant's Third Thoughts on Race" in S. Elden; E. Men-

dieta (Orgs.), *Reading Kant's Geography*. Albany: State University of New York, 2011.

23. W. Hund, op. cit., p. 79.

24. T. Hill; B. Boxill, op. cit., p. 452.

25. L. Allais, op. cit., p. 19.

26. W. Hund, op. cit., p. 81.

27. D. Olusoga, op. cit., p. 272.

28. J. Goldberg, "Was the Enlightenment Racist?". *National Review*, 21 jun. 2018.

29. Voltaire, "On the Different Races of Man", 1765, in R. Bernasconi; T. Lott, *The Idea of Races*, p. 6.

30. G. Hegel, "Encyclopaedia of the Philosophical Sciences". Ibid., 1830, p. 40.

31. I. Kendi, *Stamped from the Beginning: The Definitive History of Racist Ideas in America*. Londres: Bodley Head, 2017.

32. Ibid., p. 96.

33. Ibid., p. 109.

34. B. Niro, *Race*. Houndmills: Palgrave Macmillan, 2003, p. 65.

35. C. Dover, "The Racial Philosophy of Johann Herder". *British Journal of Sociology*, v. 3, n. 2, pp. 124-33, 1952.

36. Ibid., p. 128.

37. Voltaire, op. cit., p. 6.

38. I. Kendi, op. cit., p. 86.

39. C. Darwin, "On the Races of Man", 1871, in R. Bernasconi; T. Lott, op. cit., p. 75.

40. L. Dubois, "An Enslaved Enlightenment: Rethinking The Intellectual History of the French Atlantic". Social History, v. 31, n. 1, p. 5, 2006.

41. J. Halberstam, "From Kant to Auschwitz". *Social Theory and Practice*, v. 14, p. 45, 1988.

42. Darwin, op. cit., p. 70.

43. Hegel, op. cit., p. 43.

44. S. Muthu, "Enlightenment Anti-Imperialism". *Social Research*, v. 66, n. 4, p. 965, 1999.

45. Dover, op. cit., p. 128.

46. R. Grosfoguel,. "The Structure of Knowledge in Westernized Universities: Epistemic Racism/Sexism and the Four Genocides/Epistemicides of the Long 16th Century". *Human Architecture: Journal of the Sociology of Self-Knowledge*, v. 11, n. 1/8, pp. 73-90, 201.

47. E. Eze, op. cit., p. 122.

48. R. Grosfoguel, "Structure of Knowledge".

49. V. Moller, *The Map of Knowledge: How Classical Ideas Were Lost and Found: A History in Seven Cities*. Londres: Picador, 2019, p. 66.

50. Ibid., p. 112.

51. Ibid., p. 150.

52. Ibid., p. 114.

53. Ibid., p. 133.

54. J. Henrik Clarke, "The University of Sankore at Timbuctoo: A Neglected Achievement in Black Intellectual History". *Western Journal of Black Studies*, v. 1, n. 2, pp. 142-6, 1997.

55. C. Diop, *The African Origin of Civilization: Myth or Reality?*. Chicago: Lawrence Hill Books, 1974, p. 4.

56. Ibid., p. 230.

57. Ibid., p. 168.

58. E. Dabiri, *Don 't Touch My Hair*. Londres: Allen Lane, p. 209.

59. V. Moller, op. cit., p. 55.

60. V. Moller, op. cit., p. 2.

61. E. Dabiri, op. cit., p. 218

62. I. Kendi, op. cit., p. 109.

63. T. Jefferson, *Notes on the State of Virginia*. Virginia: J. W. Randolph, 1853.

64. J. Wright, *The Trans-Saharan Slave Trade*. Abingdon: Routledge, 2007, p. 5.

65. T. Hill; B. Boxill, op. cit., p. 470.

66. M. Ishay, *The History of Human Rights: From Ancient Times to the Globalization Era*. Berkeley: University of California Press, p. 65.

67. I. Kendi, op. cit., p. 116.

68. M. Ishay, op. cit., p. 96.

69. S. Muthu, op. cit., p. 997.

70. L. Allais, op. cit., p. 19.

71. S. F. Eisenman, "Triangulating Racism". *Art Bulletin*, v. 78, n. 4, p. 607, 1996.

72. S. Walby, "The Myth of the Nation-State: Theorizing Society and Polities in a Global Era". *Sociology*, v. 37, n. 3, pp. 529-46, 2003.

73. H. Ting, "Social Construction of Nation: A Theoretical Exploration". *Nationalism & Ethnic Politics*, v. 14, n. 3, pp. 453-82, 2008.

74. K. Andrews, *Back to Black: Retelling Black Radicalism for the 21st Century*. Londres: Zed Books, 2018.

2. GENOCÍDIO [pp. 68-105]

1. S. Hitchman, "Columbus Statues Are Coming Down: Why He Is So Offensive to Native Americans". *The Conversation*, 9 jul. 2020. Disponível em: <theconversation.com/columbus-statues-are-coming-down-why-he-is-so-offensive-to-native-americans-141144>.

2. D. Trump, "Remarks by President Trump at South Dakota's 2020 Mount Rushmore Fireworks Celebration", Keystone, Dakota do Sul, 4 jul. 2020.

3. "Columbus Day Parade Canceled to Avoid Protests". *LA Times*, 11 out. 1992.

4. K. Doumar, "Goodbye, Columbus Day". *Citylab*, 8 out. 2018.

5. B. Bigelow, "Review: Once Upon a Genocide: Christopher Columbus in Children's Literature". *Social Justice*, v. 19, n. 2, pp. 106-21, 1992.

6. I. Sertima, *They Came Before Columbus: The African Presence in North America*. Nova York: Random House, 1976.

7. S. Balababova; F. Parsche; W. Pirsig, "First Identification of Drugs in Egyptian Mummies". *Naturwissenschaften*, v. 79, p. 358, 1992.

8. A. B. Kehoe, *The Land of Prehistory: A Critical History of American Archaeology*. Londres: Routledge, 1998.

9. L. Wiener, *Africa and the Discovery of America: Volume 1*. Filadélfia: Innes and Sons, 2012, p. 34.

10. R. Thornton, *American Indian Holocaust and Survival: A Population History Since 1492*. Norman: University of Oklahoma, 1987.

11. A. Hinton, "Savages, Subjects and Sovereigns: Conjunctions of Modernity, Genocide and Colonialism" in D. Moses (Org.), *Empire, Colony and Genocide: Conquest, Occupation and Subaltern Resistance in World History*. Oxford: Berghahn Books, 2008.

12. G. E. Tinker; M. Freeland, "Thief, Slave Trader, Murderer: Christopher Columbus and Caribbean Population Decline". *Wicazo Sa Review*, v. 23, n. 1, pp. 25-50, 2008.

13. Thornton, op. cit., p. 79.

14. Hinton, op. cit., p. 442.

15. Tinker; Freeland, op. cit.

16. Ibid., p. 41.

17. H. Beckles, *Britain's Black Debt: Reparations of Caribbean Slavery and Native Genocide*. Kingston: University of the West Indies Press, 2013.

18. Ibid., p. 33.

19. G. Washington, *The Papers of George Washington: Revolutionary War Series, Volume 20*. Charlottesville: University of Virginia Press, 1985, p. 717.

20. Thornton, op. cit., p. 110.

21. Ibid., p. 199.

22. P. Wolfe, "Settler Colonialism and the Elimination of the Native". *Journal of Genocide Research*, v. 8, n. 4, p. 388, 2006.

23. Thornton, op. cit.

24. B. Madley, "Patterns of Frontier Genocide 1803-1910: The Aboriginal Tasmanians, the Yuki of California, and the Herero of Namibia". *Journal of Genocide Research*, v. 6, n. 2, pp. 168-9, 2004.

25. Ibid., p. 179.

26. T. Rogers; S. Bain, "Genocide and Frontier Violence in Australia". *Journal of Genocide Research*, v. 18, n. 1, p. 85, 2016.

27. T. Barta, "Relations of Genocide: Land and Lives in The Colonization of Australia" in I. Wallimann; M. Dobkowski (Org.), *Genocide and the Modern Age*. Nova York: Greenwood, 1987, p. 238.

28. D. Moses, "Moving the Genocide Debate Beyond the History Wars". *Australian Journal of Politics and History*, v. 54, n. 2, pp. 248-70, 2008.

29. Barta, op. cit., p. 243.

30. Rogers; Bain, op. cit., p. 87.

31. Ibid., 88.

32. Moses, 'Moving the genocide debate', p. 253.

33. C. Tatz, "Genocide in Australia". *Journal of Genocide Research* , v. 1, n. 3, p. 325, 1999.

34. A. Markus, "Genocide in Australia". *Aboriginal History*, v. 25, p. 63, 2001.

35. C. Tatz, "Confronting Australian Genocide". *Aboriginal History*, v. 25, p. 63, 2001.

36. Barta, op. cit., p. 245.

37. Ibid.

38. P. O'Malley, "Gentle Genocide: The Government of Aboriginal Peoples in Central Australia". *Social Justice*, v. 21, n. 4, p. 1, 1994.

39. Ibid., p. 4.

40. P. Batrop, "The Holocaust, the Aborigines, and the Bureaucracy of Destruction: An Australian Dimension of Genocide". *Journal of Genocide Research*, v. 3, n. 1, pp. 75-87, 2001.

41. K. Elinghaus, "Biological Absorption and Genocide: A Comparison of Indigenous Assimilation Policies in the United States and Australia". *Genocide Studies and Prevention*, v. 4, n. 1, p. 67, 2009.

42. Ibid., p. 68.

43. *Bringing Them Home: Report of the National Inquiry into the Separation of Aboriginal and Torres Strait Islander Children from Their Families* [Commis-

sioner: Ronald Wilson]. Human Rights and Equal Opportunity Commission: Sydney, 1997, p. 368.

44. Tatz, "Confronting Australian Genocide", p. 19.

45. J. Davis, "American Indian Boarding School Experiences: Recent Studies from Native Perspectives". *Magazine of History*, v. 15, n. 2, pp. 20-2, 2001.

46. Batrop, "The Holocaust, the Aborigines", p. 87.

47. Madley, op. cit., p. 183.

48. Ibid., p. 187.

49. Ibid., p. 188.

50. D. Schaller, "From Conquest to Genocide: Colonial Rule in German Southwest Africa and German East Africa" in Moses, *Empire, Colony and Genocide*, 2008, p. 309.

51. J. Sarkin; C. Fowler, "Reparations for Historical Human Rights Violations: The International and Historical Dimensions of the Alien Torts Claims Act Genocide Case of the Herero of Namibia". *Human Rights Review*, v. 9, pp. 331-60, 2008.

52. R. Kössler, "From Genocide to Holocaust? Structural Parallels and Discursive Continuities". *Afrika Spectrum*, v. 40, n. 2, p. 313, 2005.

53. Ibid.

54. R. Lemkin, "Genocide". *American Scholar*, v. 15, n. 2, p. 227, 1946.

55. Z. Bauman, *Modernidade e Holocausto*. Rio de Janeiro: Zahar, 1998.

56. Ibid., p. 17.

57. R. Grosfoguel, "The Structure of Knowledge in Westernized Universities: Epistemic Racism/Sexism and the Four Genocides/Epistemicides of the Long 16th Century". *Human Architecture: Journal of the Sociology of Self-Knowledge*, v. 11, n. 1/8, p. 83, 2013.

58. P. Badru, "Ethnic Conflict and State Formation in Post-Colonial Africa. A Comparative Study of Ethnic Genocide in the Congo, Liberia, Nigeria and Rwanda-Burundi". *Journal of Third World Studies*, v. 27, n. 2, pp. 149-69, 2010.

59. A. Hochschild, *King Leopold's Ghost: A Story of Greed, Terror, and Heroism in Colonial Africa*. Nova York: Mariner, 1999, p. 44.

60. Ibid.

61. T. Ward, "State Crime in the Heart of Darkness". *British Journal of Criminology*, v. 45, n. 4, p. 439, 2005.

62. R. Kevorkian, *The Armenian Genocide: A Complete History*. Londres: I. B. Tauris, 2001.

63. Ward, op. cit., p. 437.

64. A. Presse, "Germany to Investigate 1,000 Skulls Taken from African Colonies for 'Racial Research'". *Guardian*, 6 out. 2017.

65. A. Saini, *Superior: The Return of Race Science*. Boston: Beacon Press, 2019, p. 47.

66. N. Painter, *The History of White People*. Nova York: W. W. Norton Company, 2011, p. 268.

67. J. Semujanga, *Origins of Rwandan Genocide*. Montreal: Canada, 2003.

68. B. Clinton, "Rwanda Speech", Kigali International Airport, 25 mar. 1998.

69. R. Carrol, "us Chose to Ignore Rwandan Genocide". *Guardian*, 31 mar. 2004.

70. H. Epstein, "America's Secret Role in the Rwandan Genocide". *Guardian*, 12 set. 2017.

71. M. Mamdani, *When Victims Become Killers: Colonialism, Nativism, and the Genocide in Rwanda*. Princeton: Princeton University Press, 2001.

72. Ibid., p. 88.

73. O. Nubia, *England's Other Countrymen: Black Tudor Society*. Londres: Zed Books, 2019.

74. Mamdani, op. cit., p. 79.

3. ESCRAVIDÃO [pp. 106-45]

1. C. Hall et al., *Legacies of British Slave-Ownership: Colonial Slavery and the Formation of Victorian Britain*. Oxford: Oxford University Press, 2014, pp. 140-1.

2. Sir Charles Grey in ibid., p. 140.

3. D. Olusoga, op. cit., 2016.

4. Ibid.

5. T. Hunter, "When Slaveowners Got Reparations". *New York Times*, 16 abr. 2019.

6. W. Darity, "Forty Acres and a Mule in the 21st Century". *Social Science Quarterly*, v. 89, n. 3, pp. 656-64, 2008.

7. Ver o banco de dados pesquisável em <www.ucl.ac.uk/lbs/>.

8. R. Mason, "Jamaica Should 'Move On from Painful Legacy of Slavery", says Cameron'. *Guardian*, 30 de setembro de 2015.

9. C. Hall et al., op. cit., p. 101.

10. Malachy Postlethwayt in E. Williams, *Capitalism and Slavery*. Londres: Andre Deutsch, 1964, p. 51. [Ed. bras.: *Capitalismo e escravidão*. São Paulo: Companhia das Letras, 2012.]

11. Ibid., p. 104.

12. K. Rawlinson, "Lloyd's of London and Greene King to Make Slave Trade Reparations". *Guardian*, 18 jun. 2020.

13. Groark, V, "Slave Policies". *New York Times*, 5 maio 2002.

14. H. Beckles; A. Downes, "The Economics of the Transition to the Black Labour System in Barbados, 1630-80". *Journal of Interdisciplinary History* 18: 505-2, 1987.

15. H. Thomas, *The Slave Trade: The History of the Atlantic Slave Trade, 1440-1870*. Chatham: Phoenix, 2006.

16. R. Batie, "Why Sugar? Economic Cycles and the Changing Staples of the English and French Antilles". *Journal of Caribbean History*, v. 8, pp. 1-41, 1976.

17. J. Walvin, *Black Ivory: A History of British Slavery*. Washington, DC: Howard University Press, 1992.

18. W. Rodney, *How Europe Underdeveloped Africa*. Londres: Bogle-L'Ouverture Books, 1972, p. 99. [Ed. bras.: *Como a Europa subdesenvolveu a África*. São Paulo: Boitempo, 2022.]

19. V. Satchell, "The Early Use of Steam Power in the Jamaican Sugar Industry, 1768-1810" in H. Beckles; V. Shepherd (Orgs.), *Caribbean Slavery and the Atlantic World*. Kingston: Ian Randle, 2000, pp. 518-26.

20. D. Olusoga, op. cit.

21. Williams, *Capitalism and Slavery*.

22. Rodney, op. cit., p. 96.

23. S. Engerman, "The Slave Trade and British Capital Formation in the Eighteenth Century: A Comment on the Williams Thesis". *Business History Review*, v. 46, n. 4, pp. 430-43, 1972.

24. Thomas, *Slave Trade*.

25. Williams, op. cit.

26. R. Thomas; R. Bean, "Fishers of Men: the Profits of the Slave Trade". *Journal of Economic History*, v. 34, n. 4, pp. 885-914, 1974.

27. S. Diouf, "The Last Resort: Redeeming Family and Friends" in S. Diouf (Org.), *Fighting the Slave Trade: West African Strategies*. Athens: Ohio University Press, 2004.

28. Ibid.

29. H. Ekiyor, "Making a Case for Reparations". *Journal of Pan African Studies*, v. 1, n. 9, pp. 103-16, 2007.

30. Thomas, *Slave Trade*.

31. S. Schama, *A History of Britain: The Fate of Empire 1776-2000*. Londres: The Bodley Head, 2009, p. 196.

32. Williams, *Capitalism and Slavery*.

33. D. Eltis; S. Engerman, "The Importance of Slavery and the Slave Trade to Industrializing Britain". *Journal of Economic History*, v. 60, n. 1, p. 123, 2000.

34. Williams, *Capitalism and Slavery*.

35. Ibid.

36. Ibid., p. 82.

37. Ibid., p. 84.

38. Eltis; Engerman, op. cit., p. 135.

39. Thomas; Bean, "Fishers of Men".

40. J. H. Clarke, *Christopher Columbus and the Afrikan Holocaust: Slavery and the Rise of European Capitalism*. Buffalo: E-World Inc., 1998, p. 15.

41. A. Russell-Wood, "Before Columbus: Portugal's African Prelude to the Middle Passage and Contribution to Discourse on Race and Slavery" in Beckles; Shepherd, *Caribbean Slavery*, 1995, pp. 11-32.

42. Thomas, *Slave Trade*.

43. H. Klein, "The Portuguese Slave Trade from Angola in the Eighteenth Century". *Journal of Economic History*, v. 32, n. 4, pp. 894-918, 1972.

44. M. Mukerjee, *Churchill's Secret War: The British Empire and the Ravaging of India During World War II*. Nova York: Basic Books, 2010, p. 347.

45. Batie, "Why sugar?".

46. P. Kopperman, "Ambivalent Allies: Anglo-Dutch Relations and the Struggle Against the Spanish Empire in the Caribbean, 1621-1641". *Journal of Caribbean History,* v. 21, n.1, pp. 55-77, 1987.

47. Rodney, op. cit.

48. C. L. R. James, *The Black Jacobins*. Londres: Penguin, 2001.

49. Rodney, op. cit.

50. James, op. cit., p. 47.

51. C. Evans; G. Rydén, "From Gammelbo Bruk to Calabar: Swedish Iron in an Expanding Atlantic Economy" in M. Naum; J. Nordin (Orgs.), *Scandinavian Colonialism and the Rise of Modernity*. Springer: Nova York, 2013.

52. Thomas, *Slave Trade*.

53. A. Anderson, "'We Have Reconquered the Islands': Figurations in Public Memories of Slavery and Colonialism in Denmark 1948-2012". *International Journal of Political and Cultural Sociology,* v. 26, p. 69, 2013.

54. James, op. cit.

55. Thomas; Bean, "Fishers of Men".

56. James, op. cit.

57. S. Dadzie, *A Kick in the Belly: Women, Slavery and Resistance*. Londres: Verso, 2020.

58. F. Knight, *Slave Society in Cuba During the Nineteenth Century*. Madison: University of Wisconsin Press, 1970.

59. Thomas, *Slave Trade*.

60. M. Wright, *Physics of Blackness: Beyond the Middle Passage Epistemology*. Minneapolis: University of Minnesota Press, 2015.

61. Walvin, op. cit., p. 34.

62. J. Krikler, "The Zong and the Lord Chief Justice". *History Workshop Journal*, v. 64, p. 37, 2007.

63. Walvin, op. cit.

64. J. Inkiori, "The Struggle Against the Atlantic Slave Trade: The Role of the State" in Diouf, *Fighting the Slave Trade*, 2013, pp. 170-98.

65. A. Anievas; K. Nişancıoğlu, K. *How the West Came to Rule: The Geopolitical Origins of Capitalism*. Londres: Pluto Press, 2015, p. 155.

66. J. Wright. *The Trans-Saharan Slave Trade*. Abingdon: Routledge, 2007, p. 167.

67. Ibid., p. 5.

68. Russell-Wood, op. cit., p. 25.

69. J. Wright, *The Trans-Saharan Slave Trade*, 2007, p. 167.

70. Ibid., p. 20.

71. Olusoga, op. cit.

72. Ibid.

73. H. Beckles, "'Slavery Was a Long, Long Time Ago': Remembrance, Reconciliation and The Reparations Discourse in the Caribbean". *ARIEL*, v. 38, n. 1, p. 22, 2007.

74. Ibid.

75. W. Darity; D. Frank, "The Economics of Reparations". *American Economic Review*, v. 93, n. 2, p. 326, 2003.

76. Beckles, "Slavery".

77. T. Craemer, "International Reparations for Slavery and the Slave Trade". *Journal of Black Studies*, v. 49, n. 7, pp. 694-713, 2018.

4. COLONIALISMO [pp. 146-80]

1. Mondelez, "Cadbury 2017 Fact Sheet", 2018. Disponível em: <au.mondelezinternational.com/~/media/MondelezCorporate/Uploads/downloads/cadbury_fact_sheet.pdf>.

2. "Cadbury (n.d.) Fact Sheet — Bournville Site". Disponível em: <www.

cadburyworld.co.uk/schoolandgroups/~/media/CadburyWorld/en/Files/Pdf/factsheet-bournville-site.pdf>.

3. Ibid.

4. O. Nieburg, "How Will the Chocolate Industry Approach Cocoa Farmer 'Living Income'?". *Confectionery News*, 3 maio 2018. Disponível em: <www.confectionerynews.com/Article/2018/05/03/How-will-the-chocolate-industry-approach-cocoa-farmer-living-income>.

5. K. Nkrumah, *Africa Must Unite*. Londres: Panaf Books, 1998, p. 27.

6. Nieburg, op. cit.

7. Rodney, op. cit.

8. Ibid., p. 29.

9. Ibid., p. 228.

10. F. Ayokhai; B. Rufai, "West African Women and the Development Question in the post World War Two Economy: The Experience of Nigeria's Benin Province in the Palm Oil Industry". *Journal of Global South Studies*, v. 34, n. 1, pp. 72-95, 2017.

11. Rodney, op. cit., p. 182.

12. Ibid.

13. K. Kemp, "Unilever Turnover Dips in 'Challenging Market Conditions'" *Insider.co.uk*, 31 jan. 2019. Disponível em: <www.insider.co.uk/company-results-forecasts/unilever-shares-dove-vaseline-profits-13932365>.

14. Rodney, op. cit., p. 182.

15. T. Li, "The Price of Un/Freedom: Indonesia's Colonial and Contemporary Plantation Labor Regimes". *Comparative Studies in Society and History*, v. 52, n. 2, p. 245, 2017.

16. L. P. Koh; D. S. Wilcove, "Cashing in Palm Oil for Conservation". *Nature*, v. 448, n. 30, 30, pp. 993-4, 2007.

17. Li, op. cit., p. 250.

18. Ibid., p. 253.

19. Ibid., p. 269.

20. K. Nkrumah, op. cit., 1998, p. 35.

21. Rodney, op. cit.

22. P. Lassou et al., "Varieties of Neo-Colonialism: Government Accounting Reforms in Anglophone and Francophone Africa: Benin and Ghana Compared". *Social and Environmental Accountability Journal*, v. 39, n. 3, pp. 207-8, 2019.

23. G. Kieh, "Neo-Colonialism: American Foreign Policy and the First Liberian Civil War". *Journal of Pan African Studies*, v. 5, n. 1, pp. 164-84, 2012.

24. Rodney, op. cit.

25. Lassou et al., "Varieties of Neo-Colonialism", p. 17.

26. Rodney, op. cit., p. 287.

27. K. Nkrumah, op. cit., 1998.

28. Rodney, op. cit.

29. Malcolm X, "Message to the Grassroots". Discurso na Negro Grass Roots Leadership Conference, Michigan, 10 nov. 1963.

30. G. Nzongola-Ntalaja, "Patrice Lumumba: The Most Important Assassination of the 20th Century". *Guardian*, 17 jan. 2011.

31. S. Schama, *A History of Britain: The Fate of Empire 1776-2000*. Londres: The Bodley Head, 2009, p. 196.

32. S. Tharoor, *Inglorious Empire: What the British Did to India*. Londres: Penguin, 2016.

33. P. Frankopan, *The Silk Roads: A New History of the World*. Londres: Bloomsbury, 2015.

34. Ibid., p. 227.

35. S. Huntingdon, *The Clash of Civilizations and the Remaking of World Order*. Londres: Simon and Schuster, 1996.

36. E. Said, *Orientalism*. Nova York: Vintage Books, 1979, p. 3.

37. Ibid.

38. Tharoor, op. cit.

39. Frankopan, *Silk Roads*, p. 277.

40. C. L. R. James, *The Black Jacobins*. Londres: Penguin, 2001.

41. Tharoor, op. cit.

42. D. Arnold, "Cholera and Colonialism In British India". *Past & Present,* v. 113, pp. 118-51, 1986.

43. Tharoor, op. cit., p. 55.

44. M. Mukerjee, *Churchill's Secret War: The British Empire and the Ravaging of India During World War II*. Nova York: Basic Books, p. 347.

45. Tharoor, op. cit., p. 155.

46. "Good News! India Will Win over Illiteracy by 2021". *India Today*, 7 ago. 2007. Disponível em: <www.indiatoday.in/education-today/news/story/illiteracy-removed-by-2021-1028222-2017-08-07>.

47. Unicef (n.d.), "India: Country Profile". Disponível em: <data.unicef.org/country/ind/>.

48. J. Bennett, "The Confederate Bazaar at Liverpool". *Crossfire: The Magazine of the American Civil War* 61, 1999. Disponível em: <www.acwrt.org.uk/uk-heritage_The-Confederate-Bazaar-at-Liverpool.asp>.

49. D. Olusoga, op. cit.

50. N. Guyatt, *Bind Us Apart: How Enlightened Americans Invented Racial Segregation*. Oxford: Oxford University Press, 2016.

51. Kieh, op. cit., p. 169.

52. P. Adogamhe, "Pan-Africanism Revisited: Vision and Reality of African Unity and Development". *African Review of Integration*, v. 2, n. 2, pp. 1-34, 2008.

53. Kieh, op. cit.

54. N. Turse, "us Military Says it Has a 'Light Footprint' in Africa. These Documents Show a Network of Bases'". *The Intercept*, 1 dez. 2018. Disponível em: <theintercept.com/2018/12/01/us-military-says-it-has-a-light-footprint-in-africa-these-documents-show-a-vast-network-of-bases/>.

55. J. Arimatéia da Cruz; L. Stephen, "The us Africa Command (Africom): Building Partnership or Neo-Colonialism of us-Africa Relations?". *Journal of Third World Studies*, v. 27, n. 2, p. 194, 2000.

56. J. Stiglitz; L. Bilmes. *The Three Trillion Dollar War: The True Cost of the Iraq Conflict*. Nova York: ww Norton and Company, 2008.

57. J. McCulloch; S. Pickering, "Suppressing the Financing of Terrorism: Proliferating State Crime, Eroding Censure and Extending Neo-Colonialism". *British Journal of Criminology*, v. 45, p. 478, 2005.

58. Ibid., p. 480.

59. N. Crawford, "Human Cost of the Post-9/11 Wars: Lethality and the Need For Transparency", 2018. Disponível em: <watson.brown.edu/costsofwar/papers/2018/human-cost-post-911-wars-lethality-and-need-transparency>.

60. Bureau of Investigative Journalism Database, "Drone Wars: The Full Data". Disponível em: <www.thebureauinvestigates.com/stories/2017-01-01/drone-wars-the-full-data>.

61. F. Zabci, "Private Military Companies: 'Shadow Soldiers' of Neo-Colonialism". *Capital and Class*, v. 31, n. 2, pp. 1-10, 2007.

62. A. Fifield, "Contractors Reap $138bn from Iraq War". *Financial Times*, 18 mar. 2013.

5. O NASCIMENTO DE UMA NOVA ERA [pp. 181-215]

1. N. Ferguson, *Colossus: The Price of America's Empire*. Nova York: Penguin Press, 2004, p. 198.

2. United Nations, The Atlantic Charter, 1994. Disponível em: <www.un.org/en/sections/history-united-nations-charter/1941-atlantic-charter/index.html>.

3. Malcolm X. Discurso no segundo comício de fundação da Oaau. Nova York, 28 jun. 1964.

4. R. Peet, *Unholy Trinity: The IMF, World Bank and WTO*. Londres: Zed Books, 2007, p. 28.

5. J. M. Boughton, "The IMF and the Force of History: Ten Events and Ten Ideas That Have Shaped the Institution", p. 6, 2004. Disponível em: <elibrary.imf.org>.

6. S. Pahuja, "Technologies of Empire: IMF Conditionality and the Reinscription of the North/South Divide". *Leiden Journal of International Law*, v. 13, n. 4, p. 757, 2000.

7. Peet, op. cit.

8. Ibid., p. 73.

9. T. Forster et al., "How Structural Adjustment Programs Affect Inequality: A Disaggregated Analysis of IMF Conditionality, 1980-2014". *Social Science Research*, v. 80, pp. 83-113, 2019.

10. J. Ball, "The Effects of Neoliberal Structural Adjustment on Women's Relative Employment in Latin America". *International Journal of Social Economics*, v. 31, pp. 974-87, 2004.

11. E. Goulas; A. Zervoyianni, "IMF-Lending Programs and Suicide Mortality". *Social Science & Medicine*, v. 153, pp. 44-53, 2016.

12. M. Abouharb; D. Cingranelli, "IMF Programs and Human Rights, 1981-2003". *Review of International Organizations*, v. 4, pp. 47-72, 2009.

13. D. Harvey, *The New Imperialism*. Oxford: Oxford University Press, 2005, p. 67. [Ed. Bras.: *O novo imperialismo*. São Paulo: Loyola, 2004.]

14. G. Pop-Eleches, *Crisis Politics: IMF Programs in Latin America and Eastern Europe*. Princeton: Princeton University Press, 2008.

15. Harvey, op. cit., p. 66.

16. R. Bergoeing et al., "A Decade Lost and Found: Mexico And Chile in the 1980s". *Review of Economic Dynamics*, v. 5, p. 167, 2002.

17. Pop-Eleches, op. cit., p. 134.

18. Ibid., p. 158.

19. R. Stone, "The Political Economy of IMF Lending in Africa". *American Political Science Review*, v. 98, n. 4, pp. 577-91, 2004.

20. A. Dreher; J. Sturm, "Do the IMF and the World Bank Influence Voting in the UN General Assembly?". *Public Choice*, v. 151, pp. 363-97, 2012.

21. J. Stiglitz, *Globalization and Its Discontents Revisited: Antiglobalization in the Era of Trump*. London: Penguin, 2017, p. 185.

22. Ibid., p. 191.

23. C. Collins; A. Rhoads, "The World Bank, Support for Universities, and

Asymmetrical Power Relations in International Development". *Higher Education,* v. 59, p. 184, 2010.

24. J. Williamson, "The Washington Consensus as Policy Prescription for Development". Lecture at the World Bank, jan. 2004, p. 13.

25. P. Glewwe; D. Tray, "The Poor in Latin America During Adjustment: A Case Study of Peru". *Living Standards Measurement Study Working Paper Nº 56.* Washington, DC: World Bank, 1989.

26. Stiglitz, *Globalization.*

27. M. Hardt; A. Negri, *Empire.* Cambridge, MA: Harvard University Press, 2000, p. 175.

28. W. Easterly, *The White Man's Burden: Why the West's Efforts to Aid the Rest Have Done So Much Ill and So Little Good.* Oxford: Oxford University Press, 2006.

29. Ibid.

30. United Nations, *The Millennium Development Goals Report.* Nova York: Nações Unidas, 2015.

31. S. Pinker, *Enlightenment Now: The Case for Reason, Science, Humanism, and Progress.* Nova York: Penguin, 2019, p. 6.

32. S. Harris, *The Moral Landscape: How Science Can Determine Human Values.* Nova York: The Free Press, 2010.

33. H. Rosling; O. Rosling; A. Rönnlund, *Factfulness.* Londres: Hodder and Stoughton, 2008.

34. World Bank, *Poverty,* 2019. Disponível em: <www.worldbank.org/en/topic/poverty/overview>.

35. Nações Unidas, *Millennium,* p. 8.

36. R. Ayres, *Banking on the Poor: The World Bank and World Poverty.* Cambridge, MA: MIT Press, 1983, p. 81.

37. M. Warner, "Is Development Aid the New Colonialism?". *Foundation for Economic Education,* 28 set. 2017.

38. Z. Williams, "The UK Peddles a Cynical Colonialism and Calls It Aid". *Guardian,* 23 jul. 2017.

39. Pahuja, "Technologies of Empire", p. 751.

40. A. Chakrabortty, "A Death Foretold: Watch as Priti Patel Trashes Our Proud Record on Aid". *Guardian,* 23 ago. 2016.

41. L. Elliott, "Impact of UK Foreign Aid Diluted by Pursuing National Interest, Says IFS". *Guardian,* 8 maio 2017.

42. P. Noxolo, "Postcolonial Leadership: A Discursive Analysis of the Conservative Green Paper 'A Conservative Agenda for International Development". *Area,* v. 43, n. 4, p. 509, 2011.

43. Williams, "UK Peddles a Cynical Colonialism".

44. C. Provost; A. Dodwell; A. Scrivener, *The Privatisation of UK Aid: How Adam Smith International Is Profiting from the Aid Budget.* London: Aidwatch, 2016.

45. Department for Business, Energy and Industrial Strategy, *Policy Paper: Global Challenges Research Fund (GCRF): How the Fund Works,* 2017. Disponível em: <www.gov.uk/government/publications/global-challenges-research-fund/global-challenges-research-fund-gcrf-how-the-fund-works>.

46. UK Research and Innovation, "Global Challenges Research Fund, Funded Projects". Disponível em: <www.ukri.org/research/global-challenges-research-fund/funded-projects/>.

47. Easterly, op. cit., p. 239.

48. Hardt; Negri, op. cit., p. 175.

49. G. W. Bush. Discurso em Fort Bragg, Carolina do Norte, 29 jun. 2005.

50. Easterly, op. cit., p. 273.

51. J. Mearsheimer; S. Walt. "Is It Love or the Lobby? Explaining America's Special Relationship with Israel". *Security Studies,* v. 18, n. 1, pp. 58-78, 2009.

52. E. Green, "Why Does the United States Give So Much Money to Israel?". *The Atlantic,* 15 set. 2016.

53. R. Syal; A. Asthana, "Priti Patel Forced to Resign Over Unofficial Meetings with Israelis". *Guardian,* 8 nov. 2017.

54. J. Hiernaux; M. Banton, *Four Statements on the Race Question.* Paris: Unesco, 1969.

55. I. Pappé, "Zionism As Colonialism: A Comparative View of Diluted Colonialism in Asia and Africa". *South Atlantic Quarterly,* v. 107, n. 4, p. 617, 2008.

56. Texto disponível em: <avalon.law.yate.edu/20th_century/balfour.asp>.

57. Ibid., p. 66.

58. Ibid., p. 77.

59. N. Chomsky, *Fateful Triangle: The United States, Israel and the Palestinians.* Londres: Pluto, 1999, p. 95.

60. Ibid., p. 96.

61. D. Little, "The Making of a Special Relationship: The United States and Israel, 1957-68". *International Journal of Middle East Studies,* v. 25, n. 4, p. 575, 1993.

62. J. Mearsheimer; S. Walt, "The Israel Lobby". *London Review of Books,* v. 28, n. 6, p. 4, 2006.

63. A. Roth, "Reassurance: A Strategic Basis of US Support for Israel". *International Studies Perspectives,* v. 10, n. 4, p. 379, 2009.

64. Mearsheimer; Walt, op. cit.

65. Little, op. cit., p. 580.

6. O OCIDENTE NÃO BRANCO [pp. 216-48]

1. United States Census Bureau, "Trade in Goods with China", 2019. Disponível em: <www.census.gov/foreign-trade/balance/c5700.html>.

2. C. McNally, "Sino-Capitalism: China's Re-Emergence and the International Political Economy". *World Politics*, v. 64, n. 4, pp. 741-76, 2012.

3. S. Adem, "The Paradox of China's Policy in Africa". *African and Asian Studies*, v. 9, n. 3, p. 334, 2010.

4. J. Ikenberry, "The Rise of China and the Future of the West: Can The Liberal System Survive?". *Foreign Affairs*, v. 87, n. 1, p. 24, 2008.

5. T. Lumumba-Kasongo, "China-Africa Relations: A Neo-Imperialism or a Neo-Colonialism? A Reflection". *African and Asian Studies*, v. 10, n. 2, p. 248, 2011.

6. Z. Pinghui, "Chinese in Disbelief That a US$295 Monthly Salary Makes Them 'Middle Class'". *South China Morning Post*, 27 jan. 2019.

7. J. Archberger, "The Dragon Has Not Just Arrived: The Historical Study of Africa's Relations with China". *History Compass*, v. 8, n. 5, pp. 368-76, 2010.

8. R. Kelley; B. Esch, "Black like Mao: Red China And Black Revolution" in F. Ho; B. Mullen (Orgs.), *Afro Asia: Revolutionary and Political Connections Between African Americans and Asian Americans*. Durham, NC: Duke University Press, 1999, p. 98.

9. B. Seale, *Seize the Time: The Story of the Black Panther Party*. Nova York: Random House, 1970.

10. H. P. Newton, *Revolutionary Suicide*. Londres: Wildwood House, 1974, p. 333.

11. H. French, *China's Second Continent: How a Million Migrants are Building a New Empire in Africa*. New York: Vintage Books, 2014.

12. H. French, "Why 1 Million Chinese Migrants Are Building a New Empire in Africa". *Quartz Africa*, 10 jun. 2014. Disponível em: <qz.com/217597/how-a-million-chinese-migrants-are-building-a-new-empire-in-africa>.

13. H. Campbell, "China in Africa: Challenging US Global Hegemony". *Third World Quarterly*, v. 29, n. 1, p. 104, 2008.

14. O. Antwi-Boateng, "New World Order Neo-Colonialism: A Contextual Comparison of Contemporary China and European Colonization in Africa". *Africology: The Journal of Pan African Studies*, v. 10, n. 2, p. 191, 2017.

15. D. Moyo, *Dead Aid: Why Aid Is Not Working and How There Is Another Way in Africa*. Londres: Penguin, 2010.

16. Antwi-Boateng, op. cit., p. 191.

17. B. Kabamba, "China-DRC: A Convergence of Interests?" in J. Wouters et al. (Orgs.), *China, the European Union and Developing World: A Triangular Relationship*. Cheltenham: Edward Elgar, 2015, p. 417.

18. D. Olopade, "China's Long March Across Africa". *The Root*, 7 ago. 2008.

19. Adem, op. cit.

20. Lumumba-Kasongo, op. cit.

21. K. Nkrumah, op. cit., p. 27.

22. French, *China 's Second Continent*.

23. T. Burgis, *The Looting Machine: Warlords, Tycoons, Smugglers and the Systematic Theft of Africa's Wealth*. Londres: William Collins, 2016.

24. French, *China's Second Continent*.

25. Ibid., p. 17.

26. Ibid., p. 113.

27. I. Taylor, *Africa Rising?: Brics — Diversifying Dependency*. Woodbridge: James Currey, 2014.

28. Burgis, op. cit.

29. L. Wengraf, *Extracting Profit: Imperialism, Neoliberalism, and the New Scramble for Africa*. Chicago: Haymarket, 2018, p. 142.

30. Taylor, *Africa Rising?*, p. 125.

31. Ibid.

32. World Bank (n.d.) "Physicians (per 1,000 people)". Disponível em: <data.worldbank.org/indicator/SH.MED.PHYS. ZS?locations=ZA>.

33. L. Silver; C. Johnson, "Majorities in Sub-Saharan Africa Own Mobile Phones, but Smartphone Adoption Is Modest". *Pew Research Centre*, 9 out. 2018. Disponível em: <www.pewresearch.org/global/ 2018/10/09/majorities-in-sub-saharan-africa-own-mobile-phones-but-smartphone-adoption-is-modest/>.

34. Taylor, *Africa Rising?*.

35. Ibid.

36. T. Phillips, "Portuguese Migrants Seek a Slice of Brazil's Economic Boom". *Guardian*, 22 dez. 2011.

37. McKinsey Global Institute, *Lions on the Move: The Progress and Potential of African Economies*, 2010. Disponível em: <www.mckinsey.com/~/media/ McKinsey/Featured%20Insights/Middle%20East%20and%20Africa/Lions%20

on%20the%20move/MGI_Lions_on_the_move_african_economies_Exec_Summary.ashx>.

38. B. Robertson; P. Pinstrup-Andersen, "Global Land Acquisition: Neocolonialism or Development Opportunity?". Food Security, v. 2, n. 3, p. 271, 2010.

39. T. Li, "The Price of Un/Freedom: Indonesia's Colonial and Contemporary Plantation Labor Regimes". *Comparative Studies in Society and History*, v. 52, n. 2, pp. 245-76, 2017.

40. R. Laishley, "Is Africa's Land Up for Grabs?". *Africa Renewal*, 2014. Disponível em: <www.un.org/africarenewal/magazine/special-edition-agriculture-2014/africa's-land-grabs>.

41. Li, "Price of Un/Freedom".

42. Ibid., p. 272.

43. A. Anievas; K. Nişancıoğlu, *How the West Came to Rule: The Geopolitical Origins of Capitalism*. Londres: Pluto Press, p. 145.

44. World Bank (n.d.) "GDP Annual Growth (%)". Disponível em: <data.worldbank.org/indicator/NY.GDP.MKTP.KD. ZG?locations=ZG>.

45. World Bank (n.d.) "Unemployment, Total (% of Total Labor Force) (National Estimate)". Disponível em: <data.worldbank.org/indicator/ SL .UEM. TOTL .NE . ZS?locations=Z>.

46. International Bank for Reconstruction and Development, *Overcoming Poverty and Inequality in South Africa: An Assessment of Drivers, Constraints and Opportunities*. Washington, DC: World Bank, 2018. Disponível em: <openknowledge.worldbank.org/handle/10986/29614>.

47. Burgis, op. cit.

48. United Nations (n.d.) "Population". Disponível em: <www.un.org/en/sections/issues-depth/population/>.

49. French, *China 's Second Continent*.

50. World Bank, "The World Bank in Africa", 2019. Disponível em: <www.worldbank.org/en/region/afr/overview>.

51. Wengraf, op. cit.

52. B. de Maria, "Neo-Colonialism Through Measurement: A Critique of the Corruption Perception Index". *Critical Perspectives on Inter national Business*, v. 4, n. 2/3, pp. 184-202, 2008.

53. L. Ndikumana; J. Boyce, *Captial Flight from Africa: Updated Methodology and New Estimates*. University of Amherst: PERI Research Report, 2018.

54. Wengraf, op. cit.

55. Burgis, op. cit.

56. H. Osborne, "What Are the Luanda Leaks?". *Guardian*, 20 jan. 2020.

57. Burgis, op. cit, p. 19.

58. Wengraf, op. cit., p. 208.

59. Ibid., p. 204.

60. Global Witness, "New Analysis Shows Shell and Eni Used Nigeria's Share of Oil to Fund Alleged Billion Dollar Bribery Scheme". *Press Release*, 25 abr. 2019. Disponível em: <www.globalwitness.org/en/press-releases/new-analysis-shows-shell-and-eni-used-nigerias-share-of-oil-to-fund-alleged-billion-dollar-bribery-scheme/>.

61. Burgis, op. cit, p. 190.

62. L. Angeles; K. Neandis, "The Persistent Effect of Colonialism on Corruption". *Economica*, v. 82, p. 322, 2015.

63. L. Witte, *The Assassination of Lumumba*. Londres: Verso, 2001.

64. D. Smith, "Where Concorde Once Flew: The Story of President Mobutu's 'African Versailles'". *Guardian*, 10 fev. 2015.

65. Burgis, op. cit.

66. Ibid., p. 27.

67. T. Rich; S. Recker, "Understanding Sino-African Relations: Neocolonialism or a New Era?". *Journal of International and Area Studies*, v. 20, n. 1, pp. 61-76, 2013.

68. Burgis, op. cit.

69. J. Alemazung, "Post-Colonial Colonialism: An Analysis of Inter-National Factors and Actors Marring African Socio-Economic and Political Development". *Journal of Pan African Studies*, v. 3, n. 10, p. 68, 2010.

70. W. Easterly, *The White Man 's Burden: Why the West's Efforts to Aid the Rest Have Done So Much Ill and So Little Good*. Oxford: Oxford University Press, 2006, p. 242.

71. Ibid.

72. D. Yates, "French Puppet, Chinese Strings? Sino-Gabonese Relations" in K. Ampia; S. Naidu (Orgs.), *Crouching Tiger, Hidden Dragon?: Africa and China*. Scottsville: University of Kwazulu-Natal Press, 2008.

73. A. Kakar, "Why is Gabon Poor When the Country Is Rich in Natural Resources?". *The Borgen Project*, 9 out. 2017. Disponível em: <borgenproject.org/why-is-gabon-poor-despite-natural-resources/>.

74. M. Gevisser, "'State Capture': The Corruption Investigation That Has Shaken South Africa". *Guardian*, 11 jul. 2019.

75. L. Chutel, "Post-Apartheid South Africa Is Failing the Very People It Liberated". *Quartz Africa*, 25 ago. 2017. Disponível em: <qz.com/africa/1061461/post-apartheid-south-africa-is-failing-the-very-people-it-liberated/>.

7. DEMOCRACIA IMPERIAL [pp. 249-82]

1. T. Philbeck; N. Davis, "The Fourth Industrial Revolution: Shaping a New Era". *Journal of International Affairs*, v. 72, n. 1, p. 17, 2019.

2. K. Schwab, *The Fourth Industrial Revolution*. Genebra: World Economic Forum, 2016, p. 9. [Ed. bras.: *A quarta revolução industrial*. São Paulo: Edipro, 2018.]

3. L. Caruso, "Digital Innovation and the Fourth Industrial Revolution: Epochal Social Changes?". *AI & Society*, v. 33, pp. 379-92, 2018.

4. L. Sealey-Huggins, "'1.5°C to Stay Alive': Climate Change, Imperialism and Justice for the Caribbean". *Third World Quarterly*, v. 38, n. 11, pp. 2444-63, 2017.

5. K. Kelly, "Naomi Klein is Not Here to Make You Feel Better". *Vice*, 23 set. 2019. Disponível em: <www.vice.com/en_us/article/3kxvg8/naomi-klein-is-not-here-to-make-you-feel-better>.

6. N. Klein, *On Fire: The (Burning) Case for a Green New Deal*. Nova York: Simon and Schuster, 2020.

7. Sunrise Movement, "Ready for a Green New Deal: Your Guide to Build an Unstoppable Movement to Bring a New Day to America", 2019. Disponível em: <drive.google.com/file/d/1zYfPG3I8VNKIGsGUGMDhACZT3DGZzKTs/view>.

8. K. Taylor, *Race for Profit*: How Banks and the Real Estate Industry Undermined Black Homeownership. Chapel Hill: UNC Press, 2019.

9. Klein, *On Fire*, loc., p. 504.

10. Disponível em: <https://berniesanders.com/issues/green-new-deal/>.

11. R. Bregman, *Utopia for Realists: And How We Get There*. Bloomsbury Audio Book, cap. 11, 8:25; cap. 10, 27:14; cap. 11, 3:29, 2017. [Ed. bras.: *Utopia para realistas*. Rio de Janeiro: Sextante, 2018.]

12. Ibid., cap. 1, 34:22.

13. A. Bastani, *Fully Luxury Automated Communism*. Londres: Verso, 2019, p. 189.

14. C. J. Robinson, *Black Marxism: The Making of the Black Radical Tradition*. Londres: Zed Books, 1983.

15. C. J. Robinson, "C. L. R. James and the World-System". *Race & Class*, v. 34, n. 2, p. 61, 1992.

16. Robinson, *Black Marxism*.

17. Bastani, op. cit.

18. Ibid., p. 17.

19. Bregman, op. cit.

20. V. Mutwa, *Indaba My Children: African Tribal History*. Edimburgo: Payback Press, 1998.

21. P. Frankopan, *The New Silk Roads: The Present and Future of the World*. Londres: Bloomsbury, 2019.

22. D. Byler, "China's Hi-Tech War on Its Muslim Minority". *Guardian*, 11 abr. 2019.

23. L. Caruso, "Digital Innovation", 2018, p. 390.

24. M. Sainato, "'I'm Not a Robot': Amazon Workers Condemn Unsafe, Grueling Conditions at Warehouse". *Guardian*, 5 fev. 2020.

25. K. Warren, "Jeff Bezos Is the Only One of the World's Five Richest People Who Hasn't Lost Money in 2020. Here Are 11 Mind-Blowing Facts That Show Just How Wealthy The Amazon CEO Really Is". *Business Insider*, 1 abr. 2020. Disponível em: <www.businessinsider.com/how-rich-is-jeff-bezosmind-blowing-facts-net-worth-2019-4?r=US&IR=T>.

26. V. Raleigh, "What is Happening to Life Expectancy in the UK?". *The King's Fund*, 2020. Disponível em: <www.kingsfund.org.uk/publications/whats-happening-life-expectancy-uk>.

27. Bregman, op. cit.

28. Ibid., cap. 9, 45:35.

29. Disponível em: <data.worldbank.org/indicator/BX .TRF. PW KR . DT.GD. ZS? locations=JM>.

30. K. Andrews, *Back to Black: Retelling Black Radicalism for the 21st Century*. Londres: Zed Books, 2018.

31. S. Dodani; R. E. LaPorte, "Brain Drain from Developing Countries: How Can Brain Drain Be Converted into Wisdom Gain?". *Journal of the Royal Society of Medicine*, v. 98, n. 11, pp. 487-91, 2005.

32. Bregman, op. cit., cap. 5. 12:39.

33. G. Standing, *Basic Income: And How We Can Make It Happen*. Londres: Penguin, 2017.

34. K. McFarland, "Current Basic Income Experiments (And Those So Called): An Overview". *Basic Income Earth Network*, 23 maio 2017. Disponível em: <basicincome.org/news/2017/05/basic-income-experiments-and-those-so-called-early-2017-updates/>.

35. Bastani, op. cit., p. 225.

36. P. Wagner; B. Rabuy, *Following the Money of Mass Incarceration*. Prison Policy Initiative, 2017. Disponível em: <www.prison policy.org/reports/money.html>.

37. M. McLaughlin; M. Rank, "Estimating the Economic Cost of Childhood Poverty in the United States". *Social Work Research*, v. 42, n. 2, pp. 73-83, 2018.

38. T. Fri, "Poverty Costs The us More Than ubi Would". *The Incomer*, 15 fev. 2019. Disponível em: <www.theincomer.com/2019/02/15/poverty-costs-the-u-s-more-than-ubi-would/>.

39. Bregman, op. cit.

40. Ibid., cap. 11, 16:48.

41. A. Kavada, "Creating the Collective: Social Media, the Occupy Movement and Its Constitution as a Collective Actor". *Information, Communication & Society, v. 18, n. 8, p.* 872, 2015.

42. C. da Silva, "Has Occupy Changed America?". *Newsweek*, 19 set. 2018.

43. E. Castañeda, "The *Indignados* of Spain: A Precedent to Occupy Wall Street". *Social Movement Studies*, v. 11, n. 3/4, p. 310, 2012.

44. M. Levitin, "The Triumph of Occupy Wall Street". *The Atlantic*, 10 jun. 2015.

45. "Declaration of the Occupation of New York City", 2011. Disponível em: <uucsj.org/wp-content/uploads/2016/05/Declaration-of-the-Occupation-of-New-York-City.pdf>.

46. S. Kerton, "Tahrir, Here? The Influence of the Arab Uprisings on the Emergence of Occupy". *Social Movement Studies*, v. 11, n. 3/4, p. 307, 2012.

47. S. Halvorsen, "Beyond the Network? Occupy London and the Global Movement". *Social Movement Studies,* v. 11, n. 3/4, pp. 427-33, 2012.

48. C. Calhoun, "Occupy Wall Street in Perspective". *British Journal of Sociology* , v. 64, n. 1, p. 14, 2013.

49. J. Pickerill; J. Krinsky, "Why Does Occupy Matter?". *Social Movement Studies,* v. 11, n. 3/4, p. 284, 2012.

50. C. da Silva, op. cit.

51. M. Schwartz, "Pre-Occupied: The Origins and Future of Occupy Wall Street". *New Yorker*, 21 nov. 2011.

52. F. Piven, "Interdependent Power: Strategizing for the Occupy Movement". *Current Sociology Monograph*, v. 62, n. 2, p. 225, 2014.

53. Halvorsen, op. cit., p. 428.

54. M. Stoller. "The Anti-Politics Of #Occupywallstreet". *Naked Capitalism*, 6 out. 2011. Disponível em: <www.nakedcapitalism.com/2011/10/matt-stoller-the-anti-politics-of-occupywallstreet.html>

55. C. Calhoun, "Occupy Wall Street in Perspective". *British Journal of Sociology* , v. 64, n. 1, p. 33, 2013.

56. M. Schwartz, op. cit.

57. Ibid.

58. O. Jones, *The Establishment: And How They Get Away with It.* Londres: Penguin, 2014.

59. M. O'Neil; J. Guinan, "From Community Wealth Building to System Change: Local Roots for Economic Transformation". *IPPR Progressive Review,* v. 25, n. 2, p. 387, 2019.

60. A. Cowburn, "Labour Manifesto: Corbyn Vows to Take on 'Wealthy and Powerful' and Save NHS from Privatisation, As Election Pledges Unveiled". *Independent,* 21 nov. 2019.

61. New Economics Foundation. *Change the Rules: New Rules for the Economy.* London: New Economics Foundation, 2019. Disponível em: <neweconomics.org/2019/11/new-rules-for-the-economy>.

62. Ibid., p. 29.

63. O'Neil; Guinan, op. cit., p. 384.

64. A. Beckett, "The New Left Economics: How a Network of Thinkers Is Transforming Capitalism". *Guardian,* 25 jun. 2019.

65. S. Jeffries, "Britain's Most Racist Election: The Story of Smethwick, 50 Years On". *Guardian,* 15 out. 2014.

66. S. Virdee, "A Marxist Critique of Black Radical Theories of Trade- -Union Racism". *Sociology,* v. 34, n. 3, pp. 545-65, 2000.

8. O FEITIÇO SE VOLTA CONTRA O FEITICEIRO [pp. 283-308]

1. A. Gentleman, *The Windrush Betrayal: Exposing the Hostile Environment.* Londres: Guardian Faber, 2019.

2. P. Walker, "Theresa May Calls Her Response to Grenfell Fire 'Not Good Enough'". *Guardian,* 11 jun. 2018.

3. K. Andrews, "Theresa May Is More Dangerous Than Donald Trump — Video". *Guardian,* 12 abr. 2017.

4. K. Andrews, "'Beware the Northern Fox': Keeping a Focus on Systematic Racism Post Trump and Brexit" in R. Joseph-Salisbury; A. John-son; B. Kamuge (Orgs.), *The Fire Now: Anti-Racist Scholarship in Times of Explicit Racial Violence.* Londres: Zed Books, 2017.

5. Malcolm X, "The Ballot or the Bullet". Discurso na King Solomon Baptist Church, Detroit, Michigan, 12 abr. 1964.

6. BBC, "Boris Johnson's Most Controversial Foreign Insults". *Newsbeat,* 14 jul. 2016. Disponível em: <www.bbc.co.uk/newsbeat/article/36793900/boris-johnsons-most-controversial-foreign-insults>.

7. K. Proctor, "Boris Johnson Urged to Apologise for 'Derogatory and Racist' Letterboxes Article". *Guardian,* 4 set. 2019.

8. BBC, "No-Deal Brexit Could Cause £30bn Economic Hit, Watchdog Says". *BBC News*, 18 jul. 2019.

9. BBC, "Brexit: £2.1bn Extra for No-Deal Planning". *BBC News*, 1 ago. 2019.

10. W. E. B. Du Bois, *Black Reconstruction in America: 1860-1880*. Nova York: The Free Press, 1998.

11. N. Ignatiev, "The Point Is Not to Interpret Whiteness but to Abolish It", 1997. Disponível em: <www.pmpress.org/blog/2019/09/16/the-point-is-not-to-interpret-whiteness-but-to-abolish-it>.

12. R. Peet, op. cit.

13. D. Harvey, op. cit.

14. M. Thatcher, entrevista para o *World in Action* do canal Granada, 27 jan. 1978.

15. M. Thatcher, "Margaret Thatcher: A Life in Quotes", 1987. *Guardian*, 8 abr. 2013.

16. R. Mason, "Nigel Farage's HIV Claim Criticised by Leaders Debate Rivals". *Guardian*, 3 abr. 2015.

17. K. Andrews, "Brexit and the Racial Fault Line Awakened in Britain". *Ebony*, 29 jun. 2016.

18. G. Levy, "The Man Who Hated Britain: Red Ed's Pledge to Bring back Socialism is a Homage to His Marxist Father. So What Did Miliband Snr really Believe in? The Answer Should Disturb Everyone Who Loves This Country". *Daily Mail,* 27 set. 2013.

19. J. Murphy, "Ed Miliband 's Battle with a Bacon Sandwich as He buys Flowers for His Wife at London Market". *Evening Standard*, 21 maio 2014.

20. K. Rawlinson, "Farage Blames Immigration for Traffic on M4 After no-Show at Ukip Reception". *Guardian*, 7 dez. 2014.

21. O. Jones, "David Cameron's Fatal Mistakes on Immigration Threaten Our Country's Future". *Guardian*, 21 jun. 2016.

22. A. Sivanandan, *Catching History on the Wing: Race, Culture and Globalisation*. Londres: Pluto Press, 2018, p. xi.

23. M. Cohen, "Trump: Black Lives Matter Is a 'Symbol of Hate'". *Politico*, jul. 2020. Disponível em: <www.politico.com/news/2020/07/01/trump-black-lives-matter-347051>.

24. D. Trump, "Remarks by President Trump at South Dakota's 2020 Mount Rushmore Fireworks Celebration" em Keystone, Dakota do Sul, em 4 jul. 2020.

25. J. Narayan, "The Wages of Whiteness in the Absence of Wages: Racial capitalism, Reactionary Intercommunalism and the Rise of Trumpism". *Third World Quarterly*, v. 38, n. 11, pp. 2482-500, 2017.

26. W. E. B. Du Bois, *The Souls of Black Folk*. Nova York: New American Library, 1903, p. 19.

27. Abraham Lincoln to Horace Greeley, Friday 22 August 1862 (clipping from *New York Tribune* 23 August 1862). Disponível em: <www.abra-hamlin-colnonline.org/lincoln/speeches/greeley.htm>.

28. N. Guyatt, *Bind Us Apart: How Enlightened Americans Invented Racial Segregation*. Oxford: Oxford University Press, 2016.

29. N. Ignatiev, *How the Irish Became White*. Nova York: Routledge, 1995.

30. Malcom X, "Ballot or the Bullet".

31. G. Brockell, "She Was Stereotyped as 'the Welfare Queen'. The Truth was More Disturbing, a New Book Says". *Washington Post*, 21 maio 2019.

32. P. Frankopan, *The New Silk Roads: The Present and Future of the World*. Londres: Bloomsbury, 2019, p. 14.

33. Ibid.

34. Ibid., p. 43.

35. F. Fukuyama, *The End of History and the Last Man*. Nova York: The Free Press, 1992, p. XI.

36. Malcolm X, "Discurso no Militant Labor Forum". Nova York, 29 maio 1964.

37. K. Andrews, *Back to Black: Retelling Black Radicalism for the 21st Century*. Londres: Zed Books, 2018.

38. Malcolm X, "Ballot or the Bullet".

39. N. Klein, *On Fire: The (Burning) Case for a Green New Deal*. Nova York: Simon and Schuster, 2020.

40. Malcolm X, "Ballot or the Bullet".

Índice remissivo

Í#WhyIsMyCurriculumWhite, campanha [Por que meu currículo é branco], 258

13ª emenda, A (documentário), 17

aborígenes, 81-7

Adbusters (revista), 273, 276

Aeroporto Internacional de Bamako, Mali, 225

Aetna (empresa), 114

África: baixa população, 156; bases militares dos EUA na, 174; colonialismo na, 151-4, 157-61; corrupção na, 238-47; crescimento econômico, 236-7; escravidão e, 133-9; impedimentos à unidade africana, 173, 175; papel da China na, 220-8; pobreza e, 198; recursos naturais, 233-4, 266; relações com o Brasil, 231

África do Sul, 236, 245-6

Africom, 174-5

ajuda externa, 197, 201-6, 230

Al-Barakaat, 177

Alemanha: colonialismo na África, 88--91, 94; Holocausto e, 91-3, 97, 99

Alexander, Michelle, *The New Jim Crow* [O novo Jim Crow], 18

Alexandria, biblioteca de, 53

algodão e escravidão, 116-7, 123, 172

Aliança Internacional para a Memória do Holocausto, 213-4

Alice Springs, Austrália, 83

Al-Khwarizmi, 53

Allende, Salvador, 192

Al-Ma'um, 52

al-Qaeda, 176

Alvarus, Paul, 53

al-Zahrawi, Abbas (Abulcasis), 54

Amazon, 264

América Latina, 71, 190, 192, 232

Amery, Leo, 167

Amherst, sir Jeffrey, 72

Angola, 127, 188, 223, 240-1, 243, 259

Antígua, 74
antissemitismo, 209-10, 213
Anversoise, fundo, 95
Apple, 265
Arábia Saudita, 213, 234
Arbery, Ahmaud, 9
Argentina, 189-90
aruaques (povo), 72
asantes (povo), 135
Ásia Oriental, 193
Ásia, crescimento econômico da, 300-4
Atkins, Thomas, 81
Attlee, Clement, 167
Aurangzeb, imperador, 164
Austrália, aborígines, 81-7

Bagdá, 52
Banco da Inglaterra, 111
Banco Mundial, 15, 17, 158, 186, 195, 198
Barbados, 74, 114, 132
Bastani, Aaron, 256, 266
Bauman, Zygmunt, *Modernidade e Holocausto*, 91-2, 99
Beck, Glen, 33
Beckles, Hilary, *Britain's Black Debt* [A dívida negra britânica], 74
Begin, Manachem, 210
Bélgica, 97, 101, 103, 158
Bell, Derrick, 35
Benim, 157
Benn, Tony, 280
Berry, Elbridge, 61
Bezos, Jeff, 264
Bilal ibn Rabah, 139
Birmingham, 115, 123, 129, 146-7, 281
Bismarck, Otto von, 88

Black Lives Matter [Vidas negras importam], 9, 121, 144, 297, 306
Black Power (movimentos), 305
bloco da Monróvia, 173
Bolívia, 190-1
Bolsonaro, Jair, 232
Bongo Ondimba, Omar, 244-5
Bordeaux, França, 128
Bosasa (empresa), 246
Boulton, Matthew, 115
Bournville, vila de, 147, 149
Brasil, 77, 126, 147, 231-4, 235
Brazzaville a Pointe-Noire, estrada de, Congo, 153
Bregman, Rutger, 255-6, 261, 266, 272
Bretton Woods, conferência (1944), 186, 290
Brexit, 21, 272, 284, 286-8, 293-5
BRICS (Brasil, Rússia, Índia, China e África do Sul), 228-38
Bristol, e o comércio de escravos, 121
Brokenshire, James, 295
Brown, Elaine, 221
Burundi, 104, 234
Bush, George W., 174, 177, 205

Cabral, Amical, 160
cacau, 149-50, 152
Cadbury World, Birmingham, 146-50
Cadbury, família, 148-9
Camara, Moussa Dadis, 244
Camarões, 88
Cameron, David, 111, 201, 293
Cameron, Samantha, 111
Cantor, Georg, 57
capitalismo, 179, 219, 258-9
capitalismo racial, 17-21
Caribbean Community (Caricom), 144
Carta do Atlântico (1941), 184, 186

Castile, Philando, 10

Chade, 234

Cheney, Dick, 179

cheyenne do sul (povo), 76

Chile, 192

China: crescimento econômico, 23, 198, 216-20, 300-1, 303; no Conselho de Segurança da ONU, 65, 185, 235; iniciativa 'cinturão e rota', 262; presença na África, 16, 220-8, 234, 244; revolução, 259; vigilância, 263

Chivington, John, 76

Churchill, Winston, 142, 167, 184

ciência racial, 45-51

Cisneros, cardeal Ximenez de, 53

Clinton, Bill, 18, 100

Clive, Robert, 165

Collins, Patricia Hill, 26

Colombo, Cristóvão, 51, 58, 68-75, 77, 79, 109, 126, 138

colonialismo: nas Américas, 80-1; Cadbury's e, 146-50; comércio justo e, 150; subdesenvolvimento da África e, 151-4; trabalho forçado, 153-6

Colston, Edward, 121

Combahee River Collective, 25

comércio de açúcar, 114-5, 124, 129, 147

comércio de escravos: árabe, 109, 138-41, 235; comércio triangular, 117-26; conspiração africana, 136-7; sistema ocidental, 126-39

comércio justo, 150

Commonwealth Britânica, 22

Companhia Britânica das Índias Orientais, 164-5

Companhia Holandesa das Índias Ocidentais, 127

Companhia Holandesa das Índias Orientais, 155

Companhia Real Africana, 119

comunismo, 185, 188

Conferência Bandung (1955), 221, 229

Conferência de Berlim (1885), 23, 94

Congo, 153, 160, 223, 234, 241

Congo, Estado Livre do, 94-7

Congo, República Democrática do (RDC), 223, 234

Congresso Pan-Africano (Manchester, 1945), 181

consenso de Washington, 193, 195, 203, 222, 284

Convenção da ONU sobre os Direitos da Criança, 64

Corbyn, Jeremy, 255, 261, 278

Coreia do Norte, 259

Coreia do Sul, 193-4, 234

corporações globais, 264

Corrida do Ouro (EUA), 77

Cortés, Hernán, 147

covid-19, pandemia, 10-2, 283

Crenshaw, Kimberlé, 26, 29

Crime Bill (1994), 18

crise do petróleo (anos 1970), 290

crise financeira (2008), 236, 273, 281, 288

Cuba, 115, 132, 259

cultura e erudição muçulmana, 52-3, 55

Cuneo, Michele de, 74

Curaçao, 127

Dabiri, Emma, *Don't Touch my Hair* [Não toque no meu cabelo], 56

Daomé, reino de, 135

Darfur, Sudão, 243

Darwin, Charles, 48-9

Declaração Balfour, 209

Deir Yassin, massacre, 210

Deloitte, 112

Denham, Dixon, 140

Denver (Colorado), 68

Departamento para o Desenvolvimento Internacional, 201

desigualdade mundial, 274

Dia de Colombo, 69

Diderot, Denis, 62

Dinamarca, 110, 129

Diop, Cheikh Anta, *A origem africana da civilização*, 56

direitos humanos, 59-67

doenças, disseminação europeia de, 72-3, 83

Dominica, 74

Donham, Carolyn Bryant, 28

Du Bois, W. E. B., 288, 298

Duff, Sir James, 111

Dutty, Boukman, 131

DuVernay, Ava, 17

Ecuyer, capitão, 72

educação, de africanos, 159

Egito, 54, 56, 189

Eichmann, Adolf, 48-9

Elizabeth I, rainha, 28

Elizabeth II, rainha, 22

Ellemann-Jensen, Uffe, 129

Eni (empresa), 241

escravidão: comércio açucareiro e, 114-5, 124, 129, 147; legados, 110-7; reparações, 107-12, 141-5

Espanha, e o comércio de escravos, 132

Estado Islâmico, 176

Estados Unidos da América (EUA): ajuda externa, 205-6, 225; apoio a Israel, 206, 212; ascensão ao domínio, 183; na conferência de Bretton Woods, 186; crise do petróleo (anos 1970), 290-1; custo da pobreza, 271; Declaração de Direitos, 60; FMI e, 186, 191; Guerra Civil, 171, 298; guerra comercial com a China, 216-20; Guerra contra o terror, 176-80; imperialismo, 171-80; neoliberalismo, 297-300; pandemia de covid-19, 283; Patriot Act (2001), 177; Plano Marshall, 187; racismo, 17-8, 254; reparações pela escravidão, 110, 143

Estados-nação, 64-5, 183

Etiópia, 194, 234; projeto de telemedicina, 230-1

etnicidade, 207, 214

eugenia, 48, 98

European Research Group, 284

exterminador do futuro, O (filmes), 262

Extinction Rebellion, 252

extremismo islâmico, 213

Facebook, 265

Falcão negro em perigo (filme, 2001), 100

Farage, Nigel, 286, 293, 295-6

fardo do homem branco, O, 196, 203

Farmer-Paellmann, Deadria, 114

Fatiman, Cécile, 131

Fawcett e Preston (empresa), 115

FBI, vigilância, 263

feminismo negro, 25

Ferguson, Niall, 182

Filipinas, 172, 193, 196

Finlândia, 270

Firestone, 158

Fischer, Eugen, 98

Flinders, ilha, 81

Floyd, George, 9, 68, 113, 144, 305
fome de Orissa (1866), 167
fomes em Bengala (1770, 1943), 165-7
Forster, Georg, 43
forte Elmina, Gana, 133
Fórum Econômico Mundial, 251, 255
França: colônias africanas, 158-9; comércio de escravos e, 129-30; FMI e, 187
French, Howard, *China's Second Continent* [Segundo Continente da China], 226
Frenssen, Gustav, *Peter Moors Fahrt nach Südwest* [A jornada de Peter Moors para sudoeste], 90
Friedman, Milton, 201, 271
Fukuyama, Francis, 301
Fuller, Thomas, 57
Fundação Mundial do Cacau, 149
fundo de desenvolvimento *ver* ajuda externa
Fundo Monetário Internacional (FMI), 15, 17, 158, 186-95, 223, 232, 290
future of work, The [O futuro do trabalho] (documentário), 264

G20, fórum, 23
Gabão, 244-5
Gaddafi, coronel, 141, 174-5
Galton, Francis, 98-9
Gama, Vasco da, 162
Gana, 149-50, 157-8, 160, 234
Gates, Bill, 197
genocídio: aborígines, 81-7; armênio (1915), 96; colonialismo e, 80-2; Estado Livre do Congo e, 94, 96; Holocausto, 91-3, 97, 99; primeiro uso do termo, 91; de Ruanda, 99-105
Geração roubada (filme, 2002), 86-7

Gilmore, Ruth Wilson, 19
GiveDirectly (caridade), 270
Gladstone, William, 83
Glasgow, e o comércio de escravos, 122
Global Challenges Research Fund, 202
globalização, 217, 289
Gordon, Arthur Hamilton, 83
Granada, 259
Grécia, 54-5
Green New Deal, 253-4, 261, 279, 282
Grenfell Tower, tragédia de, 285
Griffiths, Peter, 281, 292
Guam, 172
Guantánamo, baía de, 178
Guatemala, 186
Guerra da Coreia, 188, 193
Guerra de Independência dos Estados Unidos, 75
Guerra do Iraque, 185
Guerra do Vietnã, 188
Guerra dos Seis Dias (1967), 213
Guiné, 129, 160, 244, 259

Habré, Hissène, 174
Habyarimana, Juvenal, 104
Haiti: comércio de escravos e, 128-30; como colônia dos EUA, 172
Hamburgo, Alemanha, 129
Harris, Sam, 197
Hawkins, John, 28
Hegel, Georg Wilhelm Friedrich, 45, 49, 60, 102
Hemings, Sally, 58
Herder, Johann von, 46, 49
herero (povo), 89-91, 93
Herzl, Theodor, 210
Hipátia, 57
Hispaniola, 71, 73, 77, 109

Holanda, e o comércio de escravos, 127-8

Holocausto, 87, 90, 91-3, 97, 99, 143, 208

Howard, John, 82

Hughes, Billy, 83

Hughes, Everett, 92

Hume, David, 46-7, 50, 60

hutu (povo), 100-5

Ibn Khaldun, 59, 139

Ibn Sina (Avicena), 54

Idade das Trevas (europeia), 50-1

Ignatiev, Noel, 289

Ilhas Virgens dos EUA, 172

Iluminismo, 15, 38, 48, 50, 54, 59, 66-7, 198, 251, 257, 259, 272

imigração, para a Inglaterra, 291-2

Imotepe (2630-2611 a.C.), 55

imperialismo liberal, 182

império Asteca, 71, 147

Império Mogol, 164

Império Mouro, 51

Império Otomano, 96

Índia, 22, 161-70, 229-30, 235, 300; crescimento econômico, 218-9

indígenas, 75, 93

Indignados (movimento social), 273

Indonésia, 155, 189, 193-4

indústria britânica, e escravidão, 111, 123-6, 147

indústria da lã, 123

Inglaterra: colônias africanas, 158; colonização da América, 74-5; comércio com os EUA, 171; comércio de escravos e, 118-26, 128-31; domínio colonial na Índia, 161-70; FMI e, 187; imigração e, 291-7; "inverno do descontentamento"

(1978-9), 290; na conferência de Bretton Woods, 186; pandemia de covid-19, 10-1, 283; Revolução Industrial, 77, 115-8, 125; *ver também* Brexit

Instituto Adam Smith International (ASI), 202

internet das coisas, 250, 261-3

interseccionalidade, 25, 31

Iraque, invasão do (2003), 175, 178, 205

Isabel I da Espanha, 28

Israel, 206, 208-15

Jamaica, 109, 131, 133, 267-8

Javadekar, Prakash, 169

Jefferson, Thomas, 46, 57-8, 66

Jim Crow, leis, 299

Jinnah, Muhammad Ali, 168

João II, rei de Portugal, 71

Johnson, Andrew, 110

Johnson, Boris, 10, 286-8, 295

Jolliffe, William, 111

Jonathan, Goodluck, 241

Jordânia, 212

Kabila, Joseph, 243

Kabila, Laurent, 242-3

kalinago (povo), 74

Kant, Immanuel, 39-45, 49-50, 60, 62, 65, 199

Kellogg, Brown and Root (KBR), 242

Kendall, Mikki, 26

Keynes, John Maynard, 186-7

King, Alveda, 34

King, Martin Luther, 33

Kingsley, Norman, 76

Kipling, Rudyard, 62, 196

Klein, Naomi, 253-4

KPMG (empresa), 205

Kraft Foods, 149

Las Casas, Bartolomé de, 93, 256

Lasn, Kalle, 276

Leclerc, Georges-Louis, conde de Buffon, 47

Legacies of British Slave Ownership (projeto da UCL), 110-1

Lei de Abolição da Escravatura (Grã--Bretanha, 1833), 107

Lemkin, Raphael, 91, 96

Leopoldo II, Rei da Bélgica, 94-7

Líbano, 212

liberdade de movimento, 266-7, 294

Libéria, 158, 173, 226

Líbia, 174; mercados de escravos, 141

Liga das Nações, 183

liga muçulmana, 168

Lincoln, Abraham, 110, 298

Lineu, Carlos, 46, 60

Liverpool: apoio aos confederados na Guerra Civil dos EUA, 172; comércio de escravos e, 121

livros árabes, 53

Lloyd's of London, 113

Locke, John, 46, 60

Londres, e o comércio de escravos, 122

luditas, 260

Lula da Silva, Luiz Inácio, 231-2

Lumumba, Patrice, 160, 242

Lytton, Robert Bulwer-Lytton, 1º conde de, 167

Madagascar, 234

Maitlis, Emily, 37

Malásia, 155, 193

Malcolm X, 34, 159, 184, 281, 285, 299, 304, 306

Mali, 225, 234

Mamdani, Mahmood, 103

Manchester, 123

manufatura, declínio da, 260

Mao Tsé-Tung, 218, 221

maoris, 143

Maralinga Lands, Austrália, 85

Marx, marxismo, 26, 258-9

massacre de Myall Creek (1838), 84

May, Theresa, 284, 286

McDonnell, John, 280

McNamara, Robert, 199

Merthyr Tydfil, 123

México, 189, 191

Microsoft, 265

migração, 267

Miliband, Ed, 294

milícias privadas, 179

Mill, John Stuart, 49, 256

Millennium Challenge Corporation, 225

mito hamítico, 103-4

Moçambique, 188, 259

Moller, Violet, *The Map of Knowledge* [O mapa do conhecimento], 52, 54

monogenia, 47

Morel, Edmund, 97

Mountbatten, Louis, 1º conde de, 168

movimento pela greve climática, 252-3

Moyford, Thomas, 115

Mubarak, Hosni, 278

mudança climática, 252, 307

mulatos, 47

multiculturalismo, 292

múmia, A (filme, 1999), 55

Murdoch, Rupert, 85

nama (povo), 89, 91, 93

Namíbia, 88, 90, 93, 98

Nantes, França, 128

Nasser, Gamal Abdel, 213
Nation of Islam, 143
National Health Service (NHS), 284, 287, 293, 296
Native Administration Act (Australia, 1936), 85
navios negreiros, 133-4
nazismo, nazistas, 97, 99, 183
neocolonialismo, 146, 204
neoliberalismo, 272, 278, 283-4, 287, 289-300, 303
Neville, A. O., 86
New Economic Foundation (NEF), 279
Newton, Huey P., *Revolutionary Suicide* [Suicídio revolucionário], 221
Nigéria, 157, 189, 227, 236, 241
Nixon, Richard, 271, 290
Nkrumah, Kwame, 150, 157, 160, 224
Noce, Angelo, 69
Norte da África, invasão árabe, 56
nostalgia colonial, 21-2
Novara Media, 256
Ntaryamira, Cyprien, 104

Obama, Barack, 178, 273, 286
Ocasio-Cortez, Alexandria, 253
Occupy, movimento, 273-8, 303
offshoring, 303
óleo de palma, 154-6, 234
olmeca (civilização), 70
Organização da Unidade Africana, 174; *ver também* União Africana
Organização da Unidade Afro-Americana, 184
Organização das Nações Unidas (ONU), 15-6, 65, 101, 184-5; Conselho de Segurança, 65, 185, 235; Objetivos de Desenvolvimento do Milênio, 197-200

Organização Mundial do Comércio (OMC), 15, 186, 223
Organização para a Cooperação e Desenvolvimento Econômico (OCDE), 193
"orientalismo", 163

Palestina, 209-10, 212
Pan-Afrikan Reparations Coalition in Europe (Parcoe), 144
Panteras Negras (partido), 221
Paquistão, 168, 192
Partição da Índia, 168
Partido Trabalhista (Inglaterra), 255, 278
Patel, Priti, 201, 206
patriarcado, 26-7
patriarcado racial, 25-33
Pearson, Karl, 98
Penny, James, 122
Peru, 195
petróleo, no Oriente Médio, 213
PIB, como medida de progresso, 268
Pinker, Steven, 197, 200
Pinochet, Augusto, 192
Pitt, William (o Novo), 130
Plano Marshall (1948), 187
poligenia, 46-7
Porto Rico, 172
Portugal, 162; comércio de escravos e, 126
pós-racialismo, 33-6, 206, 208
povo judeu, 93, 98-9, 208-10
Powell, Enoch, 296
Preston, Inglaterra, 279
Price Waterhouse Coopers, 112
Primavera Árabe, 273, 275
Primeira Guerra Mundial, 182

Qatar, 234
Quênia, 159, 270

raça, conceito de, 206, 208
radicalismo negro, 305
Ramsay, James, 43
Rand, Ayn, 272
Reagan, Ronald, 288, 299
Rebelião de Natal (Jamaica), 109
Rebelião Indiana (1857), 165
Renda Básica Universal, 269-71
reparações para proprietários de escravos, 107-12, 114
Republic of New Afrika, 143
República Dominicana, 72, 172
Revolução Haitiana (1804), 109-10, 131
Revolução Industrial, 77, 115-8, 125, 257
Revolução Russa, 209
revolução tecnológica, 261-5
Rifkin, Jeremy, *A terceira Revolução Industrial*, 249-51, 262
Robinson, Cedric, *Marxismo negro*, 17
Roche, John, 211
Rodney, Walter, 117, 152
Rolfe, Isaac, 208
Roosevelt, Franklin D., 184, 254
Roosevelt, Theodore, 196
Rosling, Hans, 198, 200
Rousseau, Jean-Jacques, 62
Royal Sun Alliance, 111
Ruanda, 88; genocídio de, 99-105
Rússia, 229, 259

Saddam Hussein, 175
Said, Edward, 163
Saint Croix (ilha), 129
Samakuva, Isaías, 243
Samoa, 172

Sancoré, Universidade de, 54
Sand Creek, massacre de (1864), 76
Sanders, Bernie, 253-4
Santos, Isabel dos, 240
Santos, José Eduardo dos, 240
São Vicente, 74
School of Oriental and African Studies (SOAS), 37-8
Schwab, Klaus, 251
Segunda Guerra Mundial, 181
Seko, Mobuto Sese, 161, 242
Seldon, Anthony, 38
Sepúlveda, Juan Ginés, 93
Sharpe, Sam, 109
Shell, 241
Sherman, General William, 110
Siddhanta, 53
sionismo, 208-11, 212
Síria, 212
Sivanandan, Ambalavaner, 297
Smyth, Sir James Carmichael, 107
social-democracia, 280, 288-91
Somália, 100, 177
Sterling, Alton, 10
Stiglitz, Joseph, 194-5
Stop the Maangamizi, marcha, 144
Suares, Edgar, 209
subdesenvolvimento, 151, 153, 156
Sudão, 141, 234
Suécia, 129
Sullivan, expedição, 75
Sunrise Movement, 253
Suriname, 127

Tailândia, 193
taíno (povo), 72-3
Taj Mahal, 235
Tanzânia, 88
Tasmânia, 82
Tatz, Colin, 87

Taylor, Breonna, 9

Taylor, Keeanga Yamahtta, 26

Teoria Crítica da Raça (CRT), 25, 35

terceiro mundo, dívida do, 192

Tharoor, Shashi, *Inglorious Empire* [Império inglório], 166

Thatcher, Margaret, 288, 291-2, 301

Thistlewood, Thomas, 31

Threlkeld, L. E., 84

Thunberg, Greta, 252

Till, Emmett, 28

Timbuktu, 54

Tobin, James, 43

Togo, 88

Tolbert, William, 174

trabalho forçado, 153, 155

trabalho prisional, 19, 220

tráfico de pessoas, 142-3

Transparência Internacional, site da, 239

Trotha, Lothar von, 89

Trump, Donald, 10, 19, 23, 68, 216-20, 260, 272, 285, 287-8, 297, 300

Tshombe, Moise, 160

Tubman, William, 174

Turquia, 192, 295

tutsi (povo), 99-105

twa (povo), 102

Uganda, 159, 200

UK Research and Innovation, 203

Unesco (Organização das Nações Unidas para a Educação, a Ciência e a Cultura), 207

União Africana, 175

União das Repúblicas Socialistas Soviéticas (URSS), 185

União Econômica e Monetária do Oeste Africano, 158

União Europeia (EU), 293, 295; *ver também* Brexit

Unicor (empresa), 19

Unilever, 154

United African Company, 154

United Kingdom Independence Party (Ukip), 293-4

Universidade de Yale, 61

universidades e o auxílio ao desenvolvimento, 202-4

Usaid (Agência dos Estados Unidos para o Desenvolvimento Internacional), 205

Vale (antiga Companhia Vale do Rio Doce), 233

Vietnã do Norte, 259

visigodos, 52

Voltaire, 45, 47, 60

Vorster, John, 174

Vosloo, Arnold, 55

Washington, George, 75

Watt, James, 115, 257

Wells, Ida B., 28

West African Produce Control Board, 153

Wheatley, Phyllis, 57

White, Micah, 276

Whitney, Eli, 116

Wilberforce, William, 130

Williams, Eric, *Capitalismo e escravidão* (1944), 113

Williamson, John, 195

Wilmar International, 156

Wilson, Woodrow, 183

"Windrush Scandal", 285

yahi e yana (povos), 76

Yale, Elihu, 61
yuki (povo), 81

Za-hu-Rrellel, lenda de, 262

Zâmbia, 223, 241
Zimbábue, 158
Zong (navio negreiro), 134
Zuma, Jacob, 245

1ª EDIÇÃO [2023] 1 reimpressão

ESTA OBRA FOI COMPOSTA PELA SPRESS EM MINION E
IMPRESSA EM OFSETE PELA LIS GRÁFICA SOBRE PAPEL PÓLEN DA
SUZANO S.A. PARA A EDITORA SCHWARCZ EM NOVEMBRO DE 2024

A marca FSC® é a garantia de que a madeira utilizada na fabricação do papel deste livro provém de florestas que foram gerenciadas de maneira ambientalmente correta, socialmente justa e economicamente viável, além de outras fontes de origem controlada.